Mannequin, puis actrice devant la caméra de Woody Allen, Paul Verhoeven ou encore Martin Scorsese, productrice et aujourd'hui écrivaine, Sharon Stone est une star depuis trente ans. Elle met sa célébrité au service de causes humanitaires : elle est l'ambassadrice de l'amfAR, association de lutte contre le sida, et elle a reçu en 2013, des mains du Dalaï-Lama, le Prix de la Paix pour son engagement. *La Beauté de vivre deux fois* est son premier livre.

LA BEAUTÉ DE VIVRE DEUX FOIS

SHARON STONE

LA BEAUTÉ DE VIVRE DEUX FOIS

MÉMOIRES

Traduit de l'anglais (États-Unis)
par Christel Gaillard-Paris

Robert
Laffont

Titre original :
THE BEAUTY OF LIVING TWICE

Cette traduction a été publiée avec l'accord de Alfred A. Knopf, imprint de The Knopf Doubleday Group, division de Penguin Random House, LLC

ISBN : 978-2-266-32400-7
Dépôt légal : avril 2022

Pour ma mère

Puisque je ne pouvais m'arrêter pour la Mort –
Ce Gentleman eut la bonté de s'arrêter pour moi –
Dans la Voiture il n'y avait que Nous –
Et l'Immortalité.

Nous roulions lentement – Il n'était pas pressé
Et j'avais mis de côté
Mon labeur ainsi que mon loisir,
En réponse à Sa Civilité –

Emily Dickinson,
« Puisque je ne pouvais m'arrêter... »[1]

1. Emily Dickinson, *Poésies complètes*, traduit par F. Delphy, © Flammarion, 2020. Avec l'aimable autorisation des Éditions Flammarion.

La mort me va si bien

J'ai ouvert les yeux, et il était là, penché sur moi, à quelques centimètres de mon visage. Un inconnu me regardant avec tellement de gentillesse que j'étais convaincue que j'allais mourir. Il me caressait la tête, les cheveux ; mon Dieu qu'il était beau. J'aurais aimé que ce soit quelqu'un qui m'aime plutôt que quelqu'un qui s'apprêtait à me dire : « Vous faites une hémorragie cérébrale. »

Il est resté près de moi et a continué à me toucher gentiment la tête, pendant que j'étais allongée là, sachant que personne dans la salle ne m'aimait. J'en étais profondément convaincue – pas besoin de me retrouver immobilisée, le cerveau en pleine hémorragie, pour me rendre compte que ma vie était réduite à quelque chose de ridicule. Nous étions fin septembre 2001. J'étais aux urgences du California Pacific Medical Center à San Francisco. J'ai demandé au docteur Beau-Gosse : « Vais-je devenir aphasique ? » Il m'a répondu que c'était possible. Je voulais un téléphone. Il fallait que j'appelle ma mère et ma sœur. Il fallait que je les prévienne moi-même pendant que je pouvais encore parler. Le médecin a serré ma main dans la sienne. J'ai compris qu'il faisait de son mieux pour me donner cet amour si particulier, propre à ceux qui suivent la vocation à laquelle ils sont destinés – ne serait-ce que dans de pareils moments. Il m'a d'ailleurs beaucoup appris.

J'ai d'abord appelé ma sœur, Kelly. Elle a été égale à elle-même : merveilleuse, je ne connais personne d'aussi élégant qu'elle dans son comportement. Elle est meilleure avec les autres qu'elle ne l'est avec elle-même, d'une gentillesse parfaitement naturelle. Puis j'ai appelé ma mère, ce qui était moins évident pour moi car, à l'époque, je pensais qu'elle ne m'aimait pas beaucoup. Alors que j'étais là, mourante, si peu sûre de moi, de mon avenir, elle s'occupait de son jardin en haut d'une colline en Pennsylvanie. Elle s'est effondrée. Il est important de préciser que Dot peut s'effondrer rien qu'en écoutant des publicités à la radio ; j'ai donc attendu car… je savais qu'elle allait vite se ressaisir.

Malgré la distance géographique qui nous séparait, elle et mon père étaient à mon chevet moins de vingt-quatre heures plus tard. Ma mère est arrivée à l'hôpital sans s'être changée, son short encore couvert de terre, de la saleté sous les ongles et la peur qui se lisait sur son visage. Il a suffi d'un seul regard entre nous pour que des années d'incertitude et de malentendus disparaissent. Alors que j'étais toujours allongée, sans bouger, en sachant que je pouvais mourir d'une seconde à l'autre, ma mère me caressait le visage de sa main pleine de terre et j'ai soudain senti qu'elle m'aimait. Petit à petit, je comprenais.

Mon père est resté debout près d'elle comme un taureau prêt à charger.

J'ai ensuite appelé Mimi, ma meilleure amie depuis plus de vingt ans, et lui ai dit ce que nous disions toujours quand les nouvelles étaient exceptionnellement bonnes ou mauvaises : « Tu ferais mieux de t'asseoir. » Je l'ai entendue respirer à fond. J'ai continué :

« Je vais peut-être mourir, et tu es la seule à qui je peux dire la vérité car quelqu'un va devoir prendre soin de ma famille, et ce ne sera pas moi. Je fais une hémorragie cérébrale. Ils ne savent pas pourquoi.

— Oh merde, a-t-elle répondu.

— Le médecin est vraiment bel homme, mais je ne vais probablement pas pouvoir flirter avec lui, c'est dommage », ai-je ajouté en tentant de plaisanter.

Elle se retenait de pleurer et a dit à voix basse, comme je me doutais qu'elle le ferait : « Oh, ma chérie, j'arrive par le prochain avion. »

Et, de nouveau, je n'ai plus entendu que le silence. Le silence qui résonnait dans la salle carrelée des urgences et se heurtait contre mon cœur récemment brisé. Je me souviens d'avoir ressenti quelque chose entre la peur et la fascination en ne voyant personne courir et hurler « VITE ! VITE ! » comme à la télé. L'absence d'urgence et de mouvement était stupéfiante. Le médecin – oui, toujours le même – m'a expliqué qu'une ambulance allait venir me chercher pour me transporter jusqu'à un autre hôpital, Moffitt-Long, hôpital réputé, spécialisé en neurologie, et que, là-bas, on prendrait particulièrement soin de moi.

Mon Dieu, ça m'a vraiment foutu la trouille. Parfois, être l'objet d'une attention spéciale peut être déprimant. Un privilège qui n'a rien à voir avec celui d'obtenir des places au premier rang pour un match des Lakers ni de réserver une table près de la fenêtre dans votre restaurant préféré. Privilèges. Célébrité. Conneries.

C'est à ce moment-là que j'ai senti que tout bougeait bizarrement, comme si je voyais ma vie défiler à l'envers à travers l'œil d'une caméra. À toute vitesse. J'ai commencé par avoir l'impression de tomber, puis on aurait dit que quelque chose s'emparait de moi, de mon corps et de mon âme, me submergeant entièrement, une sensation suivie par l'apparition d'un voile blanc lumineux qui m'attirait hors de mon corps pour me déposer dans un autre corps, familier et éblouissant... un corps sachant.

La lumière était si vive. C'était si... mystique. Je voulais savoir. Je voulais m'immerger entièrement. Les visages qui m'entouraient ne m'étaient pas seulement familiers. Ils étaient transcendants, d'une essence supérieure. Certains n'étaient pas morts depuis longtemps. Je m'étais occupée de plusieurs d'entre eux jusqu'à la fin. C'étaient mes plus proches amis, Caroline, Tony Duquette, Manuel. Ils m'avaient tellement manqué. J'avais eu si froid dans la salle d'où je venais. Ils étaient si chaleureux, si heureux, si accueillants. Sans même qu'ils prononcent un seul mot, j'ai compris qu'ils m'expliquaient pourquoi nous étions en sécurité et pourquoi il ne fallait pas avoir peur : parce que nous étions entourés d'amour. Et que, en fait, nous *étions* amour.

Mais, soudain, c'était comme si une mule m'avait donné un coup de sabot dans le plexus, l'impact a été très violent ; j'étais réveillée et de retour dans la salle des urgences. J'avais finalement fait un choix. J'ai pris une grosse goulée d'air comme quand on reste trop longtemps sous l'eau. Et je me suis redressée ; la lumière était aveuglante. Tout ce que je pouvais voir, c'était le docteur Beau-Gosse, qui avait reculé pour m'observer.

J'avais affreusement envie de pisser mais, quand j'ai voulu descendre du lit roulant, j'étais si défoncée, on aurait dit une Alice dans un pays des Merveilles en acier inoxydable.

« De quoi avez-vous besoin ? a demandé le médecin.

— D'aller aux toilettes.

— Là-bas. »

Je suis descendue du lit en me laissant glisser jusqu'à ce que mes pieds se posent sur le carrelage. J'ai eu l'impression de flotter jusqu'aux toilettes et de pisser longtemps, avant de revenir enfin vers le lit roulant. Le médecin m'a alors soulevée pour m'allonger, telle la plume que j'étais devenue.

Au cours des années qui avaient précédé, à savoir la fin des années 1990, j'avais couru après un amour qui m'échappait. Un amour qui, je le croyais, m'était dû, m'appartenait, alors que ce n'était pas le cas. Je courais après, au sens propre – j'avais quitté Hollywood pour m'installer dans le nord de la Californie – comme au sens figuré, mais aussi au sens spirituel : j'essayais d'être quelque chose de plus, quelque chose qui me permettrait de comprendre comment mieux vivre la vie, comment mieux aimer et être aimée. J'en étais là, à regarder ma vie, quand brusquement je l'ai vue filer sous mes yeux.

Par un agréable et bel après-midi, j'ai eu toutes les réponses à mes questions. Des réponses claires et nettes : tous mes efforts avaient échoué. Ne restaient que les faits : je n'étais pas aimée, personne ne voulait de moi ; je ne valais rien.

J'avais échoué dans mon envie, une belle envie, respectable, de vouloir être quelque chose de plus que ce que j'étais, quelque chose que je pensais plus proche du réel. J'avais fait tout ce que j'avais cru pouvoir faire, et rien n'était assez bien. À l'époque, j'avais pensé que si je continuais à faire ce que je pensais être la bonne chose, à m'élever spirituellement, alors ce à quoi j'aspirais depuis longtemps m'apparaîtrait. Ça n'a pas été le cas. J'avais tout simplement fait les mauvais choix. J'avais laissé mon moi profond disparaître pour tenter d'être « plus ». Je pensais que je n'étais pas assez. Je ne parvenais pas à chasser ça de mon esprit.

J'ignorais alors que je n'étais pas au bon endroit et que j'aurais pu partir car, comme d'habitude, je voulais faire de mon mieux. Je voulais faire ce que j'avais dit que je ferais. Et même si c'était une erreur, j'étais prête à affronter les épreuves qui m'attendaient, je ne voulais pas renoncer, je m'en sortirais.

Jusqu'à cet instant précis, quand j'étais allée trop loin, que j'avais voulu trop de choses, j'avais eu tendance à accepter ce que je n'aurais pas dû, je trouvais des arrangements, des compromis avec moi-même afin d'essayer de comprendre pourquoi j'avais sacrifié autant de choses pour si peu. Parce que j'étais une femme et, même si j'avais réussi, très peu de gens m'estimaient pour ce que j'avais accompli, ce que j'étais devenue. C'était tellement plus facile de céder. Après tout, qu'étais-je ? Une actrice ? Une collectrice de fonds ? Avais-je de l'importance ? L'opinion qu'on avait de moi était-elle juste ? Ne valais-je réellement pas autant qu'un homme qui aurait atteint le même niveau de réussite ?

J'ai grandi avec des parents qui s'aimaient plus qu'ils ne s'intéressaient à leurs enfants. Des parents que nous retrouvions en train de se bécoter sur le canapé quand nous rentrions après être allés jouer dehors. J'ai grandi avec des parents qui, après cinquante ans de mariage, dansaient encore ensemble dans la cour, comme s'ils étaient seuls. Je ne me rendais pas compte qu'il y avait des gens qui n'aimaient pas leur conjoint. Je pensais qu'il était difficile de ne plus aimer l'autre, même pour les couples divorcés. Je nageais dans des sables mouvants, je n'avais pas de points de repère. Je peux vous dire une chose : quand j'ai échoué à trouver ce pour quoi j'avais tout laissé derrière moi – ce dont j'avais été témoin en grandissant : l'unique, le vrai amour, le seul qui compte –, il ne m'est plus rien resté me permettant de *me* trouver.

Tout de suite après avoir compris ça, abattue par cette nouvelle prise de conscience, cet échec, alors que j'étais seule chez moi, j'ai traversé le hall d'entrée et la salle de télévision meublée de canapés, pour aller à la fenêtre et regarder le jardin où j'avais enterré les échographies de mes enfants, morts au cours de fausses couches, sous de jeunes magnolias – ceux dont les fleurs n'étaient pas parfumées mais qui paraissaient bien se porter. Au même moment, sans signe annonciateur, j'ai été comme frappée par la foudre, lancée par Zeus lui-même, sur le côté droit à l'arrière de ma tête. J'ai été propulsée en l'air, ai valdingué pardessus le dossier d'un canapé, avant d'atterrir en me cognant contre la table basse, éparpillant au passage le téléphone, les tablettes numériques, les stylos, les papiers, les télécommandes, les coussins, bousculant les canapés, tandis que ma tête rebondissait sur le sol supportant tout le poids de ma chute.

Submergée par les souvenirs, je suis restée allongée par terre pendant ce qui m'a semblé un bon moment : le temps lui-même partait à la dérive. Les fibres du tapis et l'absence de couleur dans la pièce me fascinaient ; j'étais heureuse d'être seule. Je crois que je me suis endormie là où j'avais atterri, à moins que je n'aie perdu connaissance.

Dans les jours qui ont suivi, je me suis traînée. Jusqu'au moment où j'ai réussi à monter dans ma voiture, une décapotable, afin d'essayer de me rendre à l'hôpital. Je me suis retrouvée complètement perdue à un stop, le pied droit puis toute ma jambe complètement engourdis. J'ai levé la tête vers le sommet des arbres, entendu quelques mots à la radio et j'ai pensé : *Oh merde, ce doivent être les symptômes d'un empoisonnement à l'anthrax*, j'ai senti les larmes couler ; nous étions seulement deux semaines après le 11-Septembre. Fort heureusement, quelqu'un a ralenti sur ma gauche et a proposé de m'aider, me guidant pour que je puisse rebrousser chemin et rentrer chez moi.

Tout aussi heureusement, trois jeunes nounous irlandaises, habitant toutes San Francisco, venaient quotidiennement m'aider, à tour de rôle, pour s'occuper de mon fils, Roan, que j'avais adopté depuis peu et qui, à l'époque, n'était encore qu'un nourrisson. (À quarante ans passés, follement heureuse d'être finalement devenue mère après avoir fait trois fausses couches à cinq mois et demi de grossesse, j'étais déjà âgée pour l'être une première fois, et il est vrai que je n'y connaissais pas grand-chose en matière d'éducation parentale.) En arrivant, je me suis assise à la table de la salle à manger, disant à la nounou que j'avais affreusement mal à la tête. Elle m'a dit de prendre de l'aspirine, ce qui m'a probablement sauvé la vie.

Le lendemain matin, ma température a commencé à baisser. J'ai descendu un duvet dans le jardin et me suis installée au soleil pour essayer de me réchauffer. En vain. Je suis alors montée à l'étage et me suis allongée sur le sol chauffé de ma salle de bains. Le téléphone a sonné et quelqu'un m'a enjambée. Pendant ce temps, je m'efforçais de garder un espace sur le côté et au-dessus de ma tête, là où je pensais que se situait la douleur, je me parlais tout en pleurant et gémissant.

Heureusement, le haut-parleur était activé ; j'ai entendu la voix de Mimi. J'ai essayé de hurler mais n'ai émis qu'un croassement : « Mimi, aide-moi. »

Elle a insisté pour qu'on appelle une ambulance.

Au lieu de quoi, quelqu'un de la maison a appelé ma gynécologue ; j'imagine que parfois les gens se disent que si une femme ne va pas bien, ce doit être un « problème gynécologique ».

Ma gynécologue m'a donc entendue gémir et a demandé qu'on prenne ma tension pendant qu'elle restait en ligne. La maison était équipée d'un tensiomètre et d'un défibrillateur car tout le monde, chez moi, y compris le personnel et les enfants, suivait régulièrement une formation RCP de secouriste. Ma tension était anormalement élevée, les deux valeurs dépassant largement la moyenne, et ma gynéco en a conclu que nous n'avions que quelques minutes pour me conduire à l'hôpital, heureusement au coin de la rue, précisant qu'elle m'attendrait là-bas. C'est elle qui s'était occupée de moi pour les fausses couches et elle savait que ma santé était fragile.

On m'a littéralement fourrée dans notre break – mes jambes ne m'obéissant plus. Je me suis affalée contre la portière du côté passager sur la banquette avant. Quand nous sommes arrivés au California Pacific Medical Center, l'infirmier de service à l'entrée, un mec baraqué, a ouvert la portière et je me suis effondrée en arrière, cul par-dessus tête, dans ses bras musclés et accueillants – où j'ai perdu connaissance. Jusque-là, j'avais tenu le coup. Mais je pouvais enfin lâcher prise. En quelque sorte, j'avais résisté jusqu'à ce que je trouve des bras rassurants dans lesquels tomber.

Il a foncé à l'intérieur et m'a installée sur un lit roulant. On m'a immédiatement fait passer un scanner ; la machine était si bruyante qu'on aurait dit que quelqu'un donnait des coups de marteau à l'intérieur de mon cerveau.

Quand j'ai retrouvé mes esprits, le docteur Beau-Gosse m'a dit que l'ambulance pour le transfert était arrivée. « Ils ont tout ce dont vous avez besoin, là-bas, à l'autre hôpital », a-t-il ajouté avec un sourire encourageant. Deux jeunes hommes m'ont soulevée pour m'installer sur un autre lit roulant et j'ai de nouveau perdu connaissance. Quand ils ont voulu me monter dans l'ambulance, l'une des roues du lit a heurté le plancher du véhicule, ce qui m'a secouée et réveillée. J'ai alors ouvert les yeux sous un soleil aveuglant et vu un ambulancier entouré d'un halo de lumière blanche ; j'ai une fois de plus perdu connaissance sans savoir si j'étais encore vivante.

Quand j'ai repris conscience, j'étais à l'unité de soins intensifs de neurologie de l'hôpital Moffit-Long : pas de chambres particulières, mais des lits disposés en cercle autour de l'unité centrale du service d'infirmerie, chaque lit étant équipé d'un système de pesée permettant de prendre le poids et la mesure de la masse corporelle du malade, et entouré de rideaux de séparation. Beaucoup de machines et de tuyaux – on se serait cru dans un film de Fritz Lang. Aujourd'hui encore, les sons et les lumières de toutes ces machines ne cessent de me hanter. Ça, et les souvenirs du poste de télévision en hauteur, repassant à l'infini les images des avions fonçant dans les Twin Towers et le Pentagone. Tout ça reste inscrit en moi.

Le lendemain, je me suis réveillée alors qu'un jeune aide-soignant poussait mon lit à roulettes pour traverser le hall de l'hôpital. Je lui ai demandé où il m'emmenait.

« Au bloc opératoire.

— Pour quoi faire ? »

J'ai commencé à paniquer ; la panique devenait pour moi un état quasi permanent.

« Pour une neurochirurgie exploratoire.

— Mais personne ne m'en a parlé.

— Ah bon ? Mais les papiers ont été signés – tout est en ordre. »

Je lui ai demandé d'attendre ; j'avais besoin d'une minute pour absorber cette information. Mais il m'a répondu que nous n'avions pas le temps d'attendre, sinon nous perdions notre tour. J'étais dans l'incapacité physique de l'obliger à s'arrêter ou d'appeler un médecin pour avoir de l'aide. J'ai donc fait ce que j'ai pu : je me suis ressaisie, j'ai rassemblé le peu de forces qui me restait pour me relever en position assise.

Les infirmières et d'autres membres du personnel hospitalier sont alors arrivés en courant. « Elle ne veut pas aller au bloc opératoire », a annoncé l'aide-soignant. L'une des infirmières m'a demandé pourquoi ; je lui ai raconté qu'on avait signé des papiers autorisant une neurochirurgie exploratoire sans que je le sache ni donne mon consentement, et sans qu'on m'en ait expliqué la signification. L'infirmière m'a dit qu'elle allait appeler le médecin.

Il est arrivé en courant lui aussi, les pans de sa blouse battant à ses côtés et m'a ordonné de m'allonger et d'obéir. Un bonjour pour le moins charmant, n'est-ce pas ? Il m'a raconté que quelqu'un avait signé les papiers et que tout était en ordre. Et c'est ainsi qu'il a fièrement brandi un fax envoyé par le magazine *People*, en ajoutant qu'il leur avait parlé pour leur expliquer la situation et qu'il savait exactement quoi faire. (Au bout du compte, il leur avait donné un mauvais diagnostic qu'ils ont gobé.) Il brandissait ce fax comme un talisman, comme si, puisque c'était écrit, tout allait bien. Ce qui n'était pas le cas, évidemment. Oh, mais si seulement il avait eu raison…

J'ai regardé l'infirmière, qui me considérait avec une stupéfaction identique à la mienne, comme pour dire : *Ce médecin est un crétin de la pire espèce.* Je me suis rendu compte que, hémorragie cérébrale ou non, il fallait que je prenne la situation en main et mette fin à tout ce cirque.

Toujours assise, le cul à l'air sur le lit roulant, ne cédant sur rien, je me suis tournée vers le médecin : « Vous êtes viré », ai-je dit.

Il a réagi : « Quoi ? Vous n'avez pas le droit de me virer ! » Ce à quoi l'infirmière a répondu : « Docteur, je crains qu'elle ne vienne de le faire », avant d'ordonner à l'aide-soignant de me raccompagner.

La vivacité d'esprit de cette infirmière m'a sauvé la vie. C'était une jolie blonde, d'une cinquantaine d'années qui, comme je l'ai réalisé plus tard, n'était guère différente de la personne que je voulais devenir, tout simplement parce qu'elle avait eu le courage de braver le médecin et de me défendre. Elle est restée digne pour pouvoir accomplir son travail avec l'autorité nécessaire, tout en sachant qu'elle serait tenue pour responsable de cette décision.

Entre-temps, toute ma famille était arrivée à l'unité de soins intensifs : ma mère, mon père, ma sœur et mes frères, Mike et Patrick. Ils étaient sous le choc et bouleversés ; on leur avait dit que je dormais et qu'il ne fallait pas me déranger, et non que des papiers avaient été signés pour une neurochirurgie exploratoire sans que qui que ce soit ait été consulté.

Autour de moi, c'était la foire d'empoigne. Les humeurs de chacun étaient incontrôlables. Le médecin qui venait juste d'être viré brandissait toujours le fax du magazine *People*. Mon frère aîné, Mike, cherchait la bagarre ; Kelly, qui est infirmière, réclamait des données médicales précises sur mon état de santé ; mes amies jouaient les sentinelles à l'entrée de mon box, filtrant tous ceux et celles qui arrivaient.

Mon amie Donna Chavous était là, elle aussi. Chavous et moi avions traversé tout un tas de situations hasardeuses dans le passé, y compris le jour où je suis devenue célèbre. Nous étions allées voir un film et nous nous apprêtions à quitter le cinéma quand nous avons vu que tous les spectateurs étaient massés devant la sortie, sans bouger. Nous avons mis du temps à comprendre qu'ils nous guettaient. Chavous m'a dit à voix basse : « Cours », et c'est ce que nous avons fait ; nous avons filé comme deux voleuses, et... oui, tout le monde s'est lancé à nos trousses. Nous n'avons cessé de courir, traversant les rues au milieu des voitures, avant de foncer à l'intérieur d'un restaurant, de disparaître dans la cuisine et de nous cacher sous la table de découpe du chef. Le propriétaire du restau, après avoir verrouillé les portes de son établissement derrière nous, s'est penché pour demander comment il pouvait nous aider. Chavous a réclamé une tequila et moi un martini. Le propriétaire, qui avait mieux compris que nous ce qu'il se passait, a voulu savoir où se trouvait notre voiture pour envoyer un serveur la chercher, et il nous a aidées à échapper à la foule déchaînée. Chavous et moi avons aussi été partenaires d'arts martiaux ; nous partions toujours aux entraînements en conduisant à toute vitesse, systématiquement à la bourre, nos téléphones sur haut-parleur, dans nos voitures respectives. On arrivait en retard au dojo, et nous frappions comme des dingues à la porte pour pouvoir entrer. Nous nous éclations. Nous avons toujours pris soin l'une de l'autre.

Elle a monté la garde nuit et jour, tout le temps de mon séjour à l'hôpital, dormant sur une banquette encastrée sous une fenêtre quand plus tard je serais dans une chambre individuelle. Telle une vigie.

Ma mère était bien décidée à ce que personne ne… eh bien, comme elle le formulait, « ne déconne avec [sa] gosse ». Rien n'aurait pu l'arrêter. C'était « allé trop loin, nom de Dieu ». Elle était terrifiée. La peur la tétanisait, la peur l'emportait sur sa colère, sur son humour, une peur au-delà de la raison. Elle s'est donc assise devant le rideau de séparation, et y est restée, son sac sur les genoux. Les lèvres pincées, farouche, immobile, tout à la fois solide et sur le point de craquer. Elle montait aussi la garde et personne, vraiment personne, n'entrait avant qu'elle ne m'en avertisse et que j'accepte.

J'ai demandé au médecin que j'avais viré de m'expliquer les étapes de la neurochirurgie qu'on proposait de me faire. Il était profondément vexé, brandissant toujours son fax, son quart d'heure de gloire. Il pensait que nous n'avions pas le temps de réfléchir et que je n'avais pas besoin de savoir. Et moi je pensais que j'étais en droit de savoir. J'étais en droit de savoir ce que cette neurochirurgie potentielle signifierait pour moi. Je voulais essayer de comprendre.

« Si vous me rasez la tête et découpez la première couche de peau, vous la rabattez ensuite ou bien vous l'enlevez ? Et la calotte crânienne, vous l'enlevez ? Vous en faites quoi ? Nous sommes dans une région de tremblements de terre ; vous la posez juste sur un plateau ou vous la gardez dans une boîte stérile ? Et puis après ? Vous allez enlever un morceau de mon cerveau grand comment ? Vous allez couper des nerfs ? » J'ai toujours été du genre à poser des questions précises, jusqu'à ce que j'obtienne des réponses.

J'ai formulé ces questions lentement, guidée par une panique réfléchie qui, pour moi, était logique. Il s'impatientait, agacé, et paraissait penser que mes questions étaient oiseuses et qu'il perdait son temps. Pour ma part, je pensais que passer dix minutes à savoir où serait mon cerveau pendant et après cette intervention chirurgicale était raisonnable. Il me prenait pour une emmerdeuse. J'ai compris que j'avais eu raison de le virer.

Après ça, l'hôpital m'a envoyé une équipe de médecins formidables, des chercheurs, du service de neurologie, qui m'ont expliqué toutes les options qui s'offraient à moi. Ils m'ont calmement annoncé qu'il y avait un autre neurochirurgien dans le service, mais qu'il n'était pas là ce jour-là. Je leur ai demandé si on pouvait lui téléphoner. Ce qu'ils ont fait. Le chef de ce groupe de chercheurs, le docteur Michael Lawton, m'a alors prévenue que choisir ce neurochirurgien signifiait attendre une journée de plus, car il devait trouver un avion pour rentrer. J'ai essayé d'amener ces médecins à parler probabilités, pourcentages – des chances que j'avais de m'en sortir. Quels étaient les risques ? L'hémorragie dans mon cerveau s'aggraverait-elle si on attendait le lendemain ? Quelles en seraient les conséquences ? Allais-je mourir ou juste perdre une partie de mes facultés ? Si oui, lesquelles ? Serait-ce réparable ? On sait si peu de choses encore sur ces accidents vasculaires cérébraux que, au mieux, les réponses restent peu claires, même quand vous n'êtes pas en état d'hémorragie cérébrale, même quand vous n'êtes pas terrifiée. J'ai choisi d'attendre le lendemain.

Le lendemain matin, ce brillant neurochirurgien est entré dans ma vie. Il nous a parlé, à ma famille et à moi, d'une nouvelle technique exploratoire à l'aide d'une caméra qui passe par l'artère fémorale en haut de la jambe, sur le devant du pelvis. Cette caméra traverserait tout mon corps pour explorer l'intérieur de ma tête.

Ça me paraissait beaucoup mieux qu'avoir la moitié de ma boîte crânienne posée sur un plateau. Et c'est donc ce qui a été décidé.

Pour autant, ils n'ont pu trouver la cause de l'hémorragie.

Peu de temps avant ce fiasco, j'en avais vécu un autre. J'avais passé une mammographie ; suite à quoi le médecin m'avait appelée en me disant qu'il souhaitait me rendre visite pour me parler.

Ce n'est jamais bon signe. J'avais donc passé la journée à me préparer à foncer dans un mur de brique. Bien entendu, il m'a annoncé que j'avais une tumeur, une grosse tumeur, qu'il pensait maligne, qu'il faudrait opérer. Une tumeur qu'il leur faudrait analyser sans que je puisse savoir quelle quantité serait retirée. J'ai répondu avec le calme auquel je m'étais entraînée toute la journée : « Hé, s'il s'agit vraiment d'un cancer, procédez à l'ablation des deux seins. » J'aurais mérité un Oscar rien que pour cette repartie.

Mon médecin m'a répondu : « Si j'avais plus de patientes comme vous, un bon nombre d'entre elles seraient encore vivantes aujourd'hui. »

Heureusement, cette tumeur, bien qu'énorme, plus grosse que mon sein même, était bénigne. Malheureusement, les deux seins étaient touchés, et j'ai dû subir une lourde opération et avoir recours à de la chirurgie réparatrice.

J'étais donc encore en convalescence, et il était préférable que je m'allonge sur le côté pour avoir moins mal. Toutefois, personne, et certainement pas moi, n'avait pensé à en parler avant cette neurochirurgie exploratoire – et je n'avais pas non plus bénéficié d'un examen médical complet. Il s'est avéré que rester allongée dans cette position avait provoqué l'apparition d'une poche de sang d'un côté de ma tête, ce qui avait empêché les médecins de voir correctement d'où venait l'hémorragie.

Pour autant, ils se sont tous entendus pour dire qu'il avait pu s'agir d'un anévrisme, avec formation d'une poche de sang qui aurait coagulé. En fait, c'était ce que docteur Jackass, le Crétin, avait raconté à la presse. La douleur était toujours si intense qu'on m'a mise vingt-quatre heures sur vingt-quatre sous perfusion de Dilaudid, une sorte d'héroïne de synthèse. Je n'étais que rarement lucide ; la plupart du temps, je restais inconsciente. Je ne savais pas si je dormais, si c'était l'effet de la drogue ou si j'étais dans le coma mais, tout en croyant entendre la chanson « Bridge Over Troubled Water » de Simon et Garfunkel, j'ai eu la sensation de tomber en passant à travers ce qui ressemblait à un gros tas de tissu coloré ; à d'autres moments, j'ai cru voir des extraits du film *Cinema Paradiso* et j'ai même entendu la voix d'une femme avec laquelle j'avais travaillé à Hollywood – une attachée de presse qui s'appelait Pat Kingsley –, qui me parlait d'une manière on ne peut plus douce et apaisante.

Nous en étions au cinquième jour de l'hémorragie, et j'allais et venais entre inconscience et lucidité. Cependant, les phases de « sommeil » étaient plus longues que celles où j'étais « réveillée ». Je n'avais pas mangé depuis l'incident initial. Chaque fois que je me réveillais, la télévision qui était accrochée au plafond hurlait en diffusant des images du crash des avions et des alertes terroristes – vous vous souvenez de la couleur de ces images ? Le plus souvent, je doutais de leur réalité, croyant que je cauchemardais. J'étais encore à l'unité des soins intensifs et, autour de moi, tout n'était que souffrance. Tous ceux qui étaient là luttaient pour vivre. Tous criaient, poussaient des plaintes, gémissaient, priaient et hurlaient.

Arrivée au septième jour, j'étais incapable de me redresser, de me tenir debout, de penser clairement et de fonctionner normalement. J'avais perdu 18 % de ma masse corporelle, si l'on en croyait le système de pesée dont le lit était équipé. Malgré tout, je sentais qu'une partie du personnel pensait que je simulais. J'étais une actrice, non ? alors… Oh, je sais, ça fait partie du truc : les gens s'imaginent que puisque vous pouvez jouer un rôle dans un film, vous jouez un rôle dans la vie de tous les jours. Ces gens oublient que, quand vous travaillez, vous jouez ce qui a été écrit par quelqu'un d'autre, puis réécrit avant d'être imprimé pour que vous le lisiez. Mais à ce moment-là j'étais trop défoncée par les médicaments, et trop déboussolée, pour essayer d'expliquer ça. Voir et entendre étaient de plus en plus difficile pour moi. Pour autant, selon l'avis général, j'aurais dû rentrer chez moi et arrêter de faire semblant.

L'une des infirmières est venue me laver et me faire un shampoing. Ce geste de pure gentillesse était important pour moi car plus personne ne me touchait, sauf mon amie Stefanie Pleet qui, quand elle venait me voir, prenait ma main et me caressait le visage. Étonnamment, elle avait compris que j'avais besoin d'être touchée. Je pense que tous les autres se disaient que j'étais trop fragile.

Et c'est là que ça devient bizarre. J'hésite à vous en parler, mais je voudrais que vous puissiez croire en vous et que vous fassiez confiance à votre instinct, quel qu'il soit. Alors allons-y.

Une nuit, je me suis réveillée avec ma grand-mère Leila debout au pied de mon lit. Je sais que ça n'a rien d'extraordinaire, si ce n'est que ma grand-mère était morte depuis trente ans. Elle était très belle. Elle sentait très bon ; elle avait toujours porté *Shalimar* de Guerlain. Elle resplendissait, vêtue de son tailleur préféré et coiffée de son plus beau chapeau.

Elle m'a dit : « Nous ne savons pas ce qui t'arrive – on cherche. Mais quoi que tu fasses, ne bouge surtout pas ton cou. » Puis elle a disparu.

J'ai attrapé le nounours que mon père m'avait apporté, qui gisait écrabouillé à mes côtés pour le coincer sous mon cou et *j'ai cessé de bouger*. Peu importait tout le reste, je me suis moi-même contrainte à l'immobilité. Je me suis empêchée de rouler sur le côté.

Mimi est venue à l'hôpital, pensant que j'étais sur le point d'en sortir. Jusque-là, depuis le début de mon hospitalisation, elle s'occupait de ma maisonnée, gardant un œil sur mon fils et le reste de ma famille. Je lui ai alors confié à voix basse : « Je suis en train de mourir ! Appelle-les pour qu'ils fassent quelque chose ! Je suis en train de mourir ! Mimi, s'il te plaît, aide-moi ! »

Elle m'a regardée, et j'ai compris que c'était beaucoup lui demander. Elle est plus timide que moi, ce qui n'est pas rien car, quand je ne suis pas occupée à être Sharon Stone, je suis plutôt très réservée. Mais elle a su que je ne plaisantais pas et que j'étais vraiment en train de mourir. Elle est donc allée voir tout le monde, ma famille, mes amis, les médecins. Après coup, elle m'a raconté qu'après avoir « joué les Shirley MacLaine[1] » à fond avec le personnel, tout le monde s'était mis d'accord pour que je subisse une autre angiographie au cours de laquelle, de nouveau, une caméra passerait dans mon artère fémorale, cette fois de l'autre côté, pour remonter jusqu'au cerveau et le scruter.

Les médecins m'ont alors expliqué que cette intervention durerait entre trente et quarante-cinq minutes. Pour eux, c'était comme s'ils avaient trouvé un moyen de se débarrasser de moi – une femme célèbre et bizarre. Sauf qu'une fois la caméra partie en exploration, ils ont découvert que l'artère vertébrale droite, l'une des deux qui relient votre tête à votre dos et à votre colonne vertébrale, était comme en lambeaux et que je souffrais d'une hémorragie au niveau de la cavité faciale, du cerveau et de ma colonne vertébrale. J'avais déjà eu une attaque sévère. Et nous en étions déjà au neuvième jour de l'hémorragie.

Il n'était pas question de me réveiller pour que je sois consultée. C'était déjà allé trop loin. Ma famille s'est donc retrouvée à devoir prendre des décisions difficiles. Ils étaient confrontés à des choix médicaux

1. Shirley MacLaine était connue pour avoir un tempérament volcanique. (*Toutes les notes sont de la traductrice.*)

et éthiques incompréhensibles et on leur a dit que quelle que soit la décision qui serait prise je risquais de mourir soudainement. Je risquais d'être victime d'une rupture d'anévrisme à tout moment, ce qui laissait deux possibilités : la mort ou la coagulation. Ils pouvaient placer une endoprothèse hélicoïdale en lieu et place de l'artère et peut-être me sauver la vie, mais cette intervention délicate pouvait tout aussi bien me tuer. Pendant ce temps, l'hémorragie s'accélérait dans mon cerveau, ma colonne vertébrale et la cavité faciale à une vitesse alarmante. Dans tous les cas, j'avais une chance sur cent de survivre.

Ma famille a eu un comportement exemplaire. Comme toujours quand il s'agissait de prendre une décision importante, ils ont tous été solidaires entre eux. Mon père nous avait fait la leçon depuis longtemps. Il disait : « Une famille, c'est comme une main : si on coupe un doigt, toute la main saigne. » On s'en est toujours souvenus. Neuf heures plus tard, je sortais du bloc opératoire sans artère vertébrale mais avec une endoprothèse hélicoïdale pour l'embolisation, composée de vingt-trois spirales en platine.

Je me suis réveillée dans ma chambre sachant que ma grand-mère m'avait sauvé la vie. Elle avait posé sa main sur ma famille et moi et nous avait servi de guide. Ma mère m'avait tenu la main et avait protégé mon visage, telle une lionne, sans même avoir été présente dans la salle d'opération ; ma sœur avait tenu mon cœur entre ses mains et avait pris des décisions difficiles à ma place ; et mon père avait défendu notre territoire à tous et pris soin de tout le monde comme seul un père sait le faire. Mimi a surmonté sa timidité et a été au top. L'amour stupéfiant et la constance de mes amis, solides comme un roc, m'ont gardée en vie, m'ont permis d'être de retour dans le monde des vivants.

Quand j'étais au service des urgences dans le premier hôpital, baignée par cette lumière blanche dont j'ai parlé, j'ai vu défiler pas mal de gens que j'avais rencontrés avant. Ils m'avaient expliqué comment ce serait de rester avec eux. À ce moment-là, je m'étais sentie en sécurité, parfaitement en paix et, pourtant j'ai été ramenée à la vie, dans le monde des vivants. C'était déboussolant et très dur ; mais en même temps, je sais, désormais, que je ne suis pas loin d'eux, que les deux mondes ne sont pas si éloignés. Nous ne perdons pas l'amour des morts. Nous sommes tous amour.

Ceux avec et pour lesquels je suis finalement restée en vie sont ceux qui m'apprennent le plus, mes meilleurs guides. Et les leçons qu'ils m'inculquent ne sont pas toujours les plus faciles. Ceux pour qui j'ai tenu forment un monde plein d'amour et de lumière. Ils sont ma raison de vivre. Ceux qui sont entrés dans ma vie depuis, avec des histoires similaires, à des étapes différentes de cette histoire, ont éclairé mon univers. En fait, j'avais l'amour que je ne pensais pas avoir. Il était juste différent de ce que j'avais imaginé, et ça n'avait rien à voir avec l'histoire qu'on nous a racontée et reracontée des centaines de millions de fois, nous faisant croire que tout le reste est très petit en comparaison.

J'ai trouvé un amour qui est bien plus grand que celui dont on nous parle sans cesse : l'amour vrai, l'amour véritable. Certes, je n'ai pas vécu un conte de fées. Mais j'ai vécu une vraie vie.

La famille

Quand on nous demande où nous avons grandi, Kelly et moi avons l'habitude de répondre par une boutade : « Quelque part entre Pithole, le trou du cul du monde, et Tidioute, dans le coude de la rivière Allegheny. » Ce qui, au demeurant, est la vérité. Aujourd'hui, je pense que nous vivions plutôt quelque part entre naïveté et optimisme. Plus concrètement, nous avons grandi dans la première maison limitrophe de Meadville.

Là-bas la vie était rude. Nous avions des bars et des églises, une usine de fermetures Éclair, et le chemin de fer Erie-Lackawanna – deux villes portuaires, où les putes, l'héroïne, et tout ce qu'il y avait de mauvais débarquaient sans que personne y trouve à redire. Bien sûr, nous avions Allegheny College, cette école huppée dans laquelle aucun des gosses de notre ville n'avait les moyens d'aller. C'était pour ceux qui venaient d'ailleurs. Des gens plus importants que nous. Je suis allée à l'école à Saegertown, la ville d'à côté, plus petite, une ville sans feux de signalisation. Nous étions en pays amish, avec les chariots, les chapeaux et les béguins, et les barbes qui vont de pair.

Nous buvions le lait de la laiterie, mangions les produits frais du potager d'un demi-hectare planté à la main par ma mère, et le produit de la chasse de mon père nous fournissait en protéines. Nous mangions du chevreuil tout l'hiver, du lapin, de la dinde et de la truite au printemps et à l'automne. Quand je me suis attiré les foudres de l'association PETA[1] parce que je portais de la fourrure, je suis restée sans voix. Car, comme Karl Lagerfeld me l'a dit un jour : « C'est un matériau parfaitement naturel, chérie. »

Nous habitions dans ce qu'on appelle la « Boule de neige », la région où il pouvait neiger jusqu'à hauteur de fenêtres, par lesquelles nous devions passer pour aller déblayer la neige devant les portes et pouvoir sortir. Celle-ci se transformait ensuite en gadoue, un mélange mouillé maronnasse de glace, de terre, de neige : la galère. C'était l'époque où les hommes portaient des caoutchoucs avec une fermeture Éclair par-dessus leurs chaussures ou leurs bottes. Sexy. Et venait le jour où, juste avant le printemps, la gadoue gelait et les routes devenaient verglacées, ce qui les rendait dangereuses. C'était la période de l'année où beaucoup de gens mouraient au volant, surtout les motards. C'est d'ailleurs toujours le cas.

Nous voyions le printemps arriver avec soulagement. J'aime le printemps en Pennsylvanie, j'aime les tulipes et les jonquilles, j'aime la nature. Enfant, j'adorais descendre dans le profond ravin qui jouxtait notre maison et le regrimper, en courant. Le ruisseau, au

1. PETA (People for the Ethical Treatment of Animals) est une association à but non lucratif dédiée à l'établissement et à la protection des droits de tous les animaux.

fond, faisait office de fossé – la ligne de partage entre les villes. Et donc, même si ce n'était qu'un simple petit cours d'eau, il revêtait une certaine importance.

Tout au moins aux yeux des enfants que Mike, Pat, Kelly et moi étions. Adolescente, Kelly avait l'habitude de se sauver par la fenêtre et de sauter du toit pour aller faire la fête. Ma sœur est un sacré numéro – elle l'était déjà enfant et elle l'est toujours. Elle ne rate jamais l'occasion de participer à une sauterie ; soit elle s'y rend en invitée, soit c'est elle qui organise et invite. Si Kelly était membre d'un gang, son surnom serait « Kelly la Fêtarde ». Elle a toujours eu des idées on ne peut plus originales : il n'est pas rare qu'elle organise des nages synchronisées dans sa piscine, ou une soirée où tous les invités doivent arriver habillés en tenue des Indes orientales pour se régaler de la cuisine de ce pays, ou du pays qu'elle aura choisi comme thème. Elle aussi rêve de découvrir le monde. Kelly porte des boas en plumes comme la plupart d'entre nous portent une montre.

J'ai eu la chance d'avoir un grand frère, Mike. J'ai toujours pensé que les filles les plus chouettes avaient un grand frère. C'est comme ça qu'on apprend à traîner avec les mecs. Et j'ai grandi en traînant avec des mecs. Je leur collais tout le temps aux basques. C'est toujours le cas. Car ce sont toujours les mecs qui ont droit à ce qu'il y a de mieux. Qui aurait envie de faire les courses quand on peut faire du sport, conduire trop vite, manger beaucoup et rester allongée sur le canapé en regardant un match de boxe ?

Très jeune, Mike avait déjà un boulot, il distribuait les journaux, et je trouvais ça tellement cool que j'ai toujours eu envie de l'accompagner. Et un matin pas comme les autres, il m'a invitée dans sa tournée. Nous nous étions levés très tôt et Mike m'a cousu mon propre sac à journaux ; un petit sac qui contenait exactement un numéro du *Meadville Tribune*, ou plutôt, comme on l'appelait à l'époque, du *Tribune Republican*. Nous avons pris le petit déjeuner dans la cuisine. Un lilas géant était planté devant la fenêtre et, pendant que nous mangions nos céréales, un grand geai bleu est entré par cette fenêtre. Je garde un souvenir très clair du bleu du geai et du mauve des fleurs de lilas, tandis que je pressais mon unique journal contre ma poitrine, mon cœur battant à tout rompre sous le coup de l'adrénaline.

Des années plus tard, quand Mike serait dans le pétrin, que le monde paraîtrait chaotique, et que lui et moi nous sentirions perdus, ce souvenir m'aiderait à surmonter tout ça. J'étais persuadée que Mike, celui qui avait cousu un sac pour qu'une petite fille de cinq ans puisse distribuer le journal, était quelqu'un de bien, et je me suis cramponnée à cette idée, ce qui m'a permis de tenir bon. Maintenant que nous sommes plus vieux, et que je sais qu'avoir grandi avec lui a fait de moi tout ce que je suis – lui qui veillait sur moi, me guidait dans les choix les plus délicats qui soient, lui qui m'aidait à me faire des amis quand j'en étais incapable, lui qui prenait ma défense, me protégeait –, ce geai bleu représente alors pour moi tout ce qu'était Mike.

Patrick est mon petit frère. Penser à lui me rappelle un épisode qui a suivi de près sa naissance : c'était si excitant. Nous étions en train de jouer avec un camion jaune. Je l'avais allongé dans la benne. Je tirais, poussais, tirais, poussais ; la benne en plastique était à peine assez grande pour le contenir. J'allais si vite qu'il sentait le souffle de l'air sur son corps, ce qui lui était agréable et le faisait rire. Je ne savais pas que je n'aurais pas dû faire une chose pareille. Il avait certes l'air un peu à l'étroit, et sa couche était de travers, mais je continuais à courir en tirant la poignée, et en chantant une chanson qu'il pourrait aimer ; de temps à autre, je jetais un coup d'œil par-dessus mon épaule pour m'assurer qu'il s'amusait bien. J'étais heureuse d'avoir un petit frère. J'avais sept ans.

C'est alors que les parois, des lattes en plastique jaune sur le côté droit du camion, ont lâché. On aurait dit qu'elles tombaient au ralenti, se détachant en plusieurs morceaux, tandis que Patrick dégringolait pour atterrir sur la moquette quinze centimètres plus bas… une hauteur, à cet instant, pareille à celle d'une falaise. J'ai alors couru comme, eh bien… j'aurais voulu courir comme Jesse Owens – mais effrayée, paniquée, je ressemblais probablement plus à l'humoriste Jackie Mason – pour essayer de le rattraper tout en cherchant une excuse. Il a atterri sur le sol telle une boule de pâte. Il n'a même pas pleuré. Et moi j'ai cru qu'il était mort.

Je suis restée figée, terrifiée, effondrée, convaincue, à sept ans, d'être une tueuse de bébé. Cet incident m'a marquée à vie. Ma mère est arrivée en courant. « Mon Dieu, je ne peux pas te laisser seule une minute. Merde, qu'est-ce que tu fous ? »

Bonne question : merde, qu'est-ce que je foutais ? Quelqu'un allait-il me dire si la boule de pâte était vivante ? À moins que m'accuser ne soit la priorité ? Elle l'a pris dans ses bras, il a fait un bruit de bébé, et j'ai failli vomir.

En grandissant, mon petit frère est devenu plutôt baraqué et vraiment beau garçon : du genre grand, séduisant, calme. Le genre de garçon que toutes les filles aiment et qui intimide tous les autres garçons car ils ne comprennent pas pourquoi il est plus grand qu'eux ni pourquoi les filles aiment ce garçon si tranquille. Il était intelligent et très drôle – mais quand il écrivait, il inversait les lettres.

À cette époque, il a fallu du temps pour que quelqu'un comprenne qu'il s'agissait de dyslexie, un trouble qui affecte quelques enfants particulièrement intelligents. De nos jours, on appelle ça « troubles du langage » ou « de l'apprentissage ». À l'époque, ça énervait les gens, les déconcertait et les effrayait. Et mon frère a été maltraité. Son écriture inversée lui a rendu difficile l'apprentissage de la lecture, et ses profs n'ont pas été gentils avec lui. Ils l'ont tourmenté, en ont fait leur bête noire, et l'ont obligé à rester debout devant toute la classe, coiffé d'un bonnet d'âne. Sales cons. C'est quand même stupéfiant de s'apercevoir à quel point les gens peuvent s'amuser aux dépens d'un enfant. J'imagine que c'est là le signe d'un profond manque de confiance en soi. Et c'est ce qui a rendu mon petit frère timide.

Tout ça, parce que je l'avais fait tomber du camion jaune. Je le savais, j'étais responsable ; et rien ne changerait jamais le fait que c'était moi qui étais responsable si mon frère inversait les lettres. J'avais honte. Aucun médecin, m'expliquant que la chute d'un bébé d'une hauteur de quinze centimètres sur une moquette n'est pas la cause du problème, n'aurait pu me rassurer. Les statistiques ne servaient à rien. Au fond de moi, je savais qu'il y avait une raison à tout ça, car pour le reste il était parfait en tout. Patrick est le meilleur de nous quatre. C'est le plus gentil, le plus généreux, le plus sensible, le plus attentionné. Mon meilleur ami.

Quand nous étions gosses, mon père nous avait construit une cabane perchée dans le vieux chêne à l'arrière de la maison. Nous y grimpions par une échelle en lattes de bois pour arriver jusqu'à nos lits superposés. Les sommiers étaient composés de tuyaux sur lesquels nous posions des tentes de l'armée. Nous les dépliions pour dormir et les repliions quand nous restions là à jouer à la poupée ou aux cartes. La cabane avait une porte à l'arrière avec une corde à nœuds pour nos mains et nos pieds, et nous pouvions nous élancer pour traverser le ravin, afin d'atterrir sur l'autre rive du ruisseau – et, de fait, atterrir à Meadville, la ville voisine.

Un jour, le chêne a été frappé par la foudre. Mon père qui, à ce moment-là, était sous l'arbre, a lui aussi été touché.

Des années plus tard, je serais frappée par la foudre à mon tour. Ce jour-là, je repassais ma tenue de serveuse pour le restaurant Big Boy. J'avais une main posée sur la tête du robinet et l'autre qui tenait le fer à repasser pour le remplir avec l'eau qui provenait directement de notre puits, quand la foudre a frappé le puits. J'ai été propulsée à travers la cuisine, et j'ai heurté le frigo. Ma mère a crié et m'a giflée. J'ai failli m'évanouir tout en revenant à moi. Grâce à elle, mon cœur s'était remis à battre. Mais aujourd'hui encore, mes battements de cœur sont irréguliers.

Après que la foudre a frappé le vieux chêne, par prudence, nous avons descendu la cabane, qui est alors devenue notre maisonnette, à Kelly et moi. Mon père a même coulé une dalle en béton pour nous, et ma mère a installé des jardinières aux fenêtres et des rideaux cousus dans de vieux torchons de cuisine.

L'été, je mettais en scène des pièces de théâtre dans l'allée qui conduisait à la maison. C'est de là que me vient ma vocation de réalisatrice. Les deux garages servaient de décors différents. La table de pique-nique faisait office de gradins pour les spectateurs : un banc devant et un sur la table, ce qui revenait à trois rangées irrégulières de sièges. Dans ces pièces de théâtre que j'écrivais à la maison, ma pauvre sœur, torturée, jouait souvent le rôle de la vedette, que je harcelais, au même titre que ses amies et tous les enfants du voisinage.

Pour obtenir un effet dramatique, j'utilisais des extraits de chansons de 45-tours que je passais sur mon tourne-disque. Pour l'éclairage de la scène, j'avais réquisitionné les lampes baladeuses accrochées aux poutres du garage et dont nous nous servions quand nous démontions des voitures. Les costumes pouvaient être conçus à partir de torchons de cuisine ou de tapis de bain ; je récupérais aussi de vieux maillots de bain ou encore des chapkas – tout ce que je pouvais récupérer sans me faire battre plus tard. On pouvait trouver des chapeaux et autres objets accrochés aux têtes d'animaux empaillés un peu partout dans la maison. Au fil des mois, ces animaux morts, poussiéreux, se retrouvaient affublés d'un nez rouge et de décorations diverses.

Le bruit d'une porte-moustiquaire qui se referme ne m'est jamais indifférent. Je repense alors à l'été et aux longues nuits passées dehors à courir pour capturer des lucioles dans des bocaux.

Dans ma famille, nous avions tous des petits boulots saisonniers et des responsabilités. C'est ainsi que j'ai dû repeindre la grange. L'enjeu n'était pas de peindre. Peindre, c'était rien. En revanche, gratter la vieille peinture de cette vieille grange – ça, c'était quelque chose.

Je devais aussi tondre la pelouse. À dix ans, je montais sur le tracteur-tondeuse John Deere, le démarrais, passais les vitesses, faisais descendre la lame et dessinais de jolis motifs en tondant l'hectare de terrain. J'aimais bien ça ; ça me paraissait un privilège d'embellir le terrain, de rendre l'herbe parfaite. Notre allée était en forme de U. Cette longue allée, de la largeur d'un véhicule, faisait le tour de la maison, en longeant le garage qui était devant la grange. Ma mère avait planté des pivoines, et c'était magnifique. Un gigantesque saule pleureur flanquait la maison et l'énorme vieux chêne trônait dans la cour du fond.

Quand les arbres dans le ravin se paraient des couleurs de l'automne, le paysage s'illuminait et c'était une splendeur. Quand vous grandissez dans l'Est, l'automne est enchanteur : c'est comme un gigantesque incendie. Nous ratissions et sautions dans les gros tas de feuilles sur la pelouse devant la maison et dans l'air vif de l'automne. Et j'adorais ça. Les jours où nous ramassions les pommes pour faire du cidre annonçaient le moment où nous irions à la crique (le « cirque » comme nous l'appelions) chercher la glace avec laquelle nous préparions nos crèmes glacées.

L'une des autres tâches qui m'incombaient était de transporter les ordures jusqu'aux barils derrière la grange pour les brûler. Et ce qui ne brûlait pas partait à la décharge. Nous faisions tout ça nous-mêmes. C'était ce que je préférais, ces tâches liées à l'automne. Quand il commençait à faire froid, je pouvais jeter tout le verre dans les flammes et le piler dans les grands barils en métal rouillé. C'était cathartique. Je jetais le verre en poussant des cris.

Mais quand arrivait l'hiver, et qu'il neigeait, je détestais cette corvée. D'autant plus que, tous les matins, nous devions aller à pied, marchant dans la neige, jusqu'à l'arrêt du bus scolaire. Nous étions trempés avant même d'y arriver et, à l'école, nous passions la moitié de la journée avec des vêtements humides. Quand nous rentrions, il faisait déjà nuit. Notre école était de celles où les élèves arrivent en tracteur après avoir accompli leurs corvées domestiques. Elle comptait quatre-vingt-sept élèves toutes classes confondues. Hourra. J'avais l'impression d'être l'hurluberlue de service, je me sentais différente.

Vous voudriez peut-être savoir pourquoi ? Eh bien un jour, quand nous avons tous eu à apprendre une poésie, la plupart des enfants sont arrivés pour réciter fièrement le poème de Joyce Kilmer « Je pense que je ne verrai jamais / Un poème beau comme un arbre[1] ». Moi, j'ai récité solennellement chaque strophe

1. Premiers vers du poème « Trees » de Joyce Kilmer. Originaire du New Jersey, ce poète eut peu de temps pour écrire

d'« Annabel Lee[1] » devant ma maîtresse d'école sidérée – d'autant que je l'ai récité d'une traite sans faire de pause. Mais ce n'est pas tout. L'année suivante, on peut dire que je me suis surpassée au cours d'un exposé. J'avais trouvé une chauve-souris piégée sous la véranda et, après l'avoir attrapée avec une pelle à poussière et un balai, je l'avais enfermée, vivante, dans un gros bocal avec quelques brins d'herbe. Toute fière, j'avais percé des trous dans le couvercle avec un tournevis afin qu'elle puisse respirer, et l'avais apportée en douce à l'école où je l'avais cachée dans mon bureau, en attendant le grand jour. Cette initiative a toutefois, elle aussi, été accueillie avec horreur : les gosses ont hurlé, la maîtresse a paniqué. « Tu n'as pas le droit de garder ça ici !!! »

J'ai regagné ma place sans demander mon reste et de nouveau fourré le bocal à l'intérieur de mon bureau. À la récréation, j'ai alors pensé qu'il était préférable que je m'en débarrasse. En raison de mon jeune âge, je n'ai pas réalisé que les chauves-souris étaient des bêtes nocturnes et je l'ai relâchée dans la cour. Le pauvre animal, dont le radar était brouillé, voletait affolé autour des gosses, leur fonçant dessus, les heurtant à la tête, engendrant un chaos sans nom…

Oui, j'étais bizarre, mais je ne le faisais pas exprès. Et comme j'en suis venue à le comprendre, cela n'avait rien à voir avec mon environnement, mon

---

avant sa mort. Il mourut à la guerre (il fit partie du corps expéditionnaire américain en France pendant la guerre de 14-18). Ses poèmes sont connus pour leur simplicité, leur sincérité, leur naïveté et leur mysticisme.

1. Dernier des poèmes écrits par Edgar Allan Poe.

entourage. D'autant, ai-je désormais deviné, que je n'étais pas la seule.

Quand j'ai eu cinq ans, on m'a mise directement en classe de CE1 ; une décision qui n'a pas été acclamée par d'enthousiastes applaudissements. L'administration n'a pas frémi d'excitation en se disant : « Waouh, nous avons là une enfant exceptionnelle » ; non, rien que les hochements de tête entendus des membres de la commission scolaire qui avaient pris la décision pour moi, et du principal qui détestait cette idée mais avait quand même accepté. Mes parents étaient inquiets ; j'étais… eh bien… différente. Mais cette expérience ne s'est pas bien passée et n'a été couronnée de succès pour personne. Après plusieurs mois tout sauf super, tout le monde s'est mis d'accord pour que je passe par la classe de CP comme les autres enfants (même s'ils étaient toujours plus âgés que moi) et que j'apprenne comment me comporter à l'école. Ainsi, toutes mes affaires ont été fourrées dans mon bureau, on m'a installée sur la chaise qui y était soudée, puis ramenée dans cet équipage en classe de CP. Efficace, mais humiliant, dois-je dire.

Intégrer le CP n'a pas non plus été une expérience concluante. J'ai eu des problèmes car j'étais en avance sur le reste de la classe. J'ai aussi eu des problèmes quand j'ai appris à une autre fille qui s'appelait Sharon à écrire son nom en lettres cursives. Vous imaginez comment ça a pu se passer, d'autant que l'écriture cursive n'est plus, désormais, qu'un langage analogique secret appartenant au passé, non ?

J'avais tout le temps des problèmes car je *pensais*, une occupation si contraire à la féminité. Je pensais, je réfléchissais tout le temps, à tout, et, comme si ce n'était pas suffisant, je racontais le résultat de mes pensées aux autres – et il n'y a rien de plus agaçant qu'une gosse de cinq ans, ex-élève de CE1, qui vous explique que tout ce qu'elle vous raconte elle l'a lu quelque part. Oui, j'étais ce genre de gosse dont on se moque dans les films. Exactement. L'agaçante Mademoiselle Je-sais-tout. Celle qui ne sait pas qu'elle est sacrément énervante.

Je suis alors devenue le cobaye pour les projets scientifiques de l'école. On expérimentait sur moi toutes les inventions. On a commencé par la « machine pour lecture rapide ». Ce n'était pas vraiment une machine : je devais juste utiliser une manivelle pour que les pages tournent « super vite ».

Ils ignoraient que là-dessus ma mère était en avance : elle m'avait entraînée à développer mes capacités psychiques depuis que j'avais l'âge de deux ans, et je pouvais deviner combien de cartes avaient été distribuées avant même de les compter.

Hé, pensez donc ! Si savoir deviner le bon nombre de cartes me permettait d'échapper à la corvée de vaisselle, alors j'apprenais à le faire. Je pouvais réciter les chiffres dans l'ordre croissant, décroissant, à l'envers. Ce n'était rien qu'un tour de cartes, après tout.

J'ai grandi sans connaître ma mère. En fait, j'ai grandi en n'aimant pas ma mère. Elle était efficace et m'a appris à exécuter toutes les tâches ménagères et domestiques : cuisiner, faire le ménage, coudre, préparer des gâteaux, planter et jardiner, faire des conserves, trier et plier le linge correctement, faire les lits, faire la lessive, mettre le couvert, servir à table, me maquiller, me coiffer, être prête à n'importe quel moment, bien faire ce qu'on me demandait de faire au moment où on me le demandait, et pas dix minutes plus tard. Elle me surveillait, et si c'était mal fait, je devais recommencer. Si j'étais insolente, si je regimbais, elle me giflait violemment. Si je bougeais pendant qu'elle me coiffait, il n'était pas rare qu'elle me frappe la tête jusqu'à casser la brosse.

J'ai grandi en la détestant. Pas seulement pour toutes ces raisons, mais aussi pour sa froideur.

Je savais qu'elle avait grandi dans une famille différente de celle de ses sœurs, ayant été confiée à une autre famille que la sienne à l'âge de neuf ans. Je croyais que c'était parce qu'ils étaient très pauvres. Jusqu'à maintenant, et jusqu'à ce que j'écrive ce livre et aie besoin de lui parler, je ne connaissais pas la vérité. La vérité qu'elle a toujours eu trop honte de raconter à qui que ce soit. La vérité que, j'en suis sûre, elle n'avait jamais dite à son époux, mon père.

Son père à elle avait commencé à la battre quand elle avait cinq ans. Un jour, voulant aller jouer à la balle avec ses sœurs, elle a demandé la permission à sa mère qui a répondu : « Demande à ton père », lequel lui a rétorqué : « Demande à ta mère », laquelle était déjà partie travailler – ma grand-mère était alors bonne à tout faire. Ma mère a donc accompagné ses sœurs et, quand elle est rentrée, son père l'a emmenée dans la cour et l'a d'abord frappée à coups de ceinture avant de la fouetter avec des branches de roncier. Même les feuilles avaient des épines.

À six ans, ma mère était d'une minceur habituellement imputable au rachitisme ou au scorbut. Imaginez une petite fille durant la Grande Dépression, née dans une maison si proche de la voie ferrée que les passagers du train pouvaient passer le bras à l'intérieur des deux pièces dans lesquelles elle dormait avec ses parents et ses trois sœurs. Plus exactement ses deux sœurs, après qu'un chauffeur ivre a foncé sur la plus jeune d'entre elles, l'arrachant à la main de ma mère qui la tenait ; quand elle est tombée, elle était morte.

Ma mère était vite rentrée pour raconter ce qu'il s'était passé. Elle avait déjà la réputation de porter la poisse, ayant été une jumelle in utero du signe des Gémeaux mais dont la sœur était mort-née. Je l'imagine debout dans la cuisine – la cuisine rafraîchie par la glacière remplie des morceaux de glace qu'on leur livrait parfois –, apportant une nouvelle qu'aucun homme, aussi solide soit-il, n'aurait eu le courage d'annoncer, racontant à sa mère abattue que sa petite fille était morte. Et le chauffard ? Il s'est pointé le lendemain, sans avoir dessaoulé, portant ses vêtements de la veille, pour dire à quel point il était désolé, un bouquet de fleurs fanées à la main. Ma grand-mère était sortie sans attendre et avait jeté les fleurs dans la remise.

Mon grand-père maternel, Clarence, n'avait rien dit. Absolument rien. Après tout, qui paierait pour enterrer cette enfant ? Certainement pas le bureau d'aide sociale à des kilomètres de la maison et où ma grand-mère se rendait tous les jours à pied avec ses enfants pour pouvoir les nourrir. Ni les voisines ; mon grand-père avait fait beaucoup plus d'enfants qu'elles ne l'auraient souhaité, avec et sans elles.

Clarence avait continué à battre ma mère. Quand elle avait eu sept ans, le jour où elle avait dû chanter à l'église, et en solo, « Jésus m'aime », elle avait été incapable de se retenir de pleurer tout du long, et tout le monde s'était levé pour l'acclamer. Personne ne savait pourquoi ils s'étaient tous levés. Était-ce Dieu qui les y avait invités ?

À neuf ans, un jour qu'elle retirait sa tenue de sport dans les vestiaires de l'école, l'une des autres élèves avait vu son dos, à la peau si lacérée et pleine de cicatrices qu'elle l'avait dit à la prof de gym. La prof était arrivée, avait soulevé la chemise de ma mère et l'avait immédiatement accompagnée au bureau du principal. On avait demandé à ma mère ce qui lui était arrivé. Elle leur avait expliqué que son père la battait souvent dans la cour, qu'il la fouettait avec des branches de roncier ; et qu'il aimait que ça se passe dehors car ainsi les voisines pouvaient voir.

Des années plus tard, tandis qu'elle me confiait tout ça en pleurant, elle m'a dit : « Ma mère essayait de me protéger de… Je ne sais ce qu'il y a de pire, être agressée sexuellement ou être battue jusqu'au sang. Pour moi, c'est à peu près pareil. »

Les services sociaux, même chez les péquenauds, ont réagi : ils ont retiré à ses parents la garde de ma mère. Ils l'ont confiée à une famille dans laquelle l'épouse et mère souffrait d'asthme et ne pouvait accomplir toutes les tâches ménagères qui lui incombaient. Dès l'âge de neuf ans, ma mère a fait office de cuisinière et blanchisseuse à domicile, sans compter qu'elle devait faire les courses. Elle se levait tôt pour étendre le linge, et parcourait ensuite à pied quatre à cinq kilomètres, jusqu'à l'école, puis rentrait, de nouveau à pied, après les cours, pour s'occuper du repassage et préparer le dîner avant même de pouvoir se concentrer sur ses devoirs.

Le mari, un dentiste, lui a proposé de lui soigner les dents, qui étaient gâtées par la malnutrition. En échange, elle lui a dit qu'elle laverait à la main et amidonnerait ses blouses, et s'occuperait de sa comptabilité. Elle avait alors douze ans. Il lui a répondu qu'il ne demandait rien en échange ; mais la mère de ma mère lui avait expliqué que rien n'était jamais gratuit.

Elle m'a raconté combien ce couple l'avait aidée ; elle s'était toujours adressée à eux en disant « monsieur » et « madame », pendant tout le temps où elle avait vécu chez eux, jusqu'à ce qu'elle se marie avec mon père, à l'âge de seize ans, et s'en aille, tous deux ayant de quoi se nourrir et vivre dignement. Elle m'a avoué qu'elle se serait suicidée si elle n'avait pas été placée chez ce couple. Et elle était décidée à ce que personne ne la frappe plus jamais.

Elle m'a aussi raconté qu'avant, quand elle vivait encore chez ses parents, elle n'avait jamais eu qu'une orange pour Noël. La honte d'avoir été pauvre, maltraitée, de ne pas avoir été aimée, lui donnait le sentiment de ne rien valoir et de ne rien mériter.

Trois générations de bonnes irlando-américaines, et des immigrés qui se sont sentis tellement indignes, humiliés, qu'ils vivaient misérablement. Je ne comprenais pas ce que ça signifiait pour ma mère quand elle me transmettait son savoir-faire en matière de travaux domestiques, et quand elle me disait qu'il faudrait que je sache me débrouiller seule et ne compter que sur moi, que personne ne serait là pour prendre soin de moi. Je ne savais pas que c'était là sa manière d'aimer, et que c'était l'amour le plus fort qu'elle avait jamais reçu.

Ma mère, une beauté aux cheveux de jais, à la peau d'une blancheur d'ivoire et aux yeux bleus. Qui donnait tant et recevait si peu en retour.

Ma mère qui, depuis que j'étais adulte, m'écrivait des mots de remerciement qui me blessaient car je voulais juste qu'elle m'aime. Je ne comprenais pas le sens de ces remerciements. Cette gratitude. C'était absurde : pourquoi ne lui aurais-je pas donné tout ce que je pouvais ? Pourquoi ne gâterais-je pas ma mère ? Je ne voulais pas de mots de remerciement, je voulais qu'elle me prenne dans ses bras, je voulais qu'elle me prodigue de l'affection. Mais elle, de qui en avait-elle jamais reçu ? De toute évidence, de personne.

L'épouse du dentiste lui avait un jour donné l'un de ses tailleurs pour aller au cinéma, et ma mère m'en parle encore avec nostalgie, comme si c'était là le jour où elle avait reçu le plus d'amour. Et je suis persuadée que c'est le cas. Maintenant, je comprends. Ça me tue, mais je comprends.

Je comprends son caractère réservé, son sens de la discrétion, sa pudeur – ce que je prenais pour de la froideur –, je comprends pourquoi elle parle plus à mes employées de maison qu'à moi. Mais jusqu'à maintenant – mon Dieu, il m'a fallu tout ce temps pour comprendre –, j'avais pensé : *elle ne s'intéresse pas à moi, elle ne m'aime pas.*

Ma mère a grandi dans la pauvreté, une pauvreté de péquenaud, cette pauvreté propre à l'époque de la Dépression qui a transformé l'Amérique en ce pays si cupide qu'il est aujourd'hui. Cette pauvreté qui brise les cœurs et qui effraie une nation ; tout un monde qui plonge dans la folie, l'obscurantisme, un monde dépravé, corrompu comme celui d'aujourd'hui.

Son père était ouvrier métallurgiste ; il versait du métal en fusion dans des cuves au sein d'une énorme fonderie à ciel ouvert. Petite fille, je traversais parfois le parking et voyais les hommes dans leurs combinaisons en amiante, avec ces cagoules de protection équipées de rabats descendant jusqu'aux épaules et d'un écran en verre pour se protéger les yeux, et avec de longs gants à haute résistance thermique pour soulever les grosses cuves de métal incandescent devenu liquide qui me donnait l'impression de plonger le regard dans l'enfer. J'en sentais la chaleur. J'entendais le bruit oppressant du métal bouillonnant et le martèlement des machines de pilonnage.

Mon père, de son côté, venait d'une famille super riche : extraction de pétrole. Une des premières familles à Oil City, Pennsylvanie, dès le départ. Ils étaient tous grandioses. Ma grand-mère Lela portait des tenues de Schiaparelli, des bas en soie, et de très belles chaussures ; elle sortait avec des sacs à main et non de simples pochettes. Elle avait de magnifiques gants gris tourterelle que j'admirais énormément, et qu'elle plaçait élégamment sur le dessus de son sac à main quand elle les enlevait. Elle portait de vrais bijoux, et ce parfum *Shalimar* dont les effluves l'accompagnaient quand elle se déplaçait.

Son mari, Joseph Stone II, était dans l'industrie du pétrole avec son frère, John. C'étaient de redoutables exploitants de forage pétrolier, ils étaient prospères, séduisants, élégants. Leurs portraits avaient été glissés dans des cadres ovales dorés ; sur ces photos, on les voyait assis sur des chaises, chaussés de collants, vêtus de pantalons qui s'arrêtent aux genoux et de vestes dont le revers était orné d'une fleur – comme le voulait la tradition. De toutes les femmes de la famille, seule ma grand-mère avait eu droit au même genre de portrait, dans le même style sophistiqué. Mon arrière-grand-mère, quant à elle, avait été prise en photo debout au milieu des collines, déjà âgée, usée par le temps, comme si elle avait elle-même donné naissance à ces collines.

Pendant que mon grand-père et mon grand-oncle s'affairaient à creuser des puits de pétrole, ma grand-mère Lela s'occupait de gérer les comptes de l'entreprise familiale. Bien que d'une beauté non traditionnelle, Lela était élégante et d'une grande force de caractère, dotée d'un humour solide et contagieux. Elle parcourait les collines comme l'avait fait sa mère avant elle, quand la famille était arrivée là pour la première fois.

Jusqu'au jour où toutes les richesses de cette famille se sont envolées à la suite d'une malencontreuse erreur de calcul. Et à la mort de mon grand-père, Lela a tout perdu : les femmes ne pouvaient prétendre à l'héritage familial, d'autant que ses enfants étaient trop jeunes. Toute l'entreprise revenait donc au fils de mon grand-oncle, un gosse de dix-huit ans. Deux ans plus tard, plus rien ne restait de la fortune accumulée au fil du temps. La maison de ma grand-mère, la propriété familiale que sa mère avait achetée avec l'argent qu'elle avait apporté d'Irlande, tout a été perdu, absolument tout.

Lela était brillante, mais parce que les femmes ne comptaient pour rien, tout le fruit de son dur labeur, la mise sur pied de l'une des premières entreprises d'exploitation de pétrole jamais vues à Oil City,

Pennsylvanie, fut balayé ; tout ce qu'elle avait acquis de connaissances et le travail effectué aux côtés de son époux avaient été anéantis, simplement parce qu'elle était une femme. Elle avait trois enfants en bas âge et avait été obligée d'aller travailler : elle avait alors trouvé un poste dans un hôpital psychiatrique. L'aînée des trois enfants, ma tante Vonne, qui à l'époque avait sept ou huit ans, est restée avec elle. Mon père, qui en avait quatre ou cinq, est parti avec son jeune frère vivre chez leur grand-mère et son chien et, quand elle est morte, ils ont trouvé refuge dans des granges ou des écuries où ils pouvaient travailler afin de gagner de quoi manger et dormir.

Cependant, ma grand-mère est toujours restée une grande dame. Et mon père est devenu un gentleman. Son tempérament aristocratique était solidement ancré en lui, il était beau et élégant. Et, de même que le caractère sauvage, brut de ma mère lui servait de force motrice, mon père, bien qu'il n'ait mené une vie privilégiée que jusqu'à l'âge de cinq ans, ne l'avait pas oubliée. C'était son moteur à lui : regagner cette vie privilégiée, une vie pour laquelle il serait reconnu, et comprendre ce que c'était que cette vie et pourquoi elle n'existait plus.

Joe Stone a littéralement forgé mon caractère. Sans compter le code génétique de son frère et de sa sœur, et de tous les autres membres de la famille. Je suis avant tout irlandaise, avec une bonne dose de gènes scandinaves et, ai-je découvert récemment, 8 % de gènes français. Je me demande souvent d'où viennent telle ou telle partie de moi quand je voyage autour du monde et que je vois tous ces pays et rencontre tous ces gens. C'est étonnant de découvrir à quel point on se ressemble tous quand on gratte un peu sous la surface.

Ce qui me fait penser à ce vieil adage irlandais, que l'on dit au moment de porter un toast et que m'a appris mon amie Brooklyn : « Je suis plus qui je suis maintenant que quand je suis née. »

Je pense qu'en vieillissant, je me rapproche de ce que je suis, pour en atteindre le cœur.

Une allure folle

Quand j'avais une vingtaine d'années, le meilleur ami de mon petit copain m'a expliqué sa théorie très simple concernant les relations entre les hommes et les femmes : les hommes sont idiots, et les femmes folles. Forte de l'arrogance de la jeunesse et du pouvoir de la beauté, je n'ai pas pris la peine d'essayer de voir quelle était ma place dans cette équation. Malgré tout, lui et moi sommes restés amis jusqu'à sa mort.

Les années ont passé, et bien que je ne souscrive pas à la théorie de la « folie », j'admets facilement qu'on puisse me considérer comme une originale. Et les hommes ? Eh bien, puisque mon originalité résulte en grande partie de mon interaction avec leur tribu, je leur laisse le soin de juger par eux-mêmes.

Je repense à ma toute première relation « sexuelle » avec le sexe opposé. J'étais en cours préparatoire. Je m'apprêtais à sortir pour aller en récréation, quand un petit garçon caché sous l'escalier a bondi pour m'attraper au passage et m'a embrassée. J'ai été choquée et j'ai eu peur. Il a ensuite filé dans la cour, me laissant seule au pied de l'escalier sombre et humide. Je suis restée là, stupéfaite, abasourdie. Jusqu'à être soudain submergée par une violente colère. Je suis alors sortie calmement pour rejoindre la cour de récréation où jouaient les autres enfants et le trouver. En me voyant, il s'est figé. C'est là que je l'ai attrapé par le bras pour le mordre aussi fort que je le pouvais ; et je suis partie.

Après cet incident, j'ai été exclue plusieurs jours de l'école pour me « permettre de réfléchir » à ce que j'avais fait. Tout le monde a cru que j'étais folle. Il n'a jamais avoué ce que *lui* avait fait. Je ne l'ai jamais dénoncé. Personne ne m'a jamais posé de questions.

Quand j'étais gosse, nous pensions tous que Nubby Neuwirth était un idiot. Et non un doux dingue, comme on appelle ça aujourd'hui. C'était l'époque où il parlait à la boîte qui contenait son déjeuner à l'arrêt de bus. En fait, nous avions même pris l'habitude de nous en servir pour le taper – nous servir de la boîte, pas de l'arrêt de bus, au cas où vous seriez idiot vous aussi.

C'était l'époque où, dans la nuit froide, avec mes frères et sœur, nous marchions dans la neige mouillée et attendions que le chauffeur de bus, une dame qui fumait, nous en ouvre les portes. Une manière charmante de nous souhaiter le bonjour, n'est-ce pas ?

Heureusement, May Kent montait quatre arrêts plus loin. Nous nous asseyions toujours l'une à côté de l'autre et tout le monde le savait. May était l'archétype de la « méchante ». Un jour, elle a fourré des marshmallows de poivre de Cayenne et les a donnés à une fille qui voulait toujours s'asseoir avec nous. Inutile de préciser que ça lui a passé l'envie de devenir notre amie. Pendant un temps, je me suis sentie chanceuse d'être amie avec May, parce que ça voulait dire que j'échappais à sa méchanceté.

Jusqu'au jour où Pixie a fait son apparition ; ce qui tombait bien parce que j'en avais marre de la méchanceté de May – qui, de toute façon, était sur le point de se marier avec son cousin David. La famille de Pixie a emménagé dans une grande maison au bout de la route non goudronnée par laquelle passait le bus et, un jour, Pixie est montée. On l'a très vite repérée, avec ses étranges cheveux blancs, ses grands yeux, bleus, ronds comme des soucoupes, et sa peau blanche avec des taches de rousseur. Et il était évident qu'elle était loin d'être une sainte nitouche. Nos regards se sont croisés, et c'était parti ! Pixie a été ma première vraie amie.

Nous étions toujours fourrées ensemble. Nous fuyions les garçons, montions à cheval et, je ne sais pas pourquoi, nous courions nues dans les bois, un foulard noué autour du cou.

À tour de rôle, chacune de nous deux dormait chez l'autre. Chacune de nous deux a appris au petit frère de l'autre à embrasser avec la langue. Au milieu de la nuit, son père ne manquait jamais de traverser en courant le salon où nous dormions par terre. Habituellement, il ne portait qu'un caleçon Fruit of the Looms déchiré, ce qui ajoutait une touche de perfection à cette forme spéciale de démence paternelle qui était la sienne.

Voyez-vous, la famille de Pixie faisait partie des Témoins de Jéhovah et, en gros, Pixie n'avait rien le droit de faire. Son père était persuadé que des garçons entraient en douce dans l'arrière-cour pour nous épier. Nous aurions tellement aimé que ce soit vrai. Mais ce n'était pas le cas. Plus tard, nous avons compris que son comportement était dicté par son manque de foi et sa fourberie. Il a fait un enfant à la femme du meilleur ami de mon oncle Gene. Le meilleur ami de mon oncle a alors essayé de tuer le père de Pixie en lui tirant dessus, et il est allé en prison. Ainsi va la vie dans les bleds paumés.

Mon oncle est mort des années plus tard – en fait, la veille de la première de *Basic Instinct.* Il n'a pas été assassiné, malgré ce qu'ont pensé les gens en raison des circonstances de sa mort : des traces de sang dans la neige, lui allongé par terre, gelé, la portière de son camion restée ouverte, du sang sur le siège conducteur. Mais la manière dont il paraissait dormir là, sur les marches de sa petite maison, donnait à croire à quelque chose d'encore plus macabre qu'un meurtre : une inconcevable et profonde solitude. Avec sa veste débraillée, sa chemise à carreaux à moitié déboutonnée, ses cheveux retombant doucement sur son front, il semblait nous dire : « Hé, j'ai juste trébuché » ; mais la mare de sang près de ses galoches en caoutchouc racontait une tout autre histoire.

Ce n'était pas la première fois que nous avions trouvé étrange le comportement de mon oncle. Il y avait eu celle où il avait pointé un revolver sur sa tempe et nous avait appelés pour annoncer qu'il allait se suicider. Nous avions alors dû aller le voir et discuter avec lui, qui était resté assis – vêtu seulement d'un caleçon trop grand et d'une vieille chemise –, le revolver toujours retourné contre lui, à nous parler de sa femme, pendant ce qui nous avait semblé une éternité. Cette histoire de vouloir mettre fin à ses jours est un truc chronophage pour les autres, avais-je alors pensé, et plutôt ennuyeux une fois passée la crise initiale – et la question *Mon Dieu, qu'est-ce que tu fais ?* J'imagine que c'est la raison pour laquelle ma mère dit : « Les gens qui menacent de mettre fin à leurs jours… devraient y mettre fin. » Je n'ai jamais su si je devais rire quand elle disait ça. Mais si vous connaissiez ma famille, vous comprendriez. Et peut-être qu'après avoir lu ce livre, vous comprendrez.

Gene était un gars merveilleux, vraiment ; même si, jusqu'à maintenant, vous avez du mal à y croire. Du genre rigolo, le plaisantin de service, celui qui fait des blagues et vous taquine, l'oncle qui vous achète des glaces. Il avait une super voiture, une décapotable, qu'on adorait. Et si nous avions de la chance, il nous emmenait jusque chez Hank pour acheter un sorbet ; j'adorais le sorbet à l'orange. Je trouvais ça exotique et sophistiqué. Quand Oncle Gene m'en achetait un, nous rentrions à la maison le toit de la voiture ouvert et, parfois (probablement quand il avait un peu bu), il conduisait debout. Ça aussi, je pensais que c'était sophistiqué.

Il s'était engagé dans la marine à l'âge de quinze ans, après que la famille avait été ruinée, et il était couvert de tatouages fabuleux. Je trouvais l'un d'entre eux particulièrement osé : celui d'une fille nue dans un verre de martini ; un tatouage qui courait tout le long de son tibia. C'était sacrément impressionnant. Le mot SUCRÉ s'enroulait autour de l'un de ses tétons, et le mot ACIDE autour de l'autre ; et, quand nous le voyions torse nu, ça suffisait à rendre l'été amusant. Bien évidemment, un mot obscène recouvrait la jointure de ses doigts.

En y repensant, avec le recul, jamais nous n'aurions connu un gars tatoué aussi fabuleux, un gars qui conduisait debout, s'il n'avait pas été le frère de mon père. Mais il l'était. Et vous savez, la famille, c'est la famille ; et quand ma famille se rassemblait, c'était du sérieux. Tout le monde s'installait dans la cuisine et racontait des histoires. Mike se cachait en haut de l'escalier pour essayer d'entendre des blagues qu'il pourrait raconter à l'école le lundi. Pour autant, je n'ai jamais pensé que Mike était vraiment drôle, d'autant que c'est lui qui m'avait un jour plaquée au sol et craché dessus.

Gene était le petit frère de mon père et personne ne l'appelait jamais Gene. Nous l'appelions tous « oncle Beaner » – le bouffeur de haricots. Tout simplement parce que, à ce qu'on racontait, il avait mangé beaucoup de haricots quand il était dans la marine. Je trouve ça affreux, mais c'était son surnom : Beaner, le bouffeur de haricots. Ce bon vieil oncle Beaner. Mort gelé sur les marches en ciment de sa petite maison peinte en blanc, qui avait été ceinte d'une bande jaune ; il avait fallu le laisser là pendant vingt-quatre heures, l'endroit étant alors considéré comme une scène de crime.

La famille n'avait donc pu franchir les rubalises, tout le monde était resté dans les parages, emmitouflés dans des parkas, essayant de se rendre utiles, et de trouver normal qu'oncle Beaner soit recroquevillé là, avec la portière ouverte de son camion. Personne n'était autorisé à aller la fermer ni à aller le prendre dans ses bras ou faire quoi que ce soit pour lui.

Ce n'était pas un meurtre mais, d'une certaine manière, c'était un crime. Un crime dont la solitude était l'auteur. Voyez-vous, la femme d'oncle Beaner, Dorothy, était morte des suites d'un long et douloureux cancer, à l'époque où personne ne prononçait le mot *cancer* à voix haute. Les dames se contentaient de chuchoter « le mot en *c* ». Ma tante est devenue de plus en plus maigre, pour finir par mourir réduite à trente kilos de souffrance. Quand je suis partie au lycée, on m'a donné ses vêtements. Ils puaient la clope, et l'odeur ne s'est jamais dissipée.

Oncle Beaner n'a pas eu d'autre choix que de continuer à vivre, de tenir le coup. Sauf qu'il n'a pas su comment faire. Et donc, il conduisait debout et, parfois, pointait son revolver sur sa tempe. Alors, un jour, il est allé traîner dans un bar, il a trop bu, a trébuché en remontant dans son camion, s'est cogné la tête, a conduit jusqu'à chez lui en sang, est descendu de son camion, est de nouveau tombé, s'est de nouveau cogné la tête, a chuté sur les marches de l'entrée de sa petite maison peinte en blanc, et est mort de froid.

La seule personne à appeler oncle Beaner par son vrai prénom, Gene, a été sa sœur aînée, ma tante Vonne.

Ils avaient tous une allure folle dans la famille de mon père : des cheveux noirs, des yeux clairs, et des visages racés. Lela a donné naissance à de beaux enfants qui tous débordaient d'énergie : ils étaient intelligents, vifs d'esprit et dotés d'un corps athlétique. Tous les trois étaient hilarants, et ils adoraient faire rire ma grand-mère. Ils étaient très soudés et n'ouvraient pas facilement leur cercle restreint aux gens étrangers à la famille.

Vonne était d'une beauté rare. À mes yeux, elle ressemblait à une danseuse espagnole, avec ses longs cheveux noirs et ses lèvres peintes en rouge. Elle adorait skier, et nous emmenait aux sports d'hiver et jouer au golf. Elle nous a appris à pratiquer les loisirs raffinés des nantis. Cela explique peut-être que j'aie un jour pensé à épouser un skieur professionnel devenu producteur, bel homme, intelligent, vif d'esprit, aux cheveux noirs et aux yeux verts. Mon premier époux ressemblait et agissait comme les membres de ma famille. Il incarnait l'idéal de notre tribu.

Vonne était aussi une érudite et une peintre talentueuse. Elle a peint des fresques murales tout autour de l'immense maison de ma grand-mère. Elle possédait des tonnes de livres intéressants, des tonnes de pots de peinture, de pinceaux, de toiles, et de cette énergie qu'elle m'a transmise. Elle vivait de l'autre côté d'un petit bois, effrayant, près de chez ma grand-mère. Pour arriver chez Vonne, je devais traverser ce bois en courant pendant cinq à six minutes, dans une pénombre grandissante, avant d'apercevoir la maison et être ainsi rassurée. C'était comme un rite d'initiation pour apprendre à être courageuse ; si on voulait appartenir à la famille, il fallait être suffisamment hardie pour traverser le bois sans encombre. Je retenais mon souffle et, la plupart du temps, je courais comme une folle ; mais je m'efforçais parfois de simplement marcher pour essayer de visualiser chaque arbre individuellement et de vaincre ainsi mes peurs. Cependant rien n'y faisait : les arbres étaient immenses – la futaie si dense que le soleil ne filtrait pas – et le chemin étroit. Le test, en réalité, était d'être seule ; c'était fabuleux de courir au moins une fois par jour, parfois même plusieurs, jusqu'au seuil de la maison de l'une ou l'autre de ces deux grandes dames.

Ma tante avait fait construire une maison de style moderne. Vaste et contemporaine, pour elle, son mari – un Italien – et leur fille. Elle avait été un beau parti : on raconte qu'un jour, un soupirant éconduit avait atterri en hélicoptère dans la cour de ma grand-mère juste pour essayer d'obtenir un rendez-vous galant avec tante Vonne. À l'époque, tout le monde se demandait qui finirait par dompter ma tante, sauvage comme un félin. Je pense que personne n'avait imaginé que ça puisse être cet Italien, petit et plutôt grassouillet. Mais c'était un homme fabuleux, et il avait ainsi remporté le beurre, l'argent du beurre et le cul de la crémière, comme ils disent là d'où je viens. Quand il est mort, tante Vonne m'a regardée, les larmes aux yeux, et m'a dit : « Tu sais, je n'ai jamais pensé à tromper George. » Nous avons ri, un rire plein de tendresse, plein d'amour. Elle l'avait profondément aimé ; et il l'avait complètement subjuguée.

J'ai pour deuxième prénom Vonne – et, de bien des manières, elle était comme une mère pour moi.

Elle a toujours été excessivement honnête avec elle-même, reconnaissant ses défauts, ses qualités et ses convictions. Mais je suis convaincue qu'elle valait beaucoup mieux, et qu'elle était bien plus intelligente, qu'elle ne l'estimait. Être d'une grande beauté, surtout quand cette beauté est couplée à une vraie intelligence, comme c'était le cas pour ma tante, peut vraiment porter préjudice à une femme. Elle le savait et ne l'oubliait jamais. Elle se moquait beaucoup d'elle-même. Pour autant, elle avait obtenu deux diplômes de maîtrise, avait gagné des concours de beauté, et était à la tête de deux entreprises prospères. Elle avait aussi survécu à deux mastectomies, et s'était remise au ski tout de suite après ses opérations.

Elle était bien la fille de sa mère, ma grand-mère Lela, un sacré phénomène comme on dit. Bien que Lela ne mesurât qu'à peine plus d'un mètre cinquante, il ne fallait surtout pas la sous-estimer ; elle représentait une force avec laquelle il fallait compter. Je pensais qu'elle était capable de décrocher la lune. J'avais envie d'être avec elle tout le temps. Et dès l'âge de quatre ou cinq ans, j'ai commencé à passer tous mes étés avec tante Vonne et elle. Elles débarquaient à l'improviste et je partais avec elles, sans que rien ait été prévu. Je ne me souviens pas d'avoir jamais préparé ma valise ; je sais que ce n'était pas non plus ma mère qui s'en occupait. Je me rappelle juste mon excitation quand je montais dans la voiture, comme si nous prenions la fuite, telles des voleuses, conduisant un peu vite, la radio allumée, toutes trois silencieuses avant que les rires n'emplissent l'habitacle ; nous avions réussi notre coup, une fois de plus ! Parfois, elles venaient quand ma mère n'était pas là ; dans ce cas, mon cœur battait plus vite : c'était comme si le soleil brillait plus que d'habitude, que le temps s'accélérait et que les sons devenaient plus aiguisés. J'entendais la voiture arriver de loin, et le bruissement des feuilles d'arbre sur son passage. C'était merveilleux. Je me sentais alors désirée, incroyablement aimée.

Avant notre départ, Lela s'asseyait, telle une reine ou presque, dans la cuisine et attendait, j'imagine, que tante Vonne monte préparer mes affaires. Je crois me rappeler que, pendant ce temps, c'était comme si je flottais ; je flottais en allant faire le tour du pommier avant de descendre jusqu'au ruisseau, dans le ravin près de la maison, et de cueillir des jonquilles que je laisserais dans la cuisine, dans un vase, avec un mot. C'était le code secret pour que ma mère sache que j'étais partie avec elles, et qu'elle ne s'inquiète donc pas.

Et nous partions, laissant mes deux frères et ma petite sœur à la maison. J'étais la préférée de quelqu'un. Quelque part, je comptais, il y avait des gens qui se disaient que la manière dont je pensais, parlais, et faisais des choses était intéressante et précieuse. Elles m'aimaient. Et c'était extraordinaire de vivre dans leur monde.

Ma grand-mère avait pour amies une bande d'illuminées. L'une d'elles était une femme de grande taille avec des cheveux gris et des lunettes à monture œil-de-chat gris clair accrochées à une très fine chaîne couleur sable ; elle ne portait que des robes grises et n'avait pour accessoires que des sacs à main gris – aussi. Ma grand-mère l'adorait mais disait d'elle : « C'est une vraie fouine, elle est tellement curieuse qu'elle serait capable de renifler tes pets pour savoir ce que tu as avalé au déjeuner. » L'une de ses autres amies portait des chaussures au bout relevé agrémentées de clochettes et n'arborait jamais moins d'une vingtaine de colliers ; elle portait des pantalons en soie colorée, assortis à des chemises, toujours au moins trois superposées, elles aussi en soie colorée. J'avais l'habitude de m'asseoir sous la table et de regarder les chaussures de ces dames tout en les écoutant parler.

J'ai aussi des souvenirs très précis de ces moments où j'élisais domicile sous l'arbre près du porche chez

Lela. C'était un énorme épicéa bleu. Il était haut de presque douze mètres et mesurait cinq mètres de diamètre ; ses branches les plus basses touchaient le sol. Je me glissais dessous avec des livres, un oreiller et une couverture, et j'y passais l'après-midi.

« Toc, toc, toc, disait ma grand-mère. J'ai un paquet express pour toi. »

J'éclatais de rire. « Très bien. De quoi s'agit-il ? »

C'est alors qu'elle glissait sous l'arbre un minuscule bol (qu'elle avait volé – attendez, vous verrez), plein de cerises au marasquin, couvertes de crème fouettée. Eh bien, c'était rien de moins que la plus formidable des surprises ! L'enthousiasme m'enivrait. « Je t'en prie, entre, grand-mère », disais-je ; et elle crapahutait jusqu'à moi, dans son chemisier Schiaparelli, ses bas de soie, une jupe et la veste assortie, et s'asseyait sous l'arbre pour manger les cerises avec moi. C'était ce qu'il y avait de mieux au monde. Ses cheveux blancs étaient si beaux. Jamais auparavant, ni depuis, il n'y a eu de femme plus belle que ma grand-mère. Et, surtout, jamais de femme aussi drôle et diabolique.

Elle m'a appris à faire les poches et à subtiliser les choses disposées sur une nappe. À l'époque, j'aurais pu fourrer un service de table entier dans votre sac, tout en bavardant avec vous, sans que vous vous en aperceviez. Parfaitement. D'ailleurs, avec un peu d'entraînement, je pourrais encore probablement vous faire les poches. Ma grand-mère était un phénomène. Dans sa cuisine, on trouvait de la porcelaine volée dans des hôtels, y compris deux énormes porte-serviettes de table à deux faces. Des poivriers et des salières, de l'argenterie aux initiales d'hôtels dans lesquels elle avait séjourné. J'ai récemment acheté des couverts en argent sur lesquels est écrit CUILLÈRE sur les cuillères, FOURCHETTE sur les fourchettes, etc., juste parce qu'ils me faisaient penser à elle.

À mesure que je grandissais, elle me confiait d'étranges petits boulots. Une fois, j'ai dû sortir toute la vaisselle et tous les verres des placards afin que nous puissions en peindre l'intérieur. J'ai été autorisée à garder toutes les petites pièces de monnaie que je pourrais y trouver. En vidant précautionneusement ces placards, j'ai été étonnée de trouver des pièces un peu partout – dans des tasses, des verres, sous des assiettes et même au fond des tiroirs. C'était fabuleux : plus je travaillais, plus je trouvais de pièces de monnaie ! Elle était très maligne. Pendant ce temps, assise dans la cuisine, elle me parlait, se réjouissant avec moi de mes découvertes ; chaque nouvelle pièce, et chaque nouveau verre rempli de pièces, l'excitant et la surprenant autant que moi, nous entraînant chaque fois dans de nouvelles conversations toujours plus amusantes.

Un été, j'ai dû démonter toutes les contre-fenêtres pour les décaper et les repeindre. Évidemment, j'ai passé un bras à travers l'une d'elles et me suis coupée. J'ai alors dû remplacer la vitre. Nous n'étions pas une famille de chochottes. « Fais attention » était la leçon du jour. Nous étions des femmes qui avaient tout intérêt à savoir tout faire et à apprendre à ne compter que sur elles-mêmes.

Bien que l'ami de mon oncle Beaner ait tenté de tuer le père de Pixie, je suis restée proche de Pixie tout au long de mon adolescence. Pixie, Linda Whistler et Danny Weaver étaient mes meilleurs amis. Trois amis me suffisaient.

Linda était super intelligente, et j'adorais passer du temps en tête à tête avec elle. Elle aimait lire, et savait tout, me semblait-il. Un jour, nous avons décidé d'installer un stand à hot-dogs sur le trottoir à chaque match de base-ball se jouant dans notre ville. C'était tout du moins ce qui nous servait de couverture. En fait, nous faisions campagne pour les démocrates, et distribuions des badges, avec une affiche posée sur la table pliante à côté de notre machine à hot-dogs. Nous étions aux anges.

Mes parents trouvaient ça bizarre que je passe autant de temps avec une seule de mes amies et seulement pour parler. Pour ma mère, c'était beaucoup plus normal que ma sœur soit du genre à sauter du toit pour aller rejoindre l'une de ses meilleures amies, Lena, et leur bande de potes. Elle me montrait la liste des amis de ma sœur posée près du téléphone de la cuisine et disait : « Pourquoi ne peux-tu pas lui ressembler ? »

Je pense donc que, pour elle, aller faire des courses au magasin d'alimentation avec Danny n'était pas une sortie amusante. Toutefois, pour Danny et moi, ça l'était. Il a été mon premier ami gay. Nous adorions faire des courses ensemble ; le plus souvent, d'ailleurs, pour nos mères quand, pour une raison ou pour une autre, elles ne pouvaient y aller. Nous foncions alors au supermarché et remplissions notre caddy en dansant. Comme nos parents aimaient regarder le « Lawrence Welk Show[1] », nous

---

1. Le « Lawrence Welk Show » (1951-1982) était un spectacle télévisé américain de variétés musicales animé par le leader du big band Lawrence Welk.

connaissions bien Bobby et Cissy – qui étaient loin d'être Fred et Ginger ; non, Bobby et Cissy ressemblaient plus à des mannequins danseurs de porno. Danny et moi les trouvions hilarants ; nous étions capables d'imiter tous leurs numéros. Et on ne s'en privait pas : nous dansions sur la musique d'ambiance du supermarché.

Nous avons partagé un nombre incroyable de bons moments. Un jour, nous avons fait l'école buissonnière pour aller à Pittsburgh où nous avons passé notre temps à monter et descendre un escalier mécanique. Je ne sais pas si vous saisissez vraiment à quel point je n'étais qu'une péquenaude – une pauvre future reine de beauté d'un bled paumé – pour aimer passer la journée à monter et descendre un escalier mécanique, encore et encore, sans jamais me lasser. Mais tout ce que je peux dire, c'est que le souvenir de ce jour-là me met en joie.

Danny a fini par devenir producteur du « Phil Donahue Show », et à mettre en place le suivi psychologique des invités de l'émission. Son travail novateur a été récompensé à plusieurs reprises. Par ailleurs, il était diacre de son église et est resté en couple pendant plus de trente ans avant de mourir d'une lésion cérébrale en 2017. En parler me brise le cœur. Il s'est battu jusqu'au bout. C'était quelqu'un de bien. Un grand homme. Je l'aimais énormément.

Cet amour-là m'apporte du réconfort. Je sais que le baume qu'il me procure actuellement, alors que la blessure infligée par sa mort me fait encore souffrir, continuera à m'apaiser et transformera ce chagrin en autre chose.

En tant que deuxième de quatre enfants, je n'avais jamais rien de neuf – ce que les autres avaient et que moi aussi je voulais à tout prix. Je devais me contenter d'attendre. Je n'avais que des vêtements d'occasion, des vêtements déjà portés par d'autres avant moi. Toutefois, j'étais intelligente et j'avais du chien, une certaine allure.

L'allure, c'est vous qui la créez en utilisant vos défauts physiques. Le nez de Barbra Streisand, les oreilles de Clark Gable, la taille de Danny DeVito, la plastique de Cher. Et, il faut bien l'avouer, ils ont tous une allure folle, une certaine classe. Un style impeccable, immédiatement repérable, poli jusqu'à la perfection par des années de souffrance et de larmes versées.

Des larmes qui commencent à couler quand vous êtes enfant et que vous n'obtenez pas ce qui vous semble absolument nécessaire. Alors, sagement, courageusement, vous essayez de rendre ce qu'on vous a donné à la place si extraordinaire, si beau, que ça devient *la* chose, *le* truc, ce que tout le monde vous envie. Et désormais, il n'y a que vous qui l'avez. Beaucoup d'entre nous ont été loin grâce à ça. De nos jours, c'est même ça le principe. Être unique. Comme le monde a changé !

En grandissant, je n'ai jamais été l'une de ces gosses qu'on dit populaires. Je ne faisais pas partie de ce cercle privilégié, un cercle magique. Mais je me souviens de les avoir observées, ces filles-là, et, parmi elles, d'avoir repéré *la* fille, celle à laquelle j'aurais voulu ressembler, celle avec qui j'aurais voulu être amie.

J'ai d'ailleurs un souvenir d'*elle* très précis et du jour où *elle* s'est approchée de moi alors que nous étions en CM2. La voir arriver vers moi m'avait remplie d'un fol espoir. Une certaine forme de désir, terrible. Le soleil poudrait d'or ses cheveux bouclés, elle souriait de ce sourire flottant qui vous attire, enjôleur comme la voix d'une sirène. Ses amies faisaient cercle autour d'elle à l'instar d'un chœur grec, en chantant et riant, et c'était comme si leurs pieds ne touchaient pas le sol.

Les miens, comme d'habitude, me paraissaient être aussi lourds que du béton ou, pire encore, avoir été coulés dans le béton de la cour de récréation. On aurait cru que ma tête était soudain devenue grosse, très, très grosse, une très grosse tête ronde. J'étais avec ma seule amie, elle aussi solitaire, et nos livres. Nous les regardions approcher, stupéfaites. Qu'étaient-elles donc en train de faire ?

Leurs rires résonnaient à mes oreilles : le rêve américain du bonheur et de l'appartenance. Mon esprit était figé, frappé de stupeur, sous le coup d'une admiration craintive, mais mon cœur battait plus fort. Plus elles approchaient, plus tout ça me semblait invraisemblable.

Elles étaient là, devant moi, les filles tant admirées. Les jolies filles, populaires, aimées et heureuses. Les filles qui savaient y faire. Les filles avec les bonnes chaussures. Les filles qui n'avaient jamais mal aux pieds, les filles que les garçons n'avaient de cesse de conquérir, les filles qui avaient des amies qui les aimaient sans les aimer, mais tout le monde s'en moquait. Les déesses.

Et ce jour-là, c'était moi qu'elles regardaient ; c'était moi qu'*elle* regardait en souriant. En *me* souriant, de ce sourire doux, joyeux, facile, engageant. J'étais piégée comme un lapin en cage ; et je lui ai souri en retour. *Elle* s'est mise à rire, de ce rire facile qui était le sien, a ralenti et, tout doucement, est arrivée droit sur moi.

J'étais sidérée, pleine de reconnaissance à l'idée que ces déesses deviennent mes amies ; elles allaient m'inclure dans leur cercle. Je m'apprêtais à ouvrir la bouche pour les saluer quand, sans crier gare, *elle* m'a giflée de toutes ses forces.

Toutes les déesses ont éclaté de rire. En voyant l'empreinte de ses doigts sur ma joue, leurs rires ont redoublé. Voir apparaître la marque de ses doigts sur mon visage les a fait rire ; voir mes yeux étonnés se remplir de larmes les a fait rire ; la voir tourner les talons et rejeter ses cheveux brillants par-dessus une épaule les a fait rire. Elles se sont éloignées, toujours en riant.

Assise contre le mur de l'école, en attendant la cloche qui sonnerait la fin de la récréation, je pouvais encore les entendre rire et parler entre elles ; et quand je suis allée dans les toilettes des filles pour me voir dans la glace, elles riaient toujours, elles parlaient entre elles. Et tout le reste de la journée, j'ai continué de les entendre, encore et encore.

Quand je suis devenue célèbre, le magazine *People* a rencontré des gens de ma ville natale pour les interviewer. Elles ont raconté qu'à cette époque-là, à l'école, j'étais une snobinarde.

La première fois que je suis allée au Festival de Cannes, c'était pour *Total Recall.* Mes bagages ne sont jamais arrivés à l'hôtel. J'ai donc porté, chaque fois que je devais me montrer, pour une occasion chaque fois différente, les mêmes vêtements que ceux que j'avais dans l'avion – pantalon large en lin noir, tee-shirt noir, pull en coton noir, étole colorée en soie peinte, créée par mon petit ami de longue date, un petit ami secret, et mules noires à talons plats –, réarrangés, recombinés de toutes les manières possibles.

Il me faut quand même préciser qu'aucune des femmes célèbres présentes au Festival n'a pensé à m'aider en me prêtant l'une de ses tenues.

Je n'étais ni célèbre ni importante, mais j'étais jeune et jolie, et représentais donc une menace. Apparemment, elles pensaient que les compliments que leurs pairs m'adressaient, eu égard à mon ingéniosité, étaient suffisamment amusants pour s'accommoder de cette situation. Même Robert Downey Jr. a dit que je ressemblais à Anita Ekberg, avec mon pantalon large et, en guise de haut, mon écharpe dont j'avais noué les pans croisés autour de mon cou.

J'ai fini par retrouver l'un de mes amis, l'agent artistique Shep Gordon, qui m'a invitée à des fêtes fabuleuses. Avant chaque soirée, nous partions sur la Riviera dans sa magnifique décapotable, et il s'arrêtait devant un magasin de vêtements dans lequel il se précipitait avec moi pour m'aider à trouver une tenue ; chaque fois, il payait tout, rien que de très belles choses. Nous foncions alors d'une fête à l'autre, des fêtes somptueuses je dois bien l'admettre, dont l'une, je m'en souviens, a eu lieu dans une propriété super classe du front de mer : un parc magnifique planté d'espèces rares et anciennes, autour d'hôtels particuliers Belle Époque élégants et décrépis.

Jouer dans *Total Recall*, ce film fou, très original, pour lequel Rob Bottin a été récompensé par l'Oscar des meilleurs effets visuels et effets spéciaux pour le maquillage, avait été amusant. Cette récompense n'est pas distribuée tous les ans ; en fait, elle n'a été donnée que seize fois. Quel génie ! C'est lui qui m'a appris la « réponse hollywoodienne » (ou comment répondre à Hollywood) : sourire, hocher la tête, ne rien dire.

Tout ce qui concerne ce film était du délire. Je suis devenue follement amie avec Arnold Schwarzenegger et sa bande de « demeurés », comme je les appelais alors, tandis que je faisais travailler mes méninges. J'essayais de comprendre comment j'allais bien pouvoir suffisamment m'entraîner pour être vaguement crédible dans le rôle d'un personnage pouvant faire peur à Arnold. Avec mes cinquante-huit kilos, j'étais censée défoncer la tronche d'Arnold dans l'espace. Logique, non ?

J'ai donc décidé de prendre du poids. J'ai bu des protéines en poudre, fait de la musculation au club de gym Easton de Hollywood, un trou à rats où il fallait composer avec un ventilateur posé à même le sol – objet d'émerveillement –, pas de musique, des haltères et des gars sérieux sur de vieux vélos d'exercice qui regardaient droit devant eux, les yeux fixés sur de vieux aquariums.

Au moment du tournage, je pesais soixante-cinq kilos, soulevais de la fonte en portant une de ces ceintures de maintien en cuir et une brassière de sport.

Je soulevais quinze kilos d'un bras et pratiquais le karaté trois heures par jour. Mais, quand je suis arrivée sur les lieux du tournage, à Mexico City, je ne pouvais toujours pas lever ma jambe plus haut que ma tête. Et dans le scénario, le tristement célèbre coup de pied de mon personnage est chorégraphié pour frapper au visage Arnold, qui mesure plus d'un mètre quatre-vingts.

J'étais terrifiée. Je m'entraînais comme une folle, en proie à des étourdissements puisque nous étions à environ deux mille mètres d'altitude – je crois, je ne me rappelle pas très bien. Nous avons tourné à Mexico City avant, pendant et après le tremblement de terre d'une magnitude de 6,8. Grace Jones, devenue une grande amie, m'a téléphoné dans ma chambre d'hôtel, une fois la terreur passée, juste après que la terre avait cessé de trembler, pour me dire « Chérrrrie, nous sommes tous au barrrrr, descends nous rejoindre », de sa voix de tigre qui ronronne. Mais j'étais trop flippée pour prendre l'ascenseur depuis le trente-neuvième étage et trop paresseuse pour descendre par l'escalier ; ce qui n'était pas le cas de Grace ni de son petit ami de l'époque, l'acteur et cascadeur danois Sven Thorsen : ils étaient vivants et en profitaient – selon la rumeur, Sven buvait du champagne à même la chaussure de Grace. Quant à moi, je suis restée dans ma chambre et, tel un soldat au combat, j'ai réquisitionné tout mon étage pendant deux jours, et me suis entraînée jusqu'à ce que les gars dans la salle de gym aient envie de gerber. Mais bien que j'aie redoublé d'efforts, je ne pouvais toujours pas lever ma jambe à la hauteur requise. J'étais à fond. De toute évidence, j'étais déterminée, je m'étais endurcie. Heureusement, sinon ce boulot m'aurait tuée. Ou bien je me serais tuée à la tâche en étant serveuse.

Toutefois, à l'époque, le coordinateur des cascades, Joel, travaillait avec moi et c'était un dur à cuire. Il était super mignon et vraiment gentil, mais il m'épuisait, il me poussait à dépasser mes limites ; je les ai donc dépassées et, *voilà**[1], la veille du tournage, je suis parvenue à lui fiche un coup de pied en pleine tête. Je n'ai jamais vu quelqu'un se réjouir autant d'être frappé à la tête.

Mais peu importe.

Le lendemain matin, quand je suis arrivée sur le tournage, Arnold et tous les demeurés de service – qui avaient tous l'air en super forme physique et qui, à mes yeux, paraissaient superbes et moins idiots – étaient là. Sven était présent, lui aussi, servant de doublure à Arnold : Sven qui, plus tard, jouerait dans *Gladiateur* et affronterait le tigre dans le Colisée romain. Oui, ce Sven-là. Joel, notre entraîneur, à Arnold et moi, était là lui aussi, et quand je l'ai vu debout à côté d'Arnold je me suis aperçue qu'il était bien plus petit que lui, d'au moins la longueur de mon pied. J'ai de nouveau craint de ne pas pouvoir atteindre la tête d'Arnold. J'ai soudain souffert de l'altitude.

---

1. Les mots en italique suivis d'un astérisque sont en français dans le texte.

C'est alors qu'Arnold m'a demandé si je m'étais entraînée avec des couteaux pour la scène de combat. Quoi ? « L'équipe des cascadeurs m'a dit que je serais doublée dans la scène du combat aux couteaux, lui ai-je répondu.

— Oui, mais tu dois pouvoir être suffisamment raccord avec la doublure », a-t-il expliqué.

J'ai eu le sentiment d'être complètement nulle. J'ai donc décidé que j'allais m'occuper de son cas le jour même, j'allais lui mettre une sacrée branlée, et il allait la sentir passer. J'allais me venger sur Arnold, ce trou du cul – comment était-ce possible que personne ne m'ait mise au courant, comment était-ce possible que je me plante !

Bien sûr, rétrospectivement, je me rends compte qu'il a fait ça pour me pousser à bout. C'est une telle canaille. Et je lui ai foutu une sacrée raclée, pauvre Arnold. Il était couvert de bleus. Un petit futé, en effet, le gouverneur Schwarzenegger – et même si je suis démocrate, oui, j'ai voté pour lui. En fait, pendant son mandat de gouverneur, il a travaillé avec moi et ceux de l'amfAR[1] pour changer les lois, et a fait du très bon boulot. Il a joué un rôle important face à l'hécatombe du sida en prenant des mesures destinées à trouver des solutions. J'ai été impressionnée par ses connaissances juridiques et sa compréhension des lois, dont il a pu se servir pour être efficace.

1. L'amfAR (en anglais : American Foundation for AIDS Research) est une des plus importantes fondations américaines et mondiales pour le financement de la prévention et de la recherche médicale contre le sida. Elle a été fondée en 1985 par l'actrice Elizabeth Taylor.

Il m'a beaucoup appris sur comment faire mon travail, le faire mieux que ce dont je me serais crue capable, et comment assurer la promotion d'un film : « Réponds à la question qu'ils auraient dû te poser, pas à celle qu'ils te posent. »

Un conseil brillant, à moins que… la réponse ne regarde personne. Dans ce cas, a-t-il ajouté, je devais leur poser des questions sur eux. Il m'a aussi appris ça.

Et donc, ouais, nous avons fait ce film, un film qui a été présenté à Cannes, où je suis arrivée avec, en tout et pour tout, la tenue dans laquelle j'avais voyagé, et où ce cher Shep m'a sauvée et m'a emmenée dans des fêtes chaque fois vêtue d'une robe de soirée magnifique et différente. Ça semble incroyable. C'était ma première expérience avec les excès des gens riches de la Riviera ; à l'époque, qu'est-ce que j'en savais ? Je ne connaissais rien.

Après que je les ai eu suppliés – car, devinez quoi ? je n'ai pratiquement rien gagné pour ce film, en comparaison des salaires des mecs –, les producteurs m'ont acheté une robe à porter le soir de la projection du film. C'était une robe portefeuille noire Hervé Léger, que j'ai toujours, une robe très sexy. Les Gypsy Kings ont joué pendant la soirée que nous donnions à l'hôtel du Cap-Éden-Roc surplombant la mer. Les Rolling Stones sont venus, mais aussi Eric Clapton, entre autres stars. Mon brillant nouveau meilleur ami, le tueur de tigre, Sven, a dit la chose la plus drôle que j'aie jamais entendue à Steven Seagal, lequel a toujours été odieux avec tout le monde et, selon la rumeur, provoquait les gens en duel d'arts martiaux dans des circonstances douteuses. Quand j'ai travaillé avec lui sur le film *Nico*, il m'a dit de ne pas trop m'approcher de lui car j'empiétais sur ses « chi ». J'aurais pu lui rétorquer, comme le disait toujours ma grand-mère Lela : « Si tu n'as rien de gentil à dire, alors ne dis rien. »

Des Irlandais « éviers de cuisine »

Je sais que dans ma famille tous peuvent paraître cinglés, mais ils sont l'incarnation d'une éducation irlando-américaine typique. On dit qu'il existe deux types d'Irlandais, en Amérique : les « Irlandais aux rideaux de dentelle » et les « Irlandais éviers de cuisine ». Nous sommes des « Irlandais éviers de cuisine », c'est-à-dire les pauvres. En d'autres mots, si vous avez quatre gosses et un seul lieu d'aisance, vous pissez dans l'évier.

Après nous avoir élevés, Mike et moi, ma mère a baissé les bras. Elle avait eu son compte. On lui a diagnostiqué des fibromes utérins et je suis sûre que ma sœur et moi avons hérité d'elle l'endométriose dont nous souffrons, et qui nous a toutes deux empêché d'avoir des enfants à notre tour.

Nous n'avions pas de belle salle à manger : nous mangions dans la cuisine – une cuisine remplie de rires et de larmes. Nous étions une famille-cuisine. L'hiver, c'est là que nous pliions le linge que nous lavions au sous-sol. C'est aussi dans la cuisine que ma mère m'a appris à « lire » les cartes, c'est-à-dire à deviner où elles se trouvaient dans le jeu sans regarder. Ce qui me rappelle la fois où je suis allée à Vegas avec l'un de mes amis, Paris Libby, qui a reçu la même éducation que moi. Pendant les dix ans où ma carrière de superstar était à son apogée, Paris, au titre de styliste, m'a accompagnée à chacun de mes déplacements. Nous avions la même énergie psychique – une sorte de don divinatoire. Et nous avons cassé la baraque aux tables de blackjack. Ils nous ont alors demandé de partir. Nous avons ri comme des fous. Nous comptions les cartes ? Eh bien oui, mais nous faisions toujours ça. Nous savions ce qui allait se passer ? Eh bien oui, mais pour nous, c'était la routine, enfin plus ou moins. Si tu grandis avec des dingues, toi aussi tu seras dingue. Ainsi, parfois, je me surprends à compter les numéros des maisons en les additionnant tout en conduisant et en parlant au téléphone. Dans ces cas-là, toutefois, ça ne veut pas dire que je sais où je me trouve.

En revanche, autour de la table familiale, là où nous jouions aux cartes, c'était une autre affaire. On nous punissait en nous obligeant à rester assis là toute la nuit, et nous obéissions. C'est là aussi que nous faisions nos devoirs. Nous avons passé tellement de temps à cette table que le Formica en était usé, sans éclat.

C'est aussi dans la cuisine qu'ont été servis de somptueux dîners de Thanksgiving – avec tous les mets et accompagnements de rigueur – sans compter les repas de Noël et de Pâques, et nos dîners d'anniversaire. Maman sortait chaque fois le grand jeu. Et jusqu'à ce que moi-même j'aie adopté trois enfants ou, plus probablement, jusqu'à ce qu'ils soient tous trois devenus adolescents à peu près en même temps, je ne crois pas m'être rendu compte combien elle avait dépensé d'énergie pour tenir le coup. Et on peut dire qu'elle tenait et menait tout de front. Elle était capable de nous nourrir tout en restant impeccable et ce en comptant chaque sou.

Chaque fois qu'elle ou mon père économisait dix cents ou même cinq, ils les gardaient dans un bocal en verre dans le but d'assurer leur avenir. Avec l'espoir de monter un business une fois que nous serions tous élevés et qu'ils pourraient prendre des risques.

Évidemment, à l'époque, je ne comprenais pas. Je n'avais aucune idée de ce que ça signifiait ni de l'engagement qui était le leur. Leur engagement l'un envers l'autre, vis-à-vis de leur rêve, et envers nous.

Quand *Basic Instinct* a fait l'ouverture du Festival de Cannes en 1992, j'ai été invitée par mes chers amis de l'époque, Bill et Nancy, à séjourner avec eux sur la Riviera dans une somptueuse maison qu'on leur prêtait. C'est là que j'ai pris ma première leçon de tennis. Je commençais à comprendre que les gens riches se doivent de pratiquer certaines activités. Le tennis en fait partie. Mais ce que les gens riches faisaient aussi, et que je pouvais et allais enfin faire, c'était rembourser l'hypothèque de leurs parents. J'ai donc envoyé à mes parents un mandat anonyme des dix-sept mille dollars qu'il leur restait à payer pour leur maison.

J'étais sur un court de tennis quand ma mère m'a appelée. Elle pleurait : « C'est toi qui as fait ça ?

— Qui a fait quoi ? ai-je répliqué, sur un ton innocent.

— Tu le sais très bien », a-t-elle répondu toujours en pleurant. Elle m'a raconté qu'elle s'était rendue à la banque pour leur dire qu'une erreur s'était glissée dans son relevé de comptes ; c'est alors qu'elle avait découvert que quelqu'un avait fait un virement sur ce même compte. Elle était donc allée voir mon père au magasin pour qu'il prenne sa journée. « Nous n'avons plus d'hypothèque, lui avait-elle annoncé. Partons déjeuner. » Ce qu'ils avaient fait. Il lui avait alors dit : « Prends ce que tu veux, prends cet autre sandwich, celui qui coûte vingt-cinq cents de plus – on peut se le permettre. » J'étais au téléphone, je l'écoutais, avec ma raquette de tennis à la main. Oui, comme le font les gens riches.

Quand nous étions enfants, nous avons profité d'une autre forme de richesse. Nous avions de quoi dîner sur la table tous les soirs. Nous étions merveilleusement nourris – et bien que nous n'ayons guère de moyens, nous avons eu de tout : des brioches, des gâteaux et des tartes aux fruits frais, ou avec de la crème anglaise, faits maison, en passant par les rôtis accompagnés de leur sauce. Ma mère préparait des conserves tout au long de l'été afin que nous ayons des légumes pendant l'hiver. Tous les matins, ou les après-midi quand il travaillait de nuit, elle préparait le petit déjeuner de mon père avant qu'il parte. Et, chaque fois qu'il rentrait tard, elle l'attendait. À son retour, il ne se retrouvait jamais seul ni dans une maison froide et silencieuse. Je me souviens encore l'avoir souvent entendu ouvrir la porte et éclater de rire. Ils s'aimaient profondément, et ma mère avait l'habitude d'inventer des choses folles pour faire rire mon père. Elle me tuera quand elle saura que je vous raconte ça, mais je me souviens notamment d'une fois où elle s'était entièrement enveloppée de cellophane pour l'accueillir un soir où il était rentré particulièrement tard. Je trouve ça hilarant. Ils ont été très heureux en ménage, et ce, jusqu'à la mort de mon père.

C'est d'eux, avec leur amour réciproque et indéfectible, leur capacité à tenir le coup, et avec notre servitude contractuelle à cette infernale machine familiale, que nous avons tous appris ce que ça demandait, et demande toujours, d'efforts pour que les choses arrivent ; rien n'était, et n'est, jamais acquis. Nous étions tout à la fois amis et parents, comme il se doit dans toutes les bonnes familles irlandaises. Nous encaissions les raclées sans nous plaindre, nous accomplissions les tâches qui nous étaient assignées en bougonnant, mais sans jamais rechigner – pour éviter de nous prendre une autre raclée.

À l'époque, mes parents n'avaient ni le temps ni l'énergie pour la douceur et les câlins que les parents de ma génération ont appris à offrir à leurs enfants. Aujourd'hui, je vois ce qui a manqué à mes parents, et à côté de quoi ils sont passés non seulement en négligeant de nous offrir cette forme de tendresse, mais plus encore pour n'avoir pas eux-mêmes reçu cet amour-là, l'amour parent-enfant, un amour inconditionnel. Prendre ma mère dans mes bras m'avait toujours mise mal à l'aise. Aujourd'hui, elle est devenue une grand-mère aimante, qui fait des câlins. Et avant de mourir, mon père, lui aussi, est devenu plus affectueux ; il s'était ouvert, telle une fleur.

Il était le chevalier servant de ma mère ; il se levait quand elle entrait dans une pièce, tirait la chaise pour elle avant qu'elle prenne place à table, la remerciait après chaque dîner en lui disant qu'il s'était régalé.

Quand j'ai commencé à sortir avec des garçons, je devais rentrer au plus tard à vingt-deux heures. Pour s'assurer que ce serait le cas, ma mère préparait des petits pains briochés à la cannelle, qui sortaient du four pour refroidir à vingt-deux heures pile. Ainsi, quel que soit le garçon avec lequel je sortais, il me ramenait toujours exactement à l'heure pour en profiter. Ma mère était une maligne. Évidemment, j'étais punie, interdite de sortie pendant une semaine, pour chaque minute de retard. Pas question de déconner avec les filles de Joe Stone.

Un soir, alors que je montais l'escalier en courant pour aller le chercher à cause d'un gamin entré sur notre propriété qui m'avait fait peur en regardant dans le salon le nez collé à la fenêtre, mon père était descendu en pyjama, avait sauté dans son camion après avoir balancé sa carabine à plomb derrière lui dans son râtelier à fusils, et avait pris en chasse le pauvre gosse qui, entre-temps, avait pris ses jambes à son cou et s'était enfui. Pendant des semaines, cette anecdote devint l'histoire drôle qui animait nos dîners.

Notre enfance a été remplie de Noëls formidables. Bien que modestes, les cadeaux que nous recevions nous réjouissaient. Ils étaient toujours joliment emballés et cachés très soigneusement, même si, bien sûr, nous savions tous qu'ils étaient au grenier.

Quand nous étions petits, nous y montions pour essayer d'en deviner le contenu. Jusqu'au jour où mon père a changé les noms sur les paquets ; il a mis les noms des garçons sur ceux de ma sœur et moi, et les nôtres sur ceux de nos frères.

Le grenier était plein de super trucs ; des vêtements, des meubles et des objets d'art. Je me souviens d'avoir aidé mon père à y agrafer de la laine de verre au plafond. Pour l'occasion, nous avions porté des lunettes de protection et des gants mais, malgré tout, la laine de verre avait laissé des coupures sur nos bras. Mon frère aîné s'était engagé dans l'armée de l'air, et c'était donc moi qui donnais un coup de main à mon père.

Étant donné qu'à la maison on ne m'avait jamais assigné un rôle qui aurait été uniquement dévolu à ma condition féminine, j'ai développé un tas de compétences habituellement réservées aux hommes, comme préparer et couler du béton ou encore savoir monter un solide mur de pierre. D'ailleurs, chacun de nous quatre a appris à construire une maison ; et comme nous avons grandi dans une région amish, nous avons appris à construire une maison dans la tradition amish, c'est-à-dire à construire d'abord la charpente et les côtés à plat, avant de les redresser à l'aide de cordes. Par ailleurs, c'était à moi qu'il revenait de tondre la pelouse et de déblayer la neige à la pelle. Je savais aussi grimper aux arbres et jouer au golf. Je tapais mes frères pour éviter qu'ils me tapent. Pourtant mon père avait instauré une règle selon laquelle on ne tape pas les filles – mais c'est juste que les garçons ne pensaient pas que cette règle s'appliquait à leurs sœurs – jusqu'à ce que ma sœur et moi ayons commencé à leur donner des coups de pied au cul.

D'ailleurs, j'aime à me rappeler le jour où j'ai botté le cul de Mike. Ce jour-là, il m'avait fait tomber et coincée au sol pour ensuite me cracher dessus en me donnant des ordres – pour la dernière fois. Pour me venger, j'ai attendu patiemment jusqu'à ce que j'entende arriver la voiture de mes parents dans notre rue, qu'on appelait à l'époque Park Avenue. Quand, depuis la fenêtre de la cuisine, j'ai vu la voiture s'engager dans notre allée, j'ai couru dans le salon où Mike était assis par terre en tailleur dans son pyjama en coton extensible, les cheveux coupés ras, à regarder la télé. Je lui ai tapé sur l'épaule, il s'est retourné et je lui ai alors donné un coup de poing sur le nez aussi violent que possible, avant de partir au-devant de mes parents en courant comme si j'avais le diable aux trousses et en hurlant comme une folle.

Mon père m'a rattrapée au moment où Mike sortait de la maison le nez en sang.

« Bon sang, qu'as-tu fait à ta sœur ?

— Mais… c'est *elle* qui m'a tapé », a répondu Mike.

Mon père a alors répliqué : « Eh bien, qu'est-ce que tu lui as fait pour qu'elle agisse ainsi ? »

Mike pense encore que ma naissance lui a gâché la vie. J'avais sept ans de moins que lui. Il a toujours pensé que tout s'était bien passé jusqu'à ce que je me pointe. *Les femmes.*

Tout au long de notre vie, mon frère est moi avons alternativement été les meilleurs amis du monde ou tout simplement un frère et une sœur qui ne se parlent pas. C'est comme ça. Nous nous réconcilions par intermittence. Il vit chez Dot, au rez-de-chaussée. Et, parfois, il s'occupe d'elle.

Exactement comme nos parents l'ont fait avec nous. Ils ont fait avec nous un boulot horrible et magnifique, affreux et épatant. Ils ont fait de leur mieux. Ils nous ont tout donné. Absolument tout. Dans la plus pure tradition irlandaise.

Éducation

À une certaine époque, mon lycée avait décidé d'envoyer quelques-uns des élèves suivre des cours à la fac à titre d'expérience. Ils ont d'abord fait passer une batterie de tests aux élèves les plus avancés ; sont restés ceux qui passaient à travers le tamis, un groupe de plus en plus réduit à chaque stade de la sélection. Jusqu'à ce que nous ne soyons plus que cinq : quatre garçons et moi, choisis pour suivre des cours à Edinboro University, pas très loin du coin où je vivais. La fac était à environ trente-cinq ou quarante minutes de notre petit lycée de Saegertown, en Pennsylvanie. J'avais quinze ans au début de cette expérience, par conséquent je ne conduisais pas encore. Nous partions donc tous ensemble, le plus âgé d'entre nous conduisant, et nous nous séparions en arrivant à la fac, chacun suivant des cours différents selon son niveau. Si je m'en souviens bien, j'excellais en cours de littérature anglaise et, dans une moindre mesure, en sciences. Au fil des semaines, j'ai commencé à m'intéresser à l'histoire de l'architecture moderne, et j'ai choisi le golf en option sport, puisqu'il était pratiqué par la famille avec la même ferveur qu'une religion. Mike était celui de la famille qui jouait le mieux, avec tante Vonne, suivi de mon père, que je talonnais de près dans le classement, et enfin Kelly et ma mère.

L'un des quatre garçons n'a pas résisté longtemps à l'expérience de la fac, car il était d'une intelligence dite « intelligence des limites » ; par exemple, il essayait de prouver qu'il pouvait avaler des ampoules électriques… en s'exécutant devant nous. C'était la première fois que nous apprenions que l'intelligence et le bon sens n'allaient pas toujours de pair. Se balader sur un campus universitaire à notre âge, le plus vieux d'entre nous n'ayant que seize ans, nous dépassait complètement ; l'avaleur d'ampoules n'était pas le seul à être perturbé. Il existe une immense différence entre les jeunes de quinze ans et ceux de dix-huit à vingt-deux ans. Quand nous allions au réfectoire pour le déjeuner, la salle nous paraissait gigantesque, pourtant elle ne l'était pas ; c'est nous qui étions petits, tout simplement.

À la même époque, mon prof de sciences au lycée, qui avait une vingtaine d'années, passait son temps à essayer de me séduire, et il me retenait même après les cours. C'est lui qui avait supervisé la plupart des tests d'admission à la fac. Il paraissait être persuadé que j'avais besoin de cours particuliers.

J'essayais de m'adapter à cette situation toute nouvelle pour moi en prétendant que tout était normal. Après les cours à la fac, nous repassions au lycée et nous retrouvions dans un bureau dans lequel nous donnions des cours de soutien à certains élèves (je donnais des cours d'algèbre) ou dans des salles de classe où nous jouions le rôle d'élève-professeur sous la houlette du prof (ce que je faisais pour l'anglais en classe de troisième).

C'était une situation complètement tordue. Les cours de soutien en algèbre étaient faciles, et ça se passait plutôt bien, sauf que je me mettais à dos les autres élèves du lycée – même si je fréquentais la salle des terminales où je m'étais fait des amis en jouant au gin rami. En revanche, les cours d'anglais où je jouais le rôle d'élève-professeur me brisaient le cœur car j'avais découvert qu'au moins la moitié des élèves ne savaient pas lire. Quand je leur donnais des devoirs à faire à la maison, ils n'y comprenaient rien. J'ai donc commencé à les aider, en leur faisant faire leurs devoirs en classe, sans toutefois qu'ils y comprennent grand-chose non plus. J'ai alors décidé de leur demander de se mettre à la lecture tous ensemble : ils liraient à voix haute, chacun leur tour. La première de la classe a très bien lu, mais c'est allé de pire en pire pour chaque élève après elle. Un nombre incroyable de gosses n'avaient pas le niveau requis en lecture et, pourtant, ils avaient été intégrés au système scolaire.

C'est la chose la plus significative que cette expérience m'avait apprise. À partir de là, je me suis débrouillée toute seule, j'ai été mon propre guide pédagogique. J'ai obtenu mon baccalauréat et continué les cours à la fac pendant tout l'été même si mes résultats n'y ont pas été exceptionnels. Ce qui m'importait était de trouver ce qui m'intéressait, ce que j'avais envie d'apprendre. J'ai étudié la peinture, l'astronomie et, comme il se doit, j'ai appris à améliorer mon jeu au golf. En dehors de la fac, j'ai participé à un cours privé de « radio production », ce qui impliquait de rencontrer mon prof, tous les mardis matin, avec un sujet intéressant susceptible de faire l'objet d'une discussion au cours d'un petit déjeuner au IHOP[1] du coin. Il était brillant, âgé et, je crois, en mauvaise santé. C'est le cours pour lequel je travaillais le plus, parce que ce prof était gentil avec moi. Il choisissait des thèmes variés pour que ce soit à la fois divertissant, sujet à débat, et que nous ayons des échanges qu'il n'avait pas l'habitude d'avoir autrement.

Il m'offrait des petits déjeuners gargantuesques, que je n'aurais jamais eu les moyens de m'offrir à l'époque, et que je peinais parfois à terminer. À chaque cours, nous parlions au moins pendant deux heures. Il m'a appris plus que tous mes autres profs.

J'avais un petit copain hors du campus, qui était plus vieux que moi – il devait avoir une vingtaine d'années ; c'était le colocataire de mon frère Mike, à Findley Lake, New York. Si vous ne savez pas où c'est, c'est le hameau dans lequel a été filmée la scène où un train conduit par Denzel Washington entre en collision avec un van pour chevaux à l'arrêt sur les rails dans le film *Unstoppable*. Toutes les scènes d'*Unstoppable* ont été filmées dans la région où j'ai grandi, là où je suis allée à l'école. Dans une ambiance proche de celle que l'on retrouve dans *Voyage au bout de l'enfer*.

John dealait de l'herbe avec mon frère. Il était particulièrement intelligent et très drôle, et ressemblait un peu, il faut bien le dire, à John Malkovich :

---

1. Chaîne américaine de crêperies, spécialisée dans les aliments pour le petit déjeuner.

prématurément dégarni, avec des lunettes, une excellente condition physique et un cerveau brillant. Il était mordu d'histoire, passait son temps à lire, et m'emmenait toujours avec lui chez le disquaire pour me faire découvrir et aimer du super jazz. Pour mon dix-huitième anniversaire, il m'a invitée à un concert de Count Basie qui avait lieu dans la salle de bal d'un hôtel. On s'est éclatés : on a dansé toute la nuit et j'ai fini assise sur le tabouret de piano à côté de Count à le regarder jouer. Ça reste l'une des plus belles nuits de ma vie.

John m'avait aussi appris à conduire une moto tout-terrain, et nous allions grimper sur les talus de terre du chantier de construction de la nouvelle route nationale. Le jour où j'ai réussi ma première roue arrière, il m'a invitée à dîner chez Tito. Ce fut pour moi un moment d'exception. Le chef et propriétaire du restaurant avait été le chef cuisinier du président de l'ex-Yougoslavie, et pour nous qui venions d'un bled paumé, c'était un lieu huppé. Nous nous sommes donc mis sur notre trente-et-un et, à notre arrivée, le chef a joué du xylophone. John était capable de rendre le moindre événement exceptionnel, c'était merveilleux.

Quand nous allions pêcher la truite, il apportait, pour accompagner notre déjeuner, une carafe pour servir le vin et deux verres en cristal ; nous buvions tout en fumant de la dope, debout dans nos cuissardes, en pêchant dans l'eau claire des rivières de montagne. La semaine, j'allais en cours et lui se livrait à ses occupations et, le week-end, et de plus en plus souvent, je partais en voiture pour aller le rejoindre et voir mon bébé chien, un beagle.

John m'avait installé un atelier pour peindre dans la véranda à l'arrière de la maison. Quand nous nous retrouvions, nous cuisinions ensemble, ou il lisait et je peignais en écoutant du jazz.

Mais un jour, Mike a décidé de se mettre au business de la coke. John n'était pas d'accord. Moi non plus ; je ne voulais pas être impliquée dans les combines de mon frère. C'est d'ailleurs très vite devenu dangereux. Des gens s'asseyaient à la table de la cuisine, occupés à faire de gros tas de cocaïne, pendant que je tentais de continuer à aller à la fac, en faisant comme si tout ça n'existait pas. Mike a acheté un rottweiler qu'il a appelé Saber. Un jour, ce jeune chien a léché un gros tas de cocaïne sur la table basse et est devenu dingue. J'étais terrifiée, même si tout le monde avait l'air de penser que c'était drôle. Une autre fois, il y a eu des échanges de coups de feu près de la porte d'entrée et, un soir, un inconnu est tombé inconscient dans le salon.

Soudain, mon frère était devenu un individu que je ne reconnaissais plus. Il lui est arrivé de faire des overdoses et de perdre connaissance dans ma petite piaule près de la fac. Un soir, ma colocataire et moi avons dû le porter sur notre dos et le traîner ainsi toute la nuit pour qu'il reste conscient. Et tout est allé de mal en pis pour lui. Accidents de la route, arrestations par la police, hospitalisations, nouvelles arrestations, jusqu'à ce que finalement le FBI le coince la veille de Noël dans un hôtel juste de l'autre côté de la frontière, dans l'État de New York, là où les lois sont beaucoup plus sévères. Son arrestation a été filmée en direct par la télévision ; il avait été pris avec plusieurs kilos de cocaïne, et il a été condamné à quinze ans de prison à Attica.

C'est alors que notre famille a reçu des menaces de la part de gens qui ne voulaient pas que Mike avoue pour qui il travaillait, ainsi que de ceux qui au contraire le voulaient. Chaque option avait des répercussions. Toutefois, il s'est débrouillé en prison. Il est devenu le scribe de ceux qui avaient besoin d'écrire des lettres à leurs proches. C'est un poète merveilleux, doté d'une très belle calligraphie assortie à sa nature poétique. C'est maintenant un artiste du spoken word, un artiste qui pratique la poésie orale ; il travaille avec le producteur des Rolling Stones. Mais, à l'époque, la situation n'était pas brillante.

Mike n'avait d'abord été qu'un gosse de dix-sept ans qui s'était engagé dans l'armée de l'air, et était devenu chef mécanicien d'avions à réaction à la base aérienne de Dover. C'est là qu'arrivaient dans des missiles vides les corps sans tête de nos soldats tombés au Vietnam. Les Viet Cong gardaient les têtes de leurs victimes, et nous, nous gardions les oreilles des nôtres – au cas où la notion de trophée de guerre vous serait étrangère.

Un jour, alors que mon frère était encore dans l'armée de l'air, il avait décidé d'effectuer des réparations sur sa voiture montée sur un pont de levage hydraulique ; quand il avait sauté pour redescendre, son alliance était restée coincée dans le loquet du coffre et son doigt a été sectionné. Il s'est alors retrouvé dans la salle des amputés avec des vétérans qui rentraient du Vietnam. Son doigt s'est gangrené et il a failli perdre sa main en entier ainsi qu'une partie de son bras. Il en avait déjà trop vu. Ces gars-là fumaient de la marijuana et prenaient de l'héroïne pour mettre fin à cette singulière douleur fantôme contre laquelle ils luttaient. C'est là qu'il a découvert le monde de la drogue. J'imagine que c'est là aussi que sa vie a basculé : il est passé du petit gars de la campagne à la tête pleine d'idéaux américains stéréotypés au gars qui finit à Attica.

Il a obtenu la liberté conditionnelle cinq ans après avoir été arrêté. Il est alors venu à Los Angeles et a emménagé avec moi. Je commençais tout juste à jouer dans des films et je venais de terminer *Total Recall*. Mike aurait aimé travailler mais personne ne voulait recruter un ex-taulard. Il avait purgé sa peine, une peine épouvantable, dans un endroit épouvantable. Et après ? Sa vie était foutue, complètement foutue. Impossible pour lui de payer sa dette, jamais. Mike était désormais un homme brisé. Je l'ai vu abstinent à de nombreuses reprises, et bien se débrouiller, se battre pour devenir un gars réglo. Puis retomber, échouer à nouveau. Et pour quoi, au final ? Qui allait respecter cet homme-là ? Mon frère ne cesse de retomber. En ce moment, il va bien, il s'occupe du lancement de son album et prépare un film qu'il veut tourner au Brésil. Son album ne raconte pas seulement son histoire, mais celles d'autres hommes qui lui ressemblent. C'est beau et super pro ; il a fait du bon boulot. Mais est-ce suffisant pour payer sa dette ? Pouvons-nous – la société peut-elle – permettre que cette dette soit soldée ? Et lui, peut-il retrouver l'homme qu'il était ?

Mon père n'a jamais cessé de l'aimer, ni de l'aider ou de croire en lui. Je pense que c'est ce que font les hommes bons. Ils grandissent et apprennent.

La vie a une façon bien à elle de répondre à nos questions et de nous donner des leçons pendant que nous donnons des leçons aux autres. Pour autant, ceux qui sont audacieux sont jugés. Nous avons tous un nom, un nom – inscrit pour l'éternité – porteur d'une responsabilité sans fin et d'une signification intemporelle ; cette signification est différente selon qui parle et qui est quoi. Qu'est-ce qu'un criminel, une star de cinéma, un charpentier, le président d'une fondation caritative ? Qu'est-ce qu'un poète, un humaniste, un chasseur, un malade souffrant du lupus ? Qu'est-ce qu'un grand frère, une garce, un époux, une sœur ? Qu'est-ce qu'un héros, un raté, un chef, un vainqueur ?

La vie a répondu à beaucoup de ces questions, en ce qui me concerne. En fait, la vie m'a obligée à me poser beaucoup de ces questions. Dans le bouddhisme, il existe ce qu'on appelle un kōan, un bref échange au cours duquel on vous pose une question destinée à vous faire douter. Tout le monde, dans sa vie, est confronté à une question de ce genre. La question qui vous construit ou vous détruit. La mienne m'a d'abord détruite avant de me reconstruire. J'ai découvert que, dans ces cas-là, la question, parfois, est la réponse.

Travail

Dans la famille, ne pas travailler était hors de question. Tout le monde travaillait. Même si, évidemment, mon père ne voulait pas que ma mère travaille ; il était de la vieille école et ne souhaitait pas qu'elle en fasse plus que ce qu'elle avait déjà à faire : élever quatre gosses et entretenir la maison, qui était immense – nous avions une ferme. Elle l'aidait aussi à vider, découper, fumer et entreposer le gibier – chevreuil, lièvres, volailles – qu'il chassait et les poissons qu'il pêchait, pour nourrir tout le monde au cours de l'hiver. Mais pour nous, pas question de ne pas travailler.

Mike a commencé à distribuer les journaux quand il était encore très jeune ; quant à moi, je m'étais débrouillée pour vendre en porte-à-porte des casseroles et des poêles pour gagner un peu plus d'argent de poche et procurer à ma mère une nouvelle batterie de cuisine. J'ai ainsi pu lui offrir une poêle à frire électrique, en Teflon, qui avait un énorme succès durant les week-ends. Je vendais en porte-à-porte tout ce que je pouvais trouver dans les magazines.

J'ai aussi participé à un concours de dessins du *Reader's Digest.* Et c'est alors qu'un jour, en rentrant à la maison, j'ai trouvé un type dans le salon en grande conversation avec ma mère pour la convaincre de m'envoyer dans une école d'art, bien évidemment payante. Mais il y avait un problème : j'avais menti sur mon âge ; le concours était réservé aux adolescents et je n'avais que onze ans. Et donc, quand je me suis pointée, en n'étant clairement pas une adolescente, le type en question n'a pas été ravi de me voir : surpris, mais pas ravi. Apparemment, j'avais un certain talent – tout au moins assez pour que cet escroc, enseignant dans une école d'art, se déplace pour essayer d'arnaquer ma mère –, mais pas assez pour qu'il puisse recruter une enfant de onze ans.

Au fil des ans, je verrais beaucoup de types, plus ou moins escrocs, se pointer à la porte de la maison : des représentants de produits cosmétiques Mary Kay, des vendeurs d'encyclopédies, d'aspirateurs, et les gars qui livraient des produits ménagers tous les mois. Ma mère les laissait lui faire l'article. Je pense que ça lui donnait l'occasion de voir des gens à qui parler ; et je suis sûre qu'eux aussi aimaient bien lui parler, car elle était très jolie. Elle avait été mariée si jeune, après tout, avec ses cheveux noirs, sa peau blanche, ses yeux bleus de husky et ce rouge à lèvres que je lui copie. Mais la maison était impeccablement entretenue et elle n'avait pas besoin de leurs produits.

Toutefois, un jour, elle a décidé d'être une « madame Avon » ; j'avais alors douze ou treize ans, et c'était chouette, parce que je pouvais lui « emprunter » des échantillons de rouge à lèvres et me peindre les lèvres, d'une affreuse couleur corail, une fois arrivée à l'arrêt de bus. Je pensais que c'était chic, et que j'avais l'air adulte quand je sortais ces petits tubes blancs de ma poche d'un geste grandiloquent, toute fière. Ma mère était une femme active, et lisait *Le Complexe d'Icare* d'Erica Jong – je l'ai su car j'avais trouvé le livre caché sur le dessus du frigo. Elle avait aussi commencé à lire Gloria Steinem, auteur féministe. Et *ça*, c'était intéressant pour moi ; car moi aussi je lisais – je lisais tout ce qui me tombait sous la main.

J'ai donc commencé à laisser des livres un peu partout pour qu'elle les trouve. Entre autres, j'ai laissé traîner *Le Prophète*, et d'autres petits textes du même genre. Je laissais aussi traîner le magazine *Cosmopolitan* sur la table basse du salon. Nous n'y faisions jamais allusion mais nous devenions des femmes affranchies, en silence, discrètement, sans même en parler.

Malgré tout, un jour, c'est elle qui m'a emmenée au drive-in voir le film *Georgy Girl*, avec Lynn Redgrave. Je n'oublierai jamais comment je regardais Lynn dans le rôle de Georgy, personnage qui essaie par tous les moyens de découvrir une part cachée de sa personnalité, pour finir par décider qu'elle s'aime comme elle est.

Dès que j'en ai eu l'âge, j'ai travaillé et le personnage de Georgy m'a inspirée. J'ai d'abord commencé dans un McDonald comme préposée à la friteuse, au shaker, aux tartes et, pour finir, comme caissière. Le manager qui, à l'époque, me paraissait si vieux, mais n'avait probablement qu'une petite trentaine, ne cessait de me harceler -- au point que j'ai fini par partir, à moins qu'il ne m'ait virée. J'ai ensuite bossé pour la chaîne de restaurants Bob's Big Boy en dehors de la ville. Je m'occupais des tartes, à savoir, je versais une préparation immonde dans des moules ; puis j'ai été aide-*serveur* – à l'époque, il n'y avait pas d'aide-*serveuse*. J'ai fini par accéder au poste de serveuse ; j'avais gagné la confiance des clients.

Ça s'est super bien passé : j'adorais les défis. Je n'avais jamais assez de tables, j'en voulais toujours plus. J'adorais voir combien je pouvais empiler d'assiettes sur mon bras, et j'adorais « galoper » à travers le restaurant. Je me débrouillais très bien. Même si les pourboires, le plus souvent, ne dépassaient pas vingt-cinq ou cinquante cents. On m'aimait bien là-bas et, très vite, je suis devenue serveuse en chef le soir, et responsable de l'équipe de nuit.

Dans le même temps, je poursuivais mes études et participais à des concours de beauté du comté. J'avais la permission parce qu'ils permettaient d'obtenir une bourse. Curieusement, John Bruno, qui était alors dans la même classe que moi et avait joué de la batterie à l'un de ces concours avec reconstitution historique au cours de laquelle j'avais déclamé le « discours de Gettysburg » – nous étions en 1976, l'année du centenaire –, deviendrait plus tard l'accessoiriste sur le tournage de *Ratched*, la série de Ryan Murphy dans laquelle je viens juste de jouer. À cette occasion, dernièrement, je l'ai chambré et j'ai flirté avec son fils.

À une époque, mes parents partaient le week-end dans leur cabane de chasse dans les bois de Pennsylvanie et emmenaient Kelly et Patrick, me laissant seule à la maison (Mike avait déjà rejoint l'armée de l'air). J'avais dix-sept ans. Ils allaient chaque soir en voiture jusqu'à la cabine téléphonique pour m'appeler quand j'étais censée être rentrée du travail. Au début, j'arrivais toujours à temps pour répondre, et tout se passait super bien.

Cette année-là, j'étais allée au bal de promo avec mon meilleur ami, et partenaire pour jouer aux cartes dans le foyer des étudiants au lycée, Ray Butterfield. Il avait une super coupe afro avec des cheveux roux, et c'était un gosse génial. Il faisait partie de l'équipe de football, et ma relation avec lui m'avait aidée à me faire de nouveaux amis au lycée, dans la mesure où j'étais – et suis encore – mal à l'aise en société. Je m'étais donc bien amusée en allant au bal de promo avec Ray. Pour l'occasion, il s'était acheté un smoking bleu layette. Quant à moi, j'incarnais un camaïeu de rose pêche. En effet, avec mon envie d'avoir l'air resplendissante, non seulement j'avais passé du temps sous une lampe à bronzer et j'avais viré au rose, mais après avoir utilisé un shampoing éclaircissant mes cheveux étaient d'un blond vaguement orangé, le tout assorti à une robe couleur pêche. Pour tout dire, nous formions un couple de rêve des années 1970. Sur la photo, nous avions l'air adorables.

Quelques mois après le bal, j'étais rentrée tard du travail, comme d'habitude, c'est-à-dire vers une heure du matin. J'avais parlé à mes parents au téléphone, mais je n'arrivais pas à me sentir bien. Après avoir pris une douche, je suis redescendue au salon pour me blottir dans un coin du canapé. J'étais rongée par l'angoisse. Je n'ai pas allumé la télé, d'autant que les programmes des trois chaînes étaient déjà terminés. Je suis restée assise recroquevillée pendant des heures. Au petit matin, j'ai eu l'impression d'avoir retenu mon souffle toute la nuit.

Le soleil venait juste de se lever quand, soudain, le téléphone a sonné, me faisant sursauter. J'ai couru dans la cuisine et décroché le combiné de l'appareil jaune fixé au mur. C'était la mère de Ray.

« Sherry[1], a-t-elle commencé avant de se mettre à pleurer sans pouvoir s'arrêter.

— Il est mort ? ai-je demandé.

— Oui. » C'est tout ce qu'elle a pu répondre. J'ai raccroché. J'ai appelé la police à Tionesta, là où étaient mes parents, pour qu'on aille les chercher. Ils ont immédiatement pris la route du retour.

La veille au soir, Ray rentrait chez lui, il était à moto, quand un automobiliste en état d'ivresse l'avait renversé. La police avait pu savoir ce qui s'était passé en observant les traces de dérapage sur la nationale : l'endroit où l'automobiliste l'avait renversé avant de prendre la fuite sans lui porter secours. Ray n'avait eu que la mâchoire brisée, mais comme l'automobiliste ne s'était pas arrêté pour l'aider, il était mort étouffé par son propre sang, à l'âge de dix-sept ans – seul dans la nuit, pendant que j'étais assise sur le canapé, paniquée, ayant deviné l'impensable et pressenti sa peur, me demandant ce qui m'oppressait tant.

À la fin des funérailles, je me suis levée pour lire le petit texte que j'avais préparé. Notre photo prise lors du bal de promo était dans la poche de poitrine de Ray. Soudain, tous ses amis, toute l'équipe de foot avec laquelle il jouait, sont arrivés et se sont installés au fond du salon funéraire, debout contre le mur, bras croisés, têtes baissées. Puis ils ont tous levé les yeux vers moi, attendant que je parle.

---

1. « Sherry » est le diminutif affectueux de « Sharon ».

Leur jeunesse, leur attente, mon incapacité à leur donner quoi que ce soit m'ont paralysée. Je suis restée là, sans rien dire, perdue.

Alors je suis redescendue de l'estrade et suis sortie du funérarium pour me retrouver dans la rue et m'éloigner, sans rien dire, car il n'y avait rien à dire. Absolument rien.

J'ai rejoint l'association Mothers Against Drunk Driving[1] dès qu'elle a été créée, en 1980.

Environ vingt-cinq ans plus tard, j'ai été convoquée au titre de jurée dans un procès intenté contre un automobiliste arrêté pour la troisième fois en état d'ivresse après avoir renversé quelqu'un. Le prévenu s'est présenté au tribunal vêtu d'un costume dans lequel il était évident qu'il avait dormi : il n'était pas rasé, pas lavé, et avait la gueule de bois. Quand la juge m'a demandé durant le *voir dire*[2] s'il y avait une raison pour laquelle je ne pourrais éventuellement pas faire partie du jury, j'ai répondu par l'affirmative, car l'homme de toute évidence était encore ivre. Elle a essayé de me faire taire. Mais

---

1. Mothers Against Drunk Driving (abrégé en MADD ; en français : « les mères contre l'alcool au volant ») est une association américaine à but non lucratif, qui se donne pour mission de mettre un terme à la conduite en état d'ébriété, de soutenir les victimes de telles conduites, de prévenir la consommation d'alcool par les mineurs, et d'œuvrer pour une législation plus stricte à l'égard de la consommation d'alcool de façon générale.

2. Aux États-Unis, le *voir dire* désigne le processus par lequel un juré potentiel est interrogé sur ses antécédents judiciaires avant d'être choisi pour figurer dans le jury. Le terme vient de l'ancien français *voir et dire*, littéralement « dire la vérité ».

il était impossible de me faire taire. Aujourd'hui encore, c'est impossible.

Pareil crime m'est incompréhensible. Qu'ils prennent un taxi, merde ! Ou un Uber maintenant. Selon moi, toutes les voitures devraient être équipées d'un alcootest, et aucune ne devrait pouvoir démarrer avant d'avoir la certitude que le conducteur est suffisamment sobre pour prendre la route. Je ne me remettrai jamais d'avoir vu mon chevalier servant du bal de promo, âgé de dix-sept ans, dans un cercueil, avec notre photo dans sa poche de poitrine, et je n'oublierai jamais le regard perdu de ses amis debout près du cercueil. Jamais.

J'ai continué à travailler. Et j'ai rencontré mon premier petit ami sérieux, D. Il était ingénieur sur la ligne de chemin de fer Erie-Lackawanna. Pour notre petite ville, il était considéré comme quelqu'un ayant réussi. J'avais presque dix-huit ans quand je l'ai rencontré, lui en avait vingt-trois. Mes parents pensaient que la différence d'âge était énorme, mais il était formidable, et ils l'aimaient bien. Ils l'auraient moins aimé s'ils avaient su que je rentrais uniquement pour répondre à leurs appels avant de ressortir pour aller le retrouver.

Nous empruntions en voiture le tracé d'une ancienne route – du temps où le barrage n'avait pas encore été construit –, qu'il connaissait précisément. Nous passions entre les arbres et avancions très lentement, jusqu'à atteindre le milieu du plan d'eau : je veux vraiment dire *en plein milieu*. C'était comme si nous arrivions au centre d'un lac, avec de l'eau jusqu'à hauteur de portière. D. s'arrêtait, allumait la radio, sortait des verres à cocktail, nous préparait de quoi boire, et allumait un joint. Nous restions assis là au clair de lune, à parler, à traîner. C'était magique. D. m'impressionnait beaucoup.

Il organisait nos week-ends. Il faisait des courses la veille, et quand nous approchions de la maison de mes parents, il éteignait les phares de sa voiture afin que les voisins ne nous voient pas entrer et ne puissent pas en parler plus tard à mes parents. Je dévalais alors notre allée en courant comme une folle et ouvrais la porte du garage pour qu'il vienne y cacher la voiture, moteur coupé. Nous rentrions les courses et nous planquions pendant deux jours.

On s'amusait comme des fous.

Bien évidemment, malgré cette organisation, il ne faut pas oublier nos origines extrêmement rurales à tous les deux. Et mon manque d'expérience sexuelle.

Quand, à la fin de l'été, je suis retournée à la fac à plein temps et que j'ai commencé à m'arrondir, personne – ni ma famille ni moi – ne s'est posé de question. Sauf D. qui, un jour, m'a demandé si je n'étais pas enceinte.

« *Quoi ?*

— Je ne me rappelle pas la dernière fois où tu as eu tes règles et tu as pris pas mal de poids…

— Merde ! »

Il m'a emmenée faire un test de grossesse et, oui, en effet, j'étais enceinte. « Comment est-ce possible ? » ai-je demandé.

Il a retourné la question. « Tu n'as pas pris de précautions ? » Il avait cru que j'utilisais un contraceptif.

Il était trop tard pour y penser. Et malgré le « Roe versus Wade[1] » de 1973, se faire avorter en Pennsylvanie n'était pas facile, surtout à mon âge. Qu'allions-nous faire ? J'étais la reine de beauté du comté et une étudiante brillante ; ce n'était pas le moment de se marier. Nous étions, ou plutôt *j'étais*, flippés. Il m'a demandé de lui laisser quelques jours pour réfléchir à une solution.

Il est revenu en me disant qu'il avait trouvé une clinique dans l'Ohio où nous pouvions aller et qu'il m'y conduirait. Il a donc pris un jour de congé et nous sommes partis là-bas. Je faisais beaucoup plus jeune que mon âge ; et je ne savais absolument pas depuis quand j'étais enceinte. J'entendais les médecins parler de mon cas pendant que je me morfondais dans la salle d'attente. Eux non plus ne savaient pas quoi faire. Ils ne savaient pas si j'avais vraiment dix-huit ans ni si j'étais enceinte depuis plus, ou moins, de trois mois. Ils devaient affronter un dilemme d'ordre éthique. Eux aussi étaient jeunes, et ce n'était pas une décision facile à prendre. J'étais dévastée, tout le reste de ma vie était en jeu.

Ils sont alors venus me voir, tous ensemble, pour me dire qu'ils étaient d'accord pour que je subisse cette intervention. J'avais trop peur et j'étais trop sous le choc pour savoir quoi faire. D. a pris les choses en main et m'a accompagnée dans la salle d'opération. Il m'a ramenée à la fac le jour même. Je pense que

---

1. « Roe versus Wade » est un arrêt historique rendu par la Cour suprême des États-Unis en 1973 sur la question de la constitutionnalité des lois qui criminalisent ou restreignent l'accès à l'avortement.

je me suis endormie ou que je me suis évanouie en arrivant, mais quand je me suis réveillée, je perdais beaucoup de sang, beaucoup plus que je n'aurais dû. Pour autant, je ne pouvais en parler à personne. Je suis donc restée dans ma chambre, et j'ai saigné pendant plusieurs jours. J'étais affaiblie, j'avais peur, je n'avais tout simplement plus de forces.

Quand j'ai fini par sortir de cette mauvaise passe, j'ai pris tous mes draps et mes vêtements pleins de sang pour aller les brûler dans l'une des grosses bennes à ordures de la fac, et je suis partie me laver dans les douches collectives du dortoir avant de retourner en cours. Je n'ai plus jamais voulu parler à D. J'avais eu trop peur, j'avais trop honte, j'étais trop traumatisée, bouleversée et, surtout, trop ignorante.

Entre-temps, un planning familial avait ouvert, et j'y suis finalement allée pour trouver un moyen de contraception approprié et voir quelqu'un qui pourrait me conseiller. Et c'est surtout ça qui m'a sauvée : que quelqu'un, qui que ce soit, puisse me parler et m'apprendre des choses sur le sujet. Personne ne l'avait jamais fait.

Ma mère m'a récemment confié que personne ne lui avait jamais rien dit de tout ça à elle non plus. Personne ne lui avait appris ce qu'était avoir ses règles, personne n'avait jamais évoqué auprès d'elle et encore moins expliqué la contraception : rien de rien. Quand elle a eu ses règles pour la première fois, on lui a simplement dit de prendre des serviettes hygiéniques Kotex dans le placard. Un garçon, à l'école, lui a raconté qu'elle allait se vider de son sang et mourir. Et quand elle a rencontré mon père, elle est tombée enceinte ; elle avait seize ans. La grossesse a signé la fin de son enfance. La fin des choix possibles.

Quant à moi, j'ai poursuivi mes études, tout en travaillant. Mon éthique professionnelle s'est affirmée. Mon désir d'aider d'autres femmes a grandi. Comme je viens d'une famille de survivants, j'ai toujours été fière de tous les boulots que j'ai faits.

J'ai obtenu mon premier vrai boulot à la fac : je m'occupais de la salle de billard et du bar attenant. Au début, parce que j'étais une fille, ils ont cru que je ne saurais pas me débrouiller. Mais j'étais plutôt bonne au billard et je savais comment me défendre à coups de queue, et préparer un repas en un temps record – c'est d'ailleurs toujours le cas.

J'adorais ce job : je pouvais étudier au bar quand il n'y avait pas grand monde, et ça me permettait de nourrir ma colocataire. Nous partagions un super appartement. Nous avions des vies complètement séparées, mais nous travaillions toutes deux d'arrache-pied pour nous en sortir.

Plus tard, on m'a proposé un boulot plus intéressant : diriger l'équipe de nuit des serveuses au restaurant du Holiday Inn. C'était une promotion, non seulement en termes de milieu professionnel mais aussi en termes d'avantages. Comme c'était le seul endroit convenable quand on séjournait dans notre petite ville universitaire, tous les participants à des événements ayant lieu dans le coin, spectacles ou autres, venaient là. Je supervisais donc la cuisine pour eux et, parfois, allais leur parler quand ils rentraient à l'hôtel. Je me souviens parfaitement de la fois où j'ai parlé à George Benson après son concert ; j'étais fan de jazz et avais écrit un papier sur lui. Il était une véritable source d'inspiration.

Quoi qu'il en soit, mon client préféré était le prêtre du coin, qui se pointait souvent au bar en fin de soirée pour boire un verre. Il était particulièrement intelligent et nous avions de super conversations. Au fil des années passées à voyager, j'ai découvert que les chefs religieux étaient souvent les personnes les plus instruites, les causeurs les plus réfléchis et ceux avec lesquels j'avais tendance à m'asseoir en fin de soirée dans des hôtels. Qu'ils soient catholiques, protestants, juifs, musulmans, bouddhistes, peu importe : quand quelqu'un se consacre à l'étude de la foi et de l'éducation, ce sera toujours quelqu'un d'éclairé – à condition, bien sûr, que la bonté soit sa priorité.

J'ai toujours voulu faire carrière dans le cinéma. Voir des films stimulait mon cerveau. J'ai d'abord pensé être réalisatrice, ne sachant pas encore que les femmes n'étaient pas les bienvenues dans cette branche du business. Et, bien évidemment, après m'avoir jaugée d'un coup d'œil, les autres ont décidé pour moi : je serais mannequin. J'ai accepté : j'étais tellement contente d'avoir trouvé un moyen de partir de là d'où je venais, et de suivre le mouvement qui m'entraînait dans la direction où je souhaitais aller, afin d'atteindre mon but, que j'étais d'accord avec quiconque me poussait dans cette direction.

Mais il a fallu attendre que mon frère, devenu trafiquant de drogue, se soit attiré de très gros ennuis – et que l'ensemble de la famille devienne l'objet de la violence qui va avec –, pour que mes parents considèrent à leur tour que, pour moi, travailler comme mannequin était une option à ne pas négliger. Avant ça, l'idée que je puisse gâcher mon intelligence dans une occupation aussi frivole aurait rendu mon père fou. Mais compte tenu de l'incroyable brutalité avec laquelle Mike avait été arrêté, celle avec laquelle ses partenaires et leurs épouses avaient eux aussi été arrêtés, battus, tués, etc., mes parents ont pensé qu'il fallait que je m'éloigne de la ville. Toutes ces raisons me poussaient bien entendu à approuver cette décision, et surtout le besoin de satisfaire mes propres envies.

Ma mère avait vu Eileen Ford[1] dans le « Merv Griffin Show » et, soudain, le métier de mannequin, incarné par cette femme, était pour elle devenu réel. Être mannequin ressemblait donc à un vrai métier, dans une agence dirigée par une femme avec laquelle elle pouvait se sentir en affinité, qui n'était pas éphémère comme celui d'actrice – ce que je rêvais de devenir. A-t-elle appelé l'agence Ford Models, avons-nous pris rendez-vous, savions-nous où aller et quoi faire ? Non, absolument pas. Nous avons simplement bouclé nos valises et avons rendu visite à ma cinglée de tante dans le New Jersey.

Arrivées là, nous avons cherché l'adresse et le numéro de téléphone de l'agence dans les pages jaunes de l'annuaire. Puis nous avons pris le bus et sommes parties pour New York – il est même surprenant que deux péquenaudes comme nous aient pu trouver l'agence et rencontrer Eileen. En me voyant, elle m'a dit qu'elle avait envie de me jeter en bas de la volée de marches que je venais de monter pour me

1. Eileen Ford (1922-2014) était directrice d'une agence de mannequins portant son nom.

voir rebondir sur mon trop gros cul, mais qu'elle était d'accord pour m'engager. Je ne savais pas quoi penser.

Ma mère – ou Mère, comme je l'appelais à l'époque – et moi avons décidé de rencontrer d'autres agents. Nous sommes donc allées voir Wilhelmina Cooper à l'agence qui porte son nom. Elle a été incroyablement généreuse et m'a expliqué précisément pourquoi Eileen était prête à m'engager et pourquoi elle voulait que je me débarrasse de mes rondeurs de fille de la campagne. Sa tête était couverte d'un foulard et je comprendrais plus tard qu'elle avait un cancer.

Elle m'a traitée avec une grande gentillesse, beaucoup de dignité, et m'a donné d'excellents conseils. J'ai signé un contrat avec Eileen et j'ai commencé à travailler avec l'un de ses agents.

Exemples à suivre

Quand je suis partie pour New York, mon père m'a donné l'extrait d'un article qu'il avait découpé dans le journal avec les statistiques de Babe Ruth, le célèbre joueur de base-ball. L'article mentionnait qu'au titre de frappeur, il avait été éliminé à de nombreuses reprises pour « strike out », mais que son pourcentage de coups sûrs dépassait largement la moyenne. Mon père m'a dit : « Assure-toi d'être toujours prête à frapper la balle, ma chérie. »

J'aimais le base-ball et qui n'aimait pas le célèbre Babe ? Pendant des années, j'ai trimballé avec moi ce papier partout où j'allais ; je l'ai gardé et, aujourd'hui, il est rangé dans ma bibliothèque. Et si j'ai souvent été éliminée, ma moyenne de frappe n'est pas si mauvaise, et je n'ai jamais cessé de progresser.

Mon père m'a appris ce qu'était l'éthique professionnelle. Quand nous étions enfants, il travaillait dans une équipe de relève : il faisait les trois-huit dans une usine située à une heure de route de la maison. Ce qui signifiait que pendant une semaine il travaillait la journée, en commençant le matin, jusqu'à dix-sept heures ; la semaine suivante, il travaillait l'après-midi de quatorze à vingt-trois heures ; et la troisième semaine, de vingt-trois heures jusqu'au matin. Il a fait ça pendant des années.

C'est ainsi que j'ai appris à me bouger le cul. C'est ainsi que j'ai appris à respecter ceux qui travaillent.

Je respecte mon père.

Et j'aime mon père ; mais cette affection n'est venue que plus tard. Un peu trop tard, d'ailleurs.

Tout au long de ces années où j'étais encore à l'école primaire, tous les jours, j'attendais que mon père rentre, assise en haut de l'escalier, recroquevillée sur les marches recouvertes de ce tapis rouge pour l'acquisition duquel ma mère avait tellement insisté. Nous avions peu d'argent à consacrer à l'ameublement mais elle s'était toujours débrouillée pour faire des choix intéressants en matière de déco. Pour le salon, un seul énorme canapé persan noir aux lignes courbes et une table basse, années 1950 style Jetson, en bois clair avec les pieds au placage doré. Une ottomane jaune imitation cuir devant la cheminée et, bien sûr, un téléviseur avec les fameuses trois chaînes de l'époque. Et, dans l'escalier, le tapis rouge écarlate, là où j'attendais mon père quand il travaillait l'après-midi à l'atelier de forge – quand il est parti à la retraite, ses collègues lui ont offert un briquet en cuivre. En comptant le trajet de retour, il ne rentrait jamais avant minuit.

J'attendais, pour voir ce que ma mère ferait. L'accueillerait-elle avec amour, avec des blagues, un dîner tardif, ou lui raconterait-elle, agacée, les tâches domestiques que je n'avais pas accomplies correctement ? Il fallait que je sache, pour être prête. Car si j'avais mal fait, je devais rassembler mes forces pour le moment où mon père monterait l'escalier et m'attraperait pour me tirer d'un coup sec jusqu'en bas des marches ou alors me faire tomber à ses pieds. Après quoi je devais m'atteler aux corvées dont j'étais chargée : par exemple, il me fallait laver la voiture de nouveau si les enjoliveurs ne brillaient pas suffisamment ou repasser la tondeuse si j'avais raté un carré de pelouse, ou encore relaver le sol ou que sais-je encore. Les voisins venaient souvent voir ce qui se passait, croyant à une catastrophe.

Évidemment, c'était préférable à ce qui se passait quand il travaillait du matin jusqu'à dix-sept heures, et que ma mère se tenait debout devant l'évier, nous tournant le dos, pendant qu'il me traînait à travers la cuisine jusqu'au sous-sol pour me fiche une raclée à coups de ceinture. J'avais vite compris le truc et avais donc commencé à prendre un bain le plus tôt possible pour me mettre en chemise de nuit et enfiler un peignoir douillet, car je pouvais alors fourrer un épais livre de poche dans ma culotte pour amortir le choc sans que personne s'en rende compte.

Ces corrections ont continué jusqu'à ce que je sois convaincue que les raisons pour lesquelles j'étais punie n'étaient pas fondées et que j'aie arrêté d'avoir peur, d'être inquiète – en fait, j'ai arrêté de ressentir autre chose que de l'indifférence. J'ai simplement décidé que mon père était un faible. Et, un jour, il m'a hurlé dessus pour que je descende l'escalier… pour la dernière fois. Ma mère était à ses côtés. Je suis descendue, aussi lentement que possible, sans jamais les quitter des yeux, ni l'un ni l'autre. Je me suis alors avancée vers mon père et lui ai dit : « Qu'est-ce qu'il y a : tu as besoin de me frapper une fois de plus pour te prouver que tu es un homme ? »

J'avais quatorze ans. Il s'est mis à pleurer. Je lui ai dit que je ne l'aimais pas. Que je ne l'avais jamais aimé. Que je ne l'aimerais jamais. J'ai fait preuve d'une parfaite froideur, d'un calme étonnant. Il en a eu le cœur brisé. Il n'a plus jamais frappé aucun de ses quatre enfants.

Des années plus tard, je partais donc pour New York et, ainsi, je me retrouvais libre. Je m'étais libérée de mes deux parents. Désormais, j'étais mon propre guide.

Ce qui ne m'empêchait pas de continuer à venir à la maison, à me disputer avec lui, et à avoir besoin de son approbation. Car c'était mon père, après tout. Je rentrais à la maison en arrivant de New York – et plus tard de Los Angeles – et me disputais avec lui sur la politique, la guerre du Vietnam, Anita Hill. J'étais déchaînée au sujet d'Anita Hill. Je refusais de porter un soutien-gorge. Un soir, mon père m'a annoncé que je ne pourrais pas venir à table pour dîner si je ne portais pas de soutien-gorge. Je suis donc allée dans la chambre de ma mère pour prendre l'un de ses soutiens-gorge, que j'ai enfilé par-dessus ma tunique. Je suis revenue m'asseoir à table et je lui ai demandé : « C'est bon, on peut manger maintenant ? »

Quand je suis partie à New York, c'est moi qui décidais et assumais mes choix. Mais je n'avais plus de ces super conversations avec mon père au cours desquelles il me fallait expliquer pourquoi je voulais voir tel et tel film afin d'avoir la permission d'aller au cinéma. Ou pourquoi telle ou telle idée m'importait.

Et même s'il n'était absolument pas d'accord avec moi, il me respectait suffisamment pour en discuter. Depuis que j'étais partie, nous ne parlions plus de rien.

À l'époque où j'étais mannequin, j'ai souvent été choisie pour les boulots les plus « pénibles ». J'imagine que là aussi on se disait que j'étais la plus maligne, la plus résistante. Des boulots pour lesquels on pensait que le photographe ne serait pas facile, ou qu'il serait difficile de négocier avec le client. J'ai ainsi travaillé pour la cliente Buf-Puf[1] : ça se passait en studio, et j'avais le visage cadré en gros plan, éclairé par des rampes lumineuses – j'étais à l'intérieur d'une boîte adaptée à ma taille, entièrement équipée de rampes lumineuses de forte intensité. Je devais sortir l'éponge Buf-Puf du lavabo installé devant moi, l'essorer, et la montrer à la caméra en l'approchant de ma joue. La cliente a essayé de me faire dire « Buf-Puf » de mille manières différentes – avec l'accent sur le *Buf* ou sur le *Puf*, ou sans ; elle s'acharnait sur moi comme si je n'étais rien de plus qu'un objet – et pour elle, c'est ce que j'étais – dans une boîte. Une boîte dans laquelle il faisait super chaud, avec une assistante qui me passait des serviettes froides dans le dos pour que je ne m'évanouisse pas.

Par la suite, j'ai travaillé avec toutes sortes de gens : avec des hommes célèbres qui arrivaient ivres au studio, mais aussi avec des hommes célèbres sobres, sensationnels et avec lesquels je suis devenue amie,

1. Marque d'une célèbre éponge pour le visage.

comme Bruce Willis, qui a été formidable, drôle et gentil.

Mais au cours de ma carrière de mannequin, j'ai continué à faire ce genre de boulots où je devais dire des choses comme « étuiétroitpourboucherouge », tout en jouant au billard avec pour mission de faire rebondir la boule deux fois sur la bande. Ils ont fait venir des dizaines de joueurs experts pour m'apprendre ce coup.

Lors d'une prise de vue pour la marque de protection solaire Coppertone, on m'a badigeonnée de la tête aux pieds de maquillage égyptien couleur ocre mélangé à du café, et quelqu'un m'essuyait la plante des pieds pour m'empêcher de suffoquer avec cette mixture. J'étais en bikini et je faisais le tour d'une piscine jusqu'au moment où un serveur tombait à l'eau ; il fallait alors que je dise : « Ayez la bonne réaction. »

J'ai servi de modèle pour présenter des maillots de bain en plein hiver sur la plage d'une île au sud de Long Island et des fourrures en plein été sur la Septième Avenue.

Je ne participais pas à des défilés de mode : j'étais trop petite et trop pulpeuse – ou ce que moi j'appelais « trop grosse » et pas assez « It girl ». Mais je faisais partie des filles « special booking », les modèles de l'agence Ford. Nous étions en couverture du book de l'agence, notre visage servant à promouvoir des marques de maquillage ; nous bossions pour des pubs et gagnions décemment notre vie – sans compter que nous pouvions entrer gratuitement au Studio 54.

À cette époque, je me faisais cinq mille dollars par jour, parfois le double.

Jusqu'à ce que la cicatrice que j'avais au cou ne devienne trop visible.

À l'âge de quatorze ans, je débourrais un cheval pieds nus derrière la maison pendant que ma mère étendait des draps. Ce satané cheval a soudain détalé avec moi sur son dos. Il se cabrait, ruait, renâclait et tournait sur lui-même. (Pour autant, je finirais par mater ce foutu cheval ; et, plus tard, je me ferais vingt-cinq mille dollars en le vendant, débourré et devenu un vrai animal domestique pour une famille vivant à la campagne.) Je ne m'étais pas rendu compte que nous foncions droit sur les draps pendus à la corde à linge, jusqu'à ce que le fil de fer heurte mon cou de plein fouet et que mes pieds restent coincés dans les étriers. Impossible de me libérer et impossible de calmer ce fichu cheval. Quand il s'est de nouveau cabré, Dot a pris la mesure de la situation – un cheval dressé sur ses membres postérieurs, et sa fille prête à être décapitée – et, mue par un instinct maternel démultiplié, elle a affronté le cheval en le repoussant de toutes ses forces. Elle a ainsi réussi à le faire dévier. À ce moment-là, mon pied droit a glissé de l'étrier, ma jambe droite pendant dans le vide et, déséquilibrée, je suis tombée. Le cheval m'a alors traînée, le pied gauche toujours coincé dans l'étrier. Quand Dot a finalement pu me libérer, elle s'est éloignée, épuisée.

Je me suis relevée, suis rentrée et c'est alors que je me suis regardée dans le miroir ovale du salon. Mon cou était ouvert, la plaie béante, mouillée. Du plasma coulait sur le devant de ma chemise. Un sacré merdier ; cet accident prenait des proportions dramatiques. Il était impossible de régler ça nous-mêmes, nous le savions – c'est d'ailleurs à peu près tout ce que nous savions.

Quand Dot, figée dans l'encadrement de la porte, m'a vue, elle a tourné les talons et est allée directement à la cuisine pour téléphoner à mon père qui était parti jouer au golf. Avant même qu'elle ait pu lui parler, il était là. Il avait senti, comme les parents en sont parfois capables, qu'il s'était passé quelque chose de grave. Il est arrivé en trombe dans notre allée, dans la vieille Chevy, pendant que j'étais assise sur le canapé usé de la véranda, les yeux baissés sur mes mains, en état de sidération.

Mes parents m'ont emmenée à l'hôpital. Là-bas, personne n'a d'abord su quoi faire et donc, pendant plusieurs heures, ils ne sont pas intervenus. Finalement, mon père a attrapé au vol un médecin par l'un des pans de sa blouse et l'a violemment entraîné dans la salle où j'attendais pendant que je continuais à saigner, perdant doucement connaissance sur une civière. Le médecin a atterri en une glissade contre le mur du fond de la salle.

« Êtes-vous chirurgien ? a demandé mon père.

— Oui.

— Très bien, alors recousez-la », a dit mon père. Et il est sorti.

Ce n'était pas recoudre qu'il fallait. Le médecin a pâli. Il avait sous les yeux une plaie béante de quinze centimètres au cou d'une gosse de quatorze ans. Il a fini par me regarder moi. Il a d'abord nettoyé cette plaie avant d'en rapprocher les deux bords épais – du rafistolage. Il n'y connaissait rien en chirurgie esthétique et ne savait pas recoudre un cou, une partie mobile du corps. Après ça, c'est comme si j'avais eu une corde rouge puis, avec le temps, blanche, autour du cou. Une épaisse cicatrice. Les gens faisaient le plus souvent des commentaires étranges à ce sujet. Aucun n'était drôle ni agréable. Même si, la plupart du temps, c'était « juste pour plaisanter ».

Au fil des années, j'ai eu plusieurs fois recours à la chirurgie esthétique pour tenter d'effacer, ou tout du moins atténuer, cette cicatrice. Aujourd'hui, la plupart des gens ne la remarquent pas. Mais je crois aussi que c'est parce que je n'y pense plus ; une fois que vous avez dépassé un traumatisme, ma foi… Et, personnellement, je suis fière de mes cicatrices. Même de celles que personne ne peut voir.

Quand j'étais encore mannequin et que je rentrais à la maison en revenant de New York, Paris ou Rome, mon père se mettait en rogne, furieux, parce que « j'avais gâché des années d'études pour me pavaner partout dans le monde ». Il m'a dit un jour : « Je suppose que tu te crois *tchic.* » Il voulait probablement dire : « Je suppose que tu te crois *chic.* » Mais, comme lui n'avait pas fait d'études, il avait mal prononcé et ne s'était pas fait comprendre correctement.

J'ai attrapé la perche qu'il me tendait malgré lui et ai répondu : « Oui, papa. Je me crois *tchic.* » Et je suis allée dans ma chambre en me disant qu'il était idiot. Il croyait être en train de me perdre, et que j'étais une conne, sans se rendre compte qu'en réalité il avait peur d'un monde vaste et effrayant qu'il ne connaissait pas.

Désormais, il n'est plus là mais, dans ma famille, quand quelqu'un se comporte comme un con, on lui demande s'il se croit *tchic*. Et ça nous fait tous hurler de rire.

Il a fallu beaucoup de temps à mon père pour comprendre ce que je faisais, même quand je ramenais à la maison ma déclaration de revenus pour prouver que j'avais un vrai travail. Je gagnais plus que lui. Mais ça n'avait rien à voir avec l'argent. Il s'agissait plutôt de mes capacités intellectuelles. Mon père avait eu des projets pour moi en rapport avec mon intelligence.

Ce qui était arrivé à sa mère – ne pas avoir pu hériter parce qu'elle était une femme – le hantait. Mon père refusait catégoriquement qu'il puisse m'arriver la même chose et que j'échoue.

Il était visionnaire : il rêvait d'un monde où les femmes comptaient. Un monde dans lequel *je* compterais, et il pensait que mon milieu professionnel me chierait dessus comme il chiait sur toutes les autres femmes de la profession, des femmes qui finissaient assassinées, violées, dans l'indifférence générale. Il avait raison : je n'étais ni architecte ni ingénieure, des carrières dont il avait rêvé pour moi. Pour lui, mon métier était trop dangereux.

Et là encore, il avait raison. C'était dangereux. Mais je suis la fille de Joe Stone, et il m'a appris comment me faire respecter ; il m'a appris que pour obtenir le respect, je devais l'exiger. Non pas le demander, ni l'espérer, mais l'*exiger*. À dire vrai, ça ne s'est pas toujours bien passé : j'ai parfois été virée, rejetée et blackboulée ici et là. On a répandu des rumeurs à mon sujet, on s'est moqué de moi et, pour finir, après avoir joué dans *Basic Instinct*, on m'a collé une étiquette de star du sexe. Si on savait…

Essayez donc de jouer une tueuse en série, une sociopathe, avec un réalisateur génial et une superstar comme Michael Douglas, réussissez, et osez me dire que vous êtes devenue une star simplement parce que vous avez montré votre corps.

Mais avant tout ça, j'ai dû commencer par réussir à entrer dans le milieu du cinéma. Et, pour ce faire, il m'a fallu d'abord trouver la bonne porte.

Tout a commencé le jour où j'ai reçu un appel de mon ami Riccardo Bertoni, qui était agent pour les castings de figurants. Il savait qu'on cherchait des figurants pour le film à venir de Woody Allen et il m'a conseillé d'aller voir. J'avais vingt ans, et j'étais encore à New York à essayer de trouver des boulots de mannequin tout en participant à des castings, des « go and see » en allant voir des directeurs artistiques et des photographes. J'apportais chaque fois mon book de photos et me pointais à une audition en espérant que quelqu'un me recrute. Se déplacer à New York en taxi coûte cher et prendre le métro est affreux ; or, à cette époque, certains jours, il m'arrivait encore de traîner dans les cabines téléphoniques pour essayer de trouver de la monnaie. J'ai donc décidé de m'acheter des rollers d'occasion afin de pouvoir me rendre à mes rendez-vous : un moyen facile de perdre du gras et de se déplacer rapidement.

Et donc, quand Riccardo m'a appelée, je suis partie à toute vitesse rejoindre la file d'attente des candidats figurants. Quand est arrivé mon tour, j'ai tendu ma photo à la directrice du casting, qui l'a tendue à son tour à quelqu'un d'autre assis derrière elle dans ce qui ressemblait à un abribus. Ce quelqu'un lui a chuchoté quelque chose et elle m'a dit : « Woody voudrait que vous vous asseyiez. » Elle s'est éloignée et Woody était là.

Il s'est alors assis à côté de moi sans rien me dire pendant une bonne dizaine de minutes. Bien évidemment, j'étais paralysée par la peur et suis restée moi aussi silencieuse. J'ai fini par me lever et partir. Mais ils m'ont rappelée pour me dire que j'avais été choisie pour un rôle de figurante et que je devais me rendre dès le lendemain dans le gymnase d'une école située *downtown*, habillée tout en blanc.

J'y suis donc allée avec, comme d'habitude, un sac rempli de livres et je me suis assise avec une centaine de figurantes ; puis j'ai attendu. Est arrivé le moment où le producteur exécutif, Michael Peyser, s'est approché de moi et m'a dit : « La fille qui devait jouer cette scène n'est pas venue et Woody veut parler de ce rôle avec toi. »

J'étais, pour le moins, abasourdie. « Quand ? ai-je bredouillé.

— Maintenant », a-t-il répondu avant de s'éloigner sans rien dire de plus.

Finalement, Woody est venu me chercher. J'étais en train de lire un livre pour enfants sur l'infini ; expliquer l'infini à un enfant est un concept qui m'intéresse. Quand Woody est arrivé vers moi, il a eu l'air de penser la même chose et nous en avons parlé pendant près d'une demi-heure. Puis il est parti et Michael est revenu pour me dire que j'avais remporté le rôle et que je commençais immédiatement.

C'était super et terrifiant en même temps. Les autres figurantes me regardaient, à la fois émerveillées et hostiles. Toute cette attention me dépassait. On m'a conduite à toute vitesse jusqu'à la costumière qui m'a habillée d'une robe blanche moulante à la Marilyn Monroe. J'étais on ne peut plus mal à l'aise. On m'avait dit à plusieurs reprises que j'étais trop grosse et je me retrouvais à enfiler une robe blanche moulante qui laissait voir tous mes kilos en trop de fille de la campagne. Mais la costumière adorait cette robe, les maquilleuses aussi, et le coiffeur, qui n'aurait pas pu être plus gentil avec moi, m'a glissé une fleur fraîche de gardénia dans les cheveux.

Je me suis rendue sur le plateau et Woody m'a installée dans le wagon d'un train pour tourner une séquence de *Stardust Memories*. Il m'a demandé d'embrasser la vitre, ce que j'ai fait. Il a alors jeté un coup d'œil à Gordon Willis – ce directeur de la photographie, génial, qui a travaillé sur les trois *Parrain* et plusieurs des films épatants de Woody Allen, notamment *Manhattan*, à l'image si belle – et ils ont ri. Woody est arrivé de l'autre côté de la vitre, s'est penché et a expliqué : « Non, je veux que tu embrasses la vitre comme si tu m'embrassais moi. » Je me suis littéralement jetée sur cette vitre.

J'étais vraiment heureuse sur le plateau ; d'ailleurs, au bout de quelques jours, Gordon et Woody m'ont demandé si je l'étais. J'ai bien évidemment acquiescé. Ils m'ont dit que je paraissais parfaitement naturelle, et que s'ils ne pouvaient pas me payer autant que je l'étais en tant que modèle, ils pensaient que je serais une bonne actrice pour ce film si j'étais d'accord pour participer au tournage pendant une ou deux semaines.

J'ai répondu que j'adorerais ça. Ils ont alors récrit un peu le rôle que je devais jouer pour l'étoffer légèrement.

Et *voilà**. C'est là que tout a commencé. J'avais entrouvert la porte qui menait au pays de mes rêves.

Il ne me restait plus qu'à déménager à Hollywood et à descendre dans l'arène.

Basic

En ayant eu un frère criminel qui vivait au-dessus de chez mon petit ami – le dealer intello –, je m'étais en quelque sorte préparée pour Hollywood. Pas celui de tout le monde, j'imagine, mais sans aucun doute le Hollywood du cinéma ; nous étions faits l'un pour l'autre.

J'étais excessivement timide quand je suis arrivée là-bas. Je m'habillais tout en noir, exclusivement en noir. Mes voisins m'ont même demandé pourquoi ; je leur ai alors répondu que je faisais comme Johnny Cash. Je vivais dans le triplex d'un immeuble en copropriété dans le sud de Beverly Hills. C'était un très bel endroit ; il y avait même un jardin. J'avais pour voisins des agents des services secrets, des frères issus d'une famille qui vendait des produits surgelés. Leur appartement n'était meublé que de chaises pliantes et ils n'y restaient jamais plus de quelques jours d'affilée. Ils portaient des costumes et étaient coiffés de casquettes de golfeur. J'adorais ça. On s'est tout de suite super bien entendus. Ils m'ont d'ailleurs dit que si j'avais besoin de quoi que ce soit, je n'avais qu'à crier par la fenêtre, ils m'entendraient – en effet, ils entendaient le bruit que faisaient mes clés quand elles tombaient par terre, m'ont-ils précisé.

Un soir, en rentrant chez moi, j'ai senti une odeur d'après-rasage ; je suis ressortie immédiatement, à reculons, et suis allée frapper à leur porte. Ils ont foncé chez moi et sont entrés, tel James Bond, vêtus seulement de leurs caleçons, chemises, cravates, sans oublier les casquettes de golfeur. Et des chaussettes noires. Il n'y avait finalement personne chez moi mais, maintenant qu'ils étaient là, je me sentais en sécurité. Quelqu'un était-il entré dans mon appartement ? Comment savoir ? J'étais complètement flippée, et ils ont été formidables.

Là d'où je venais, c'était des types avec des flingues qui géraient les problèmes. Ici c'était différent, mais pas tant que ça en fait. Je ne savais pas encore que ça me servirait pour jouer un rôle de sociopathe et celui d'une femme de gangster, même si de tels personnages n'avaient rien à voir avec moi. Mais ne brûlons pas les étapes.

Quand je suis arrivée pour la première fois à Hollywood, j'ai été éliminée pour « strike out » à de nombreuses reprises : souvent, pour un casting, alors que j'étais sur le point d'être engagée, je ne passais pas la dernière sélection. C'est l'époque où je connaissais un gars que nous trouvions tous drôle, un gars intelligent – un gars intéressant, mais très radin. On avait l'habitude de le taquiner à ce sujet. Un jour, il m'a dit : « Sharon, tu y es presque à chaque fois, mais tu n'arrives qu'en deuxième position. Tu as vraiment besoin d'un super prof d'art dramatique qui t'apprenne à jouer. Je connais quelqu'un de tellement génial que s'il ne change pas complètement ta vie, pas seulement ta façon de jouer mais ta vie, je rembourserai tout ce que les cours t'auront coûté. »

Venant de sa part, lui qui était si radin, nous avons tous trouvé ça très drôle. J'ai donc décidé d'aller voir ce type et de prendre des cours.

Et ce type a changé ma vie.

Ce type, Roy London, a d'ailleurs fini par donner des cours à beaucoup d'autres que moi : Brad Pitt, Robert Downey Jr., Forest Whitaker, Geena Davis, Garry Shandling… la liste est longue. Cet homme étonnant, attachant, était un prof spécial, comme il y en a peu, un vrai professeur. Il est mort depuis plus de vingt-cinq ans maintenant, et je suis moi-même stupéfaite de voir qu'il continue à m'apprendre des choses – ses leçons continuent à porter leurs fruits. Les bons profs, et ils sont rares, ont cet effet sur nos esprits. Je suis et serai éternellement reconnaissante d'avoir connu Roy.

Voici le cours dont je me souviens le mieux.

Roy m'avait convoquée pour me dire : « C'est bon, tu as ton diplôme, tu n'as pas besoin de revenir. »

J'ai paniqué. « Mais je n'ai pas terminé… je n'ai encore obtenu aucun rôle.

— Tu as joué tous les rôles féminins possibles. Tu n'as plus rien à apprendre.

— Alors, il faut que je revienne pour jouer tous les rôles masculins possibles. »

Il a accepté à contrecœur.

Et je suis revenue. Pour commencer, il m'a fait jouer une pièce d'Oscar Wilde écrite pour deux femmes. En fait, il pensait que j'avais simplement perdu la tête et que finalement, s'il se montrait suffisamment convaincant, je lâcherais l'affaire. Mais quand il a été clair que j'étais à Hollywood pour y rester, il m'a fait répéter la pièce de David Mamet *Glengarry Glen Ross*. Je suis revenue prendre des cours, plus déterminée que jamais. Toutefois, après ma première prestation, il m'a conseillé de rentrer chez moi et de ne pas travailler pendant une semaine. Ce qui, pour moi, était presque impossible.

Mais j'ai fait ce qu'il a dit. Et j'ai beaucoup pleuré.

Au bout d'une semaine, je suis donc revenue et, avec une grande insouciance, j'ai joué la scène qu'il m'avait attribuée. Tout le monde est resté silencieux. J'avais trouvé ma place. Roy a été tout simplement stupéfié. Je n'oublierai jamais l'expression qu'il arborait ce jour-là en se tournant vers les autres, puis vers moi, pour dire : « Eh bien, qu'avons-nous appris ? »

Et j'ai répondu : « Que je suis capable de jouer. »

Il a ajouté : « C'est bon, tu as passé la barre, le cours est terminé. »

Parfois, ce qui fait notre talent, c'est cette part de nous qui nous rend différents des autres, qui nous rend spéciaux. J'irais même jusqu'à dire que c'est la part asociale chez nous, cette part qui nous empêche de briller en soirée, qui nous rend parfois merveilleux. Trouver cette part-là chez moi et la faire mienne m'a été difficile.

Chuck, mon impresario de l'époque, m'avait dit que personne ne me recruterait parce que tout le monde pensait que je n'étais pas sexy. Je n'étais pas, comme on aimait le dire à Hollywood à cette époque-là, « baisable ».

J'étais trop timide et introvertie. Et Roy a continué à m'asticoter à ce sujet. Il me disait : « Si tu continues à mettre de côté ta sexualité, comment veux-tu être capable d'incarner un rôle, quel qu'il soit ? »

Six semaines plus tard, j'obtenais le rôle féminin principal dans *Basic Instinct*.

L'histoire est toutefois moins simple qu'elle n'en a l'air. Ça n'a pas été facile. Chuck avait dû entrer par effraction – à l'aide de sa carte de crédit – dans le bureau du directeur de casting pour voler le scénario afin que nous puissions le lire, car personne ne voulait nous le donner. J'ai tout de suite su que ce rôle était pour moi. Chuck a donc appelé le réalisateur, Paul Verhoeven, tous les jours, pendant sept ou huit mois, pour qu'il me fasse faire un bout d'essai. J'avais déjà travaillé avec Paul sur *Total Recall*, mais Michael Douglas ne voulait pas me donner la réplique pour le bout d'essai. Bien sûr, je n'étais personne comparée à lui, et c'était un film risqué pour sa carrière. Et donc c'est Paul qui m'a donné la réplique – et qui a continué à la donner à toutes celles qui ont fait un bout d'essai.

Finalement, après qu'une douzaine d'actrices ont refusé le rôle, Michael a enfin été d'accord pour me donner la réplique.

Ce bout d'essai est en ligne. Vous pouvez le regarder si vous le souhaitez.

Michael et moi sommes amis désormais. Il m'a vraiment beaucoup appris. C'est un militant des droits de l'homme très engagé, et je l'admire énormément. Par ailleurs, il n'a pas peur de jouer les méchants – au contraire. « C'est le meilleur rôle. Tu peux faire ce que tu veux », a-t-il coutume de dire en éclatant de rire – un rire fabuleux, qui vous signifie qu'il sait exactement où sont les limites.

Il y a quelques années, j'ai joué dans un film en Italie. Quand le réalisateur m'a demandé de faire certaines choses, j'ai refusé en disant : « Les femmes ne se comportent plus comme ça. »

Il m'a demandé pourquoi. Et j'ai répondu : « Parce que nous nous respectons. » Il s'est alors contenté de rétorquer : « La prochaine fois, arrange-toi pour te trouver une mère qui t'aime. »

Je n'ai pas été choquée. À cette époque, j'étais persuadée que ma mère ne m'aimait pas. Comment aurait-elle pu ? Merde, qui avait jamais pris soin d'elle ? Qui lui avait appris comment un parent devait aimer ses enfants ? Quoi qu'il en soit, j'étais maintenant adulte ; une femme qui, au cours de laborieuses conversations, avait appris ce que la vie avait infligé à sa mère. Mais lui ? C'était un homme de la génération des hommes qui avaient fait du mal à ma mère. Comme Michael, je savais où se situaient les limites, et cet homme-là les avait franchies.

Ce jour-là, j'ai cessé de travailler pour lui. Certes, je suis restée jusqu'à la fin du tournage. Mais j'ai fait tout ce que j'ai pu pour que ce soit un désastre. Pourquoi ? Parce qu'il n'était pas question – et il ne serait jamais question – que j'accepte d'être humiliée. Et il est inimaginable d'humilier – ni même de penser pouvoir humilier – ma mère.

Non pas que le monde ne m'ait pas donné l'occasion de réfléchir à tout ça – je veux parler de l'humiliation des femmes. Après le tournage de *Basic*

Instinct, j'ai été invitée à voir les rushs. Comme on aurait pu l'imaginer, étant donné la scène difficile que nous venions de tourner, je pensais être seule avec le réalisateur ; mais la salle était remplie d'agents et d'avocats, dont la plupart n'avaient rien à voir avec le film. C'est donc dans ces conditions que j'ai vu *mon vagin* à l'écran pour la première fois, longtemps après qu'on m'avait dit : « On ne verra rien. J'ai juste besoin que tu enlèves ta culotte car le blanc réfléchit la lumière et on saura que tu en as une, contrairement à ton personnage. » Oui, je sais, beaucoup de gens ont donné leur avis sur ce sujet mais comme il s'agit de mon vagin, laissez-moi vous dire une chose : seul mon avis compte ; le reste, ce sont des conneries.

D'ailleurs la question n'est pas là. Tout ça n'a plus d'importance désormais. Mais à l'époque, il s'agissait de moi et de mes parties intimes montrées à l'écran. Je devais prendre une décision. Je suis d'abord allée dans la cabine de projection, ai giflé Paul, suis partie, suis montée dans ma voiture et ai appelé mon avocat, Marty Singer. Marty m'a dit qu'ils n'étaient pas autorisés à sortir le film tel quel. Que je pouvais faire une « demande d'injonction ». Pour commencer, au vu de l'époque, le film serait classé X. Souvenez-vous : nous étions en 1992, et non aujourd'hui où tout le monde peut voir des pénis en érection sur Netflix. Et Marty a ajouté que, d'après la Screen Actors Guild, le syndicat auquel j'appartenais, cette prise de vues n'était pas légale. *Ouf*, ai-je pensé sur le moment.

J'ai donc d'abord été soulagée. Mais j'ai ensuite réfléchi. Et si je me mettais à la place du réalisateur ?

Et si j'avais moi-même filmé ce plan ? Si je l'avais fait exprès ? Ou si ce n'était que le hasard ? Et si, tout simplement, c'était aussi ça le cinéma ? Comme vous le voyez, j'avais matière à penser. Je connaissais le scénario, non ? Merde, je m'étais même battue pour avoir ce rôle et, pendant tout ce temps, seul le réalisateur m'avait soutenue. Il fallait que je trouve un moyen d'être plus objective.

Il m'avait fallu du temps pour en arriver là, et je connaissais tout de mon personnage, du rôle que je jouais, et des risques que je prenais. J'avais travaillé suffisamment pour incarner Catherine Tramell à l'écran. Mais j'avais encore à relever un nouveau défi.

Je peux dire que ce rôle est probablement celui qui exploite le plus à fond ma part d'ombre. C'était terrifiant. Pendant le tournage, je suis devenue somnambule à trois reprises dont deux où je me suis réveillée dans mon garage, complètement habillée et assise dans ma voiture. Je faisais d'affreux cauchemars.

Pendant la prise de vues de la scène d'ouverture au cours de laquelle je poignarde mon amant, quand nous avons coupé, l'acteur n'a pas réagi. Il est juste resté allongé là, inconscient. J'ai commencé à paniquer ; j'ai pensé que le faux pic à glace rétractable n'avait pas fonctionné et que j'avais tué mon partenaire. La violence délirante de cette scène, couplée aux directives hurlées du réalisateur (« Frappe-le plus fort, encore plus fort ! », « Plus de sang, plus de sang ! » – pendant que le gars sous le lit pompait encore plus de sang à travers un thorax prothétique), avait déjà suffi à me faire flancher. Je me suis relevée, à moitié dans les vapes et me suis évanouie. J'avais frappé l'acteur dans le thorax tellement de fois qu'il avait perdu connaissance. J'étais horrifiée, nue, couverte de faux sang.

Et maintenant ça. Pour ce film, on aurait dit qu'il n'y avait aucune limite qu'on ne me demanderait pas de franchir.

Après la projection, j'ai informé Paul des options que Marty m'avait exposées. Bien évidemment, il a contesté que je puisse avoir le choix. Je n'étais qu'une actrice, une femme ; comment pouvais-je avoir le choix, de quel choix parlait-on ?

Mais moi, je savais que j'avais le choix. J'ai donc réfléchi, et j'ai décidé de ne pas exiger que cette scène soit coupée. Pourquoi ? Parce que ça convenait au film et au personnage ; et aussi parce que, après tout, j'avais accepté de la tourner.

Par ailleurs, vous ne vous en souvenez probablement pas, mais seul le nom de Michael Douglas apparaît en haut de l'affiche, sans que le mien y soit accolé.

Parce que ma famille était occupée par la mort d'oncle Beaner, et que personne ne pouvait venir à la première, Faye Dunaway m'a accompagnée. Elle savait comment ça se passait et comment se comporter. Le film avait fait l'objet d'un tel tapage médiatique que la première a eu lieu dans les studios et non dans un grand cinéma de la ville, tant la foule aurait été difficile à contrôler. Nous étions donc dans une immense salle de projection ; la fin du film a été accueillie dans un silence complet. Faye m'a attrapé le bras et m'a dit à voix basse : « Ne bouge pas.

Reste où tu es », ce que j'ai fait. Pareil pour Michael, assis au rang devant moi. Il s'est contenté de jeter un coup d'œil à droite et à gauche, aux producteurs et à Paul. Finalement, après ce qui nous a semblé une éternité, les spectateurs ont commencé à acclamer et à applaudir. « Et maintenant ? » ai-je demandé à Faye. Ce à quoi elle a répondu : « Maintenant, tu es une grande star, et ils peuvent tous aller se faire foutre. »

Basic Instinct était mon dix-huitième film. Pendant des années, on m'avait cantonnée à jouer des rôles dans des films merdiques et des séries télévisées pas terribles à l'époque où la télé n'était pas encore au top. J'avais donc déjà trente-deux ans quand j'ai joué le rôle de Catherine Tramell. J'avais dit à mon agent que s'il m'obtenait ce rôle, j'assurerais. Je savais que c'était ma dernière chance – je commençais déjà à être trop vieille avant même d'avoir commencé. J'avais besoin de percer, de remporter un gros succès.

C'est seulement quand le film a été présenté à Cannes que Michael a découvert que j'avais déjà tourné dans des tas d'autres films merdiques. Lors du dîner de gala, il s'est alors levé et a porté un toast en mon honneur – un moment exceptionnel. Je portais ma robe de plage en guise de robe du soir : des gens étaient entrés par effraction dans ma chambre pour voler les vêtements de Sharon Stone et tout ce qui lui appartenait. J'étais une star certes ; mais une star sans argent pour s'acheter de nouveaux vêtements. *Bienvenue à Hollywood, ma chérie*, me suis-je dit. Après le dîner, je suis montée à l'étage de l'hôtel-restaurant qui organisait la soirée et j'ai vomi dans les toilettes. Mon ami Shep a fait couler de l'eau froide dans la baignoire afin que j'y trempe mes pieds pour me calmer, et m'a expliqué ce que signifiait être célèbre – avant de me donner un Valium.

Invisible

Après avoir appris que j'avais été choisie pour jouer le rôle féminin principal dans *Basic Instinct*, j'ai été convoquée pour rencontrer Paul Verhoeven, ainsi que d'autres gens de la boîte de prod. J'étais si nerveuse et excitée que j'entendais à peine ce qu'on me disait.

La rencontre avec Paul avait lieu dans les bureaux de la production à Hollywood ; je devais aussi aller remplir des papiers administratifs – ce qui m'a permis de croiser et saluer certaines de mes connaissances – et, surtout, de rencontrer le producteur délégué, un homme d'un certain âge, à l'air louche, et dont le bureau était un bordel inimaginable. Il a fermé la porte derrière moi, s'est assis et m'a dit : « Ce n'est pas toi qu'on avait choisie en premier, Karen. Non, tu n'étais même pas la deuxième sur la liste. Tu n'es qu'un treizième choix. »

Il a continué à m'appeler Karen pendant tout le tournage et toute la durée de la postproduction.

Je suis sortie de ce rendez-vous tellement déstabilisée qu'en montant dans ma voiture et après avoir mis du rap à fond, j'ai démarré en marche arrière.

Ce n'est qu'après la cérémonie des Oscars, où j'allais pour la première fois, à l'occasion de la sortie du film, et quand je me suis assise à la place qui m'était réservée à côté de lui au cours du dîner de gala du Governors Ball, qu'il a cessé de m'appeler Karen.

Pour jouer le rôle de Catherine Tramell, il m'a fallu développer un certain mécanisme de survie, d'autant que j'avais eu à affronter de multiples résistances, à la fois à mon égard mais aussi à l'encontre du film. La manière dont j'ai appris à disparaître à l'intérieur de moi-même m'a permis de me glisser à l'intérieur de mon personnage, cette femme qui était aussi coriace, aussi résistante et lisse que l'écharpe en soie blanche qu'elle portait.

Quand j'ai vu le film, j'ai compris que je pouvais acquérir cette beauté-là – en soulignant mes qualités et en cachant mes défauts, comme le faisaient les actrices et les acteurs les plus talentueux de Hollywood –, que je pouvais dissimuler ma nature vulnérable de manière convaincante en enfouissant mon profond manque de confiance en moi, ma fragilité intérieure sous mon apparence extérieure.

Il ne s'agissait pas de souhaiter devenir le personnage que j'incarnais dans le film, mais désormais j'apparaîtrais comme moins fragile, il ne serait plus possible de me dévorer toute crue.

Comme vous le voyez, je prenais encore des décisions en fonction des expériences vécues par une enfant de huit ans – et de ses cicatrices –, des profondes blessures qui n'avaient pas encore guéri et de cette insécurité que je n'avais pas encore appris à réparer.

J'ai donc continué à faire semblant jusqu'à ce que je réussisse. J'étais assez bonne à ce jeu-là. Mais pour la première fois, je souhaitais apprendre à connaître quelque chose de nouveau. Je demandais que le monde change. Je demandais la permission de dire *pourquoi ?*.

Je demandais à être vue et respectée. Je demandais à être connue.

Clarence, mon grand-père maternel, est mort quand j'avais quatorze ans. D'une crise cardiaque, si je me souviens bien. Il était resté enfermé dans une voiture alors qu'il faisait trop chaud, racontait-on.

C'est maintenant seulement que je me rends compte à quel point ses funérailles ont été bizarres pour moi ; d'une part parce que c'était la première fois que j'assistais à un tel événement et d'autre part parce que ma sœur et moi avions tellement souhaité sa mort. Lors de la cérémonie, nous nous sommes approchées du cercueil rien que pour nous assurer qu'il était bel et bien mort. Aujourd'hui, quand je visualise la scène, je revois toutes ces chaises pliantes inoccupées, les gens debout, par petits groupes, têtes baissées, parlant à voix basse au fond de la salle. Ce jour-là, personne ne s'est assis, personne n'a pris la parole.

Kelly et moi avons donc regardé à l'intérieur du cercueil.

« Il est mort ? a-t-elle demandé.

— J'en sais rien.

— Touche-le.

— Pourquoi moi ?

— Parce que tu es l'aînée. »

Je l'ai donc touché du bout d'un doigt, et une étrange satisfaction, celle de constater qu'il était enfin mort, m'a saisie aussi violemment que si l'on m'avait lancé un seau d'eau glacée au visage. J'ai regardé ma sœur et elle a compris ; elle avait onze ans, et c'était fini.

Je me souviens de l'époque où nous devions rendre visite aux parents de ma mère. Je me souviens quand j'entrais dans leur maison, après avoir ouvert la porte-moustiquaire avec mes petites mains gantées de blanc pour aller à la messe : même en hiver, l'odeur me suffoquait. Et avant même de voir quoi que ce soit, je me souviens du bruit : les couinements, les grattements, le bruit des griffes sur le plancher en bois. C'était suffisant pour savoir que quelque chose ne tournait pas rond. Mes grands-parents avaient toujours eu une douzaine de chats, et ils les attachaient à l'un des pieds de la cuve en plein milieu de la cuisine. Qui fait des trucs comme ça ? Et qui amène ses enfants chez ces gens-là, pour s'asseoir à une table en bois et pour boire le thé au milieu de cette puanteur, cette misère et ce bruit ?

Ma sœur et moi essayions chaque fois de filer dans une autre pièce. Ce n'était pas mieux. Un jour que mes parents avaient dû se rendre au tribunal, ils nous avaient laissées là. Nous étions dans cette autre pièce où la fenêtre filtrait la lumière de telle manière que nous voyions la poussière flotter dans l'air ; c'était irrespirable. Cette même lumière rendait plus vive la couleur verte du vieux fauteuil et plus précise la texture de son revêtement, à tel point que chaque boucle de tissu était clairement visible. Et dans un coin, le piano – avec son tabouret – paraissait menaçant, tapi là dans l'ombre, énorme. Tout ça me donnait envie de pleurer, bien que personne ne s'en rende compte à cause du bruit que faisaient ces pauvres chats.

Je n'étais pas seule ; il y avait une autre petite fille, habillée de sa plus belle robe – celle que j'avais portée des années auparavant pour passer des tests d'intelligence –, une belle robe parfaite, en velours avec de la dentelle et des volants. Elle avait aux pieds de petites chaussures vernies, et des socquettes blanches – dont la vue me brisait le cœur. Ces socquettes étaient si délicates, si fines, si pures. Cette petite fille était frêle, avec des boucles blond cendré, des lunettes et un cache sur l'un de ses deux yeux. Je la voyais, à travers la poussière qui emplissait l'air, tandis que mon grand-père la faisait asseoir sur le tabouret du piano. J'ai comme le souvenir qu'elle essayait de se tourner vers moi, qu'elle me regardait – sur l'instant, c'est tout au moins ce que j'avais cru.

J'étais désespérée ; ce désespoir me paralysait. Le sol était d'une étrange couleur rose qui semblait bouger comme si je volais, alors que j'étais parfaitement immobile. Je ne faisais aucun bruit, et ne jetais même pas un coup d'œil par la fenêtre, mais je me souviens des buissons épineux et de la terre dans la cour. Je me souviens aussi du bruit de la pendule : sourd et irrégulier.

Je continue à croire que ce temps-là n'existe pas de la même façon pour les autres ; il paraît avancer et se transformer au gré de mes besoins. Et c'est une telle bénédiction, comme la pluie, la gentillesse, la bienséance et les vitres propres.

Ma sœur et moi n'en avons jamais parlé avant d'avoir eu une bonne vingtaine d'années, et ce, en l'absence de ma mère. Pourquoi nous avait-elle laissées seules avec ce monstre ? se demandait Kelly.

Plus tard, notre mère nous expliquerait qu'elle ne savait rien du comportement pervers de son père au cours de notre petite enfance puis à l'époque où nous allions à l'école primaire. Elle le regrettait amèrement. Elle haïssait son père : il avait battu sa mère tous les jours de sa vie. Elle nous aimait profondément et comprenait donc pourquoi nous lui en avions tellement voulu ; elle comprenait mon ressentiment à son égard. Et je ressentais tellement de choses.

Rien, c'est ce que j'ai le plus ressenti. Juste rien, absolument rien.

Pour celles et ceux d'entre nous qui ont eu en elles, en eux, cette part brisée qui nous laisse incapables de nous lier avec qui que ce soit comme les autres semblent pouvoir le faire, la solitude est réconfortante et paraît procurer un certain bien-être. Ce temps qui n'est pas partagé paraît moins dangereux.

J'ai ressenti de la colère et de l'indignation, et j'ai réagi envers ma mère avec condescendance et cruauté, mais aussi en étant d'une bonté hypocrite, et en faisant preuve d'une patience artificielle. Pour finir, je me suis regardée en face et j'ai cessé toute relation avec elle.

Elle m'a écrit. Une lettre mûrement réfléchie, intelligente, qui venait du cœur, profondément sincère, passionnée. Elle disait qu'elle n'avait jamais rien soupçonné. Pourtant, on savait tous comment il était. Elle était désolée, elle regrettait. Elle m'aimait. C'était un sentiment profond. Un amour qu'elle désirait ardemment que j'accepte d'elle. Et je l'ai accepté. Je voulais me sentir aimée par ma mère et me cramponner à cet amour. Quel qu'il soit. Mais elle refusait de me voir, et moi non plus, je ne voulais pas la voir. Il y avait encore trop de violence inexplicable, injustifiée. En guise d'excuse, elle me disait qu'elle avait trop de rendez-vous, qu'elle était débordée. Moi, je ne disais rien. Je voulais juste lui dire que moi aussi je l'aimais. Il y avait cette part en moi qui aimait cette part en elle qui voulait m'aimer, et vice versa.

Comprenez-moi bien : j'ai été le témoin, et non la victime. La petite fille de huit ans témoin du vol de l'innocence de sa petite sœur de cinq ans. J'étais assise, pétrifiée, dans cette horrible pièce poussiéreuse, à peine éclairée, prise au piège, car je voyais cette vieille femme debout dans l'encadrement de la porte pour nous empêcher de nous échapper. Ma grand-mère, qui avait été battue tous les jours par le monstre qui était dans cette pièce, était elle-même devenue un monstre.

Évidemment, je me rends compte que dire que je n'ai pas été une victime est absurde, mais c'est comme si je n'avais pas vraiment été présente. C'est la première fois où j'ai eu l'impression de quitter mon corps et de me voir comme détachée de moi-même. Je voyais ma grand-mère, debout dans l'encadrement de la porte, bloquant la sortie. Elle se triturait les doigts, les mains croisées sur le devant de son tablier usé qui pendait sur son corps fatigué, affaissé. Elle regardait au loin, les yeux dans le vide.

Mais si je regarde ailleurs, je vois aussi le vieux fauteuil verdâtre au tissu déchiré par endroits, juste derrière le tabouret du piano, là où les grosses mains noueuses de mon grand-père étaient posées sur l'ourlet de la robe en velours bleu foncé de ma sœur – juste au bord de la dentelle. Ma sœur, avec ses nattes presque parfaites, et dont je voyais les petits pieds pendre dans le vide, avec ses socquettes blanches, et ses petites cuisses potelées poussant sur le tabouret, une petite fille devenue toute rouge à force de résister, comme si elle le défiait, des larmes silencieuses jaillissant de sous ses lunettes. Je lève alors les yeux sur le violon au bois couleur bourbon, si beau, et dont la présence dans ce lieu paraissait déplacée, posé sur le dessus du vieux piano droit cassé, désormais silencieux, comme tout et tout le monde dans cette maison. Par la fenêtre aux vitres sales, je jette un coup d'œil aux décombres dans la cour et à la voiture bleue démontée, dans laquelle il m'avait un jour installée pour me montrer quelque chose dans son pantalon, tandis que je me recroquevillais dans un coin, le plus loin possible de lui, le regard tourné vers le vieux cuir craquelé du joint de la vitre de la portière, la portière verrouillée au cendrier cassé.

Je fixe des yeux la pelouse brûlée par le soleil, les mauvaises herbes, la voie ferrée si proche de la maison que soudain, à l'approche d'un train, elle se met à trembler, les fenêtres à vibrer, les vitres à siffler comme s'il allait la traverser ; et je sens que je fais pipi sous moi. Ma grand-mère m'attrape alors par la peau du cou et m'emmène.

Je suis donc restée dans une autre pièce froide et humide, pleine de cartons, meublée d'un lit avec un matelas nu, taché, puant, et des tas d'objets – des objets en métal, rouillés ; toutes ces choses, et moi, à qui on avait enlevé la culotte et les chaussettes mises à sécher sur un vieux radiateur. Moi, debout près d'une fenêtre fermée à la vitre sale, seule dans le noir.

Quand je me sens mal, tout ressemble à cette pièce et devient froid, métallique, sombre ; je suis seule et me tiens sur mes gardes. C'est comme si une main s'abattait sur ma nuque. J'attends… La main de qui ? Je ne sais pas. Quoi ? Je ne sais pas. Mais je me fais aussi discrète qu'une souris d'église, en espérant que le bruit d'un train sur le départ me reviendra à l'esprit.

Ma grand-mère essayait de se faire pardonner. Elle nous préparait elle-même des œufs de Pâques en chocolat. Et je savais qu'elle économisait en douce pour pouvoir nous offrir ça. Je ne pouvais expliquer alors ni pourquoi ni à quel point je les haïssais, elle et mon grand-père. Jusqu'à ce qu'en partant nous ayons à embrasser notre grand-père. Il ouvrait ses jambes au moment où nous approchions pour accomplir cette terrible corvée et il fourrait sa langue dans notre bouche.

Quand vous êtes gosse, c'est curieux que la mort soit synonyme de la joie et du soulagement. Et d'un vide.

Quand j'ai joué ce rôle de tueuse en série dans *Basic Instinct*, j'ai puisé dans une colère profondément enfouie en moi. J'étais terrifiée à l'idée d'être confrontée à ma part d'ombre – mon double – et de la dévoiler à l'écran, là où tout le monde pourrait me voir ; et donc de permettre aux gens de penser que j'étais « comme ça ». Pire encore, j'étais terrifiée à l'idée de m'autoriser à penser que j'avais une part d'ombre en moi. Et pourtant, je peux vous dire que cette confrontation a été, et que c'est encore, la chose la plus libératrice que j'aie jamais faite.

De m'impliquer autant et de libérer cet ange noir qui est en moi, d'accepter ma colère – de savoir que j'étais tellement en colère que j'aurais aimé frapper Clarence à mort – a été extrêmement libérateur.

Cette expérience m'a aussi appris que je n'étais pas vraiment du genre à frapper quelqu'un à mort. Pouvoir laisser libre cours à ma colère a été extraordinaire, et je pense qu'avoir permis aux spectateurs de sentir cette colère a pu être thérapeutique pour eux aussi. Je sais qu'il ne s'agit pas que de moi.

Le jour de la sortie de *Basic Instinct*, j'ai loué une limousine. Mimi et moi avons commencé par Harlem et nous avons ensuite fait le tour de tous les cinémas de New York, d'un bout à l'autre de la ville, jusqu'aux aurores. Pour l'occasion, nous avions relevé nos cheveux que nous avons chacune cachés sous un chapeau melon, et toutes deux portions des lunettes. Nous restions à peu près vingt minutes dans chaque salle.

C'est le public de Harlem que j'ai préféré. Les gens hurlaient, ils invectivaient l'écran et acclamaient mon personnage. On s'est amusées comme des folles à observer les réactions des spectateurs à travers toute la ville. Nous nous sommes arrêtées dans l'Upper East Side et dans le West Side, dans Hell's Kitchen, et dans tout Bowery. Nous courions d'un cinéma à l'autre et arrivions à des étapes différentes du film, en passant du jour à la nuit, telles des voleuses. Les spectateurs devenaient dingues, ils adoraient le film ! Je garde ce souvenir comme l'un des meilleurs moments de ma vie.

Le lendemain, alors que nous partagions un somptueux petit déjeuner de fête, d'horribles critiques ont été publiées.

Mais qu'est-ce qu'un critique ? Quelqu'un qui voit des films gratuitement et qui vous dit ensuite ce qu'il en pense.

Et qu'est-ce qu'un public ? Des gens qui vous disent l'effet qu'un film a sur eux, ce qu'ils ressentent en le voyant.

Avez-vous la moindre idée du nombre de gens qui ont vu *Basic Instinct* au cours de ces presque trente ans ? Réfléchissez. Eh ! il ne s'agissait pas seulement de jeter un coup d'œil sous ma jupe. Non. Réveillez-vous. Les femmes ont défendu ce film ; les hommes ont été obsédés par mon personnage, une femme qui pouvait faire en sorte que ça cesse. C'était leur personnage préféré. Mais c'est aujourd'hui, et aujourd'hui seulement, que l'on peut entendre des propos qui prouvent que le film est respecté dans le milieu du cinéma – du genre : « Oui, ce film est vraiment *audacieux*… » En revanche, quand j'ai assisté à la cérémonie des Golden Globes en tant que nominée en 1993, lorsque mon nom a été appelé au titre de lauréate du Golden Globe de la meilleure actrice, tout le monde a ri. Enfin, peut-être pas tout le monde, mais suffisamment de gens dans la salle pour que je sache à quoi m'en tenir.

Je pense que je ne suis pas la seule à laisser libre cours à une colère féminine refoulée. Ça m'agace de réaliser que si j'ai autant tenu la bride à cette colère, c'est, j'en suis persuadée, pour la garder secrète comme si j'en avais honte. À mon époque, les victimes d'abus sexuels avaient honte. Pour elles, tout paraissait receler une lourde menace. Il en allait de même pour moi ; tout me paraissait menaçant, non seulement pour moi mais aussi pour ceux que j'aimais ou étais censée aimer.

Bon. Il est vrai que ma sœur et moi avons réfléchi à la possibilité de parler ouvertement et publiquement de ce qui s'était passé avec notre grand-père ; mais nous savions que ça ne donnerait lieu qu'à des articles retentissants dans la presse à sensation – comme quand on m'a demandé, au cours d'un show télévisé par un beau dimanche matin, si j'avais eu des épisodes #MeToo à Hollywood. Moi ? Je suis persuadée qu'on m'a posé cette question sans se soucier de la réponse, et moins par désir de m'aider que dans l'intention de faire du sensationnel ; et donc, pour me protéger, je n'ai rien dit. À la place, j'ai éclaté de rire, et les images sont devenues virales sur les réseaux sociaux. Apparemment, je n'étais pas la seule à rire.

Comme nous l'apprenons, les abus sexuels se manifestent sous des tas de formes différentes, et il en va de même pour nos réactions. Génération après génération, nous en sommes encore à apprendre comment en parler et comment s'en sortir sans être nous-mêmes violentes dans les réponses aux questions qui nous sont posées, sans être scandaleuses, par souci de préserver nos intérêts, dans les déclarations que nous sommes appelées à faire, et sans être cruelles envers nous-mêmes.

Tout ça ne signifie pas que ma famille ne ressemblait pas à une famille protestante anglo-saxonne normale. Nous allions parfois à l'église, l'Emmanuel United Church of Christ où, à part se cacher de temps à autre dans l'un des placards sans rien faire, dans le noir avec un garçon, sans parler – ce qui nous paraissait particulièrement excitant –, il ne se passait pas grand-chose. Les chants étaient monotones. Le pasteur était l'homme le plus pâle ayant jamais existé, même si ma mère pensait que c'était l'homme le plus mignon ayant jamais existé.

Ce qui me rappelle la fois où j'ai réussi à la convaincre d'essayer de fumer de l'herbe.

Ma mère avait toujours été curieuse. Elle avait décidé que puisque tous ses gosses fumaient de l'herbe il lui fallait comprendre ce phénomène – à quoi ça ressemblait, quelle odeur ça avait, comment rouler un joint, tout. Et donc, un jour, Kelly et moi, et peut-être aussi Mike, mon frère aîné, nous sommes assis autour de la table de la cuisine avec notre mère pour tout lui expliquer. Juste au moment où elle commençait à être défoncée, une voiture a tourné au coin de notre rue. Elle a paniqué et a tout balayé de la main, en criant : « Oh mon Dieu, c'est le révérend Ziegler ! » tout en attrapant le désodorisant. Elle courait autour de notre immense cuisine, avec un flacon vaporisateur de Lysol à la main, continuant à nous asperger longtemps après que la voiture avait disparu.

Nous nous sommes servis de cette histoire comme d'une arme pendant des années chaque fois qu'elle s'apprêtait à nous dénoncer à notre père. Nous nous mettions derrière lui, en faisant semblant de fumer un joint. « Vous êtes vraiment une bande de petits cons », disait-elle, en riant et en nous courant après avec une tapette à mouches.

Oui, nous venions d'une famille dans laquelle régnaient la pauvreté et la violence, et nous vivions ce genre de crises intérieures qui n'éclatent, semble-t-il, que dans les familles très riches ou très pauvres. Une violence secrète, des mensonges, ou plutôt des non-dits. Nous étions des durs à cuire, nous étions irlandais, nous avions l'air plus riches que nous l'étions. Nous donnions l'impression que tout allait bien. Et, quoi qu'il arrive, nous étions des gens fiers.

Quand mon père alignait nos chaussures, toutes fraîchement cirées, sur le comptoir de la cuisine, je savais au moins une chose. Je savais que nous pouvions aller de l'avant, la tête haute, je savais que nous étions des survivants.

Je suis terriblement déçue du manque de soin que les gosses d'aujourd'hui prennent d'eux-mêmes. Ça me brise le cœur. Le monde est devenu plus dur. Et je me demande s'ils seront suffisamment aguerris pour survivre. Il nous avait fallu nous battre pour vivre et pourtant, nous continuons de dire à quel point c'était facile comparé à maintenant. Mais n'est-ce pas ce qu'on assène toujours, à chaque génération qui passe ? Et, aujourd'hui, ne disons-nous pas que nous ne laissons derrière nous que des problèmes et que personne ne pourra survivre à ce qui va advenir ? Savons-nous pourquoi ?

Je pense que nous pouvons survivre à tout. Je pense que c'est là que réside le secret de la vie. Peut-être est-ce aussi seulement une part du cycle de la vie, celui de la vieillesse : ce que nous appelons la sagesse et qui, en fait, n'est que le début de la sénilité. Nous aussi nous avons nos saisons.

À une époque, l'idée selon laquelle nous étions une saison était devenue à la mode. Et c'est ce qui déterminait la palette de couleurs qui nous était la plus adaptée. Et que se passerait-il si notre saison était celle de notre naissance ? Et que, si nous étions nés en hiver, l'hiver ne serait plus systématiquement synonyme de mort ? Peut-être que l'hiver est votre été, pour ainsi dire. J'ai déjà vécu la saison de neige fondue qui annonce la fin. Ce qui signifie que les autres devront prendre les commandes dans un futur proche. Mais je n'ai pas peur de ce moment qui me guette où je devrai rendre les armes. J'ai au contraire l'impression de grandir.

J'adore l'été. Et j'ai le sentiment que celui-ci va arriver pour moi, comme si le soleil allait briller différemment. J'espère que c'est le cas pour ma mère aussi. Je ressens tellement d'empathie et de compassion pour elle. Après tout, c'est comme si elle n'avait pas eu de parents du tout. J'aurais tellement voulu qu'elle aussi ait eu une mère à qui elle aurait pu parler.

Alors que ma mère ne m'a pas dorlotée, qu'elle n'a pas vraiment été une mère en soi, elle a été, comme je l'ai déjà dit, une femme au foyer merveilleuse. Dans ma famille, nous sommes tous parfaitement autonomes. Je ne pense pas qu'à l'époque nous ayons compris que certaines parts de notre éducation étaient vraiment dures simplement parce que personne n'avait jamais fait quoi que ce soit pour aucun de nos deux parents. Ils s'agrippaient donc l'un à l'autre comme deux naufragés échoués sur le rivage après une tempête en mer. Quand ils se sont rencontrés, ils n'étaient rien d'autre que cela : deux naufragés.

Aucun des deux n'a véritablement eu de parents, ni de foyer, ni les soins habituellement accordés aux enfants, pas plus qu'ils n'ont reçu de l'aide, une éducation ou encore la transmission d'un savoir-faire.

Ils se sont accrochés l'un à l'autre quelle que soit la saison.

Nous avons traversé toutes sortes d'épreuves dans notre vieille grande ferme au pays des Amish, en Pennsylvanie. Mais nous formions une vraie famille ; bordélique, dysfonctionnelle certes, et dans laquelle les filles portaient des gants blancs le dimanche (n'est-ce pas ce qu'on fait dans toutes les familles d'Irlandais « éviers de cuisine » ?).

Même dans sa complexité la plus extrême, la vie est plus simple quand vous êtes plus pauvre. Nous avions une paire de chaussures pour l'école, une autre pour jouer et enfin une troisième pour aller à l'église. Ma sœur et moi avions chacune la moitié d'un cagibi, celle de ma sœur étant plus grande que la mienne. Il était entendu qu'elle bénéficierait de la partie penderie, sur le devant, et moi de la partie étagères au fond, où j'avais calé un oreiller et où mon père avait installé une lampe pour moi. C'était ma bibliothèque, ma tanière, en quelque sorte. J'aimais m'y réfugier pour lire ou réfléchir, installée là, derrière les vêtements, dans mon petit réduit, avec un livre ou deux.

Honnêtement, rien n'a vraiment changé. Mais je suis mieux installée en termes de propriété immobilière. J'ai une radio satellite, Pandora, et Deezer ; et je peux interpeller mon assistant personnel virtuel en parlant à « Alexa ».

À l'école, il allait de soi que toutes les filles, en grandissant, devaient acquérir des compétences de secrétaire, et que nous devions donc suivre des cours de dactylo. Je tape plutôt vite. J'en profite pour frimer un peu à ce sujet. Surtout parce que le prof de dactylo, M. Fletcher, qui était aussi le prof de comptabilité, s'adressait toujours à moi en disant : « Stone, espèce de retardée mentale », devant tout le monde. Il disait que « c'était juste pour plaisanter ». OK, d'accord. Et donc, devenue adulte, j'ai engagé un comptable à qui j'envoie des e-mails que je tape à toute vitesse.

Une fois encore, je ne peux que constater à quel point il est stupéfiant de voir le nombre de choses qu'on m'a dites « juste pour plaisanter ». Et, ce qui est encore plus étonnant, c'est que la plupart de ces prétendues plaisanteries n'étaient pas drôles.

Quand Clarence est tombé raide mort, et que la menace a disparu, il y a certaines choses que j'aurais pu dire et qui ne m'auraient pas tuée. Toutefois en tant que jeune fille de la campagne âgée de quatorze ans, je n'en étais pas consciente. Tout ça aurait été trop bouleversant. Je n'ai donc rien dit.

Mais cette saison-là est terminée. Et maintenant, je peux vous le raconter.

Rêves

Quand j'ai commencé à travailler sur le tournage de *Mort ou vif*, je venais juste d'en terminer avec *Basic Instinct*, et j'étais heureuse d'être en plein milieu du désert en Arizona, heureuse de tourner dans un western – bien que ce ne soit pas un western traditionnel. (J'adorais Clint Eastwood, à mes yeux il incarnait le dernier cow-boy.)

J'avais un droit de regard sur le choix de mes partenaires et j'ai demandé aux studios de proposer à Gene Hackman, que je considérais comme l'un des plus grands acteurs vivants, de tenir le rôle principal. Je leur ai aussi demandé de mettre son nom en haut de l'affiche. Ils ne me comprenaient absolument pas, et ne me comprendraient jamais.

Par ailleurs, pour l'autre rôle masculin, je voulais un acteur australien dont ils n'avaient jamais entendu parler et que j'avais vu dans un film appelé *Romper Stomper* où il jouait un très dangereux skinhead. Il s'agissait de Russell Crowe. Ils ont trouvé ça absurde. Pourquoi voulais-je un acteur étranger qui avait joué un psychopathe chauve pour le rôle d'un pasteur dans un film historique se déroulant au Far

West, un inconnu qu'il faudrait convaincre, et pour lequel il faudrait patienter deux semaines avant qu'il n'arrive sur les lieux du tournage ? Quand nous avons fait passer des auditions à des ados pour jouer le fils de Gene – un gosse rejeté qui voulait tout simplement être aimé de son père –, selon moi, seul Leonardo DiCaprio, qui n'était encore qu'un gamin, l'avait bien joué : il était le seul à avoir su pleurer dès son entrée dans la pièce, suppliant son père de l'aimer. Mais, de nouveau, j'ai dû affronter des réticences : « Pourquoi un inconnu, Sharon, pourquoi faut-il que tu te tires une balle dans le pied ? » Ils m'ont alors expliqué que si je voulais absolument engager ce jeune acteur, je devrais payer moi-même son salaire. Ce que j'ai fait.

On en arrive ensuite au réalisateur. Là aussi j'avais un droit de regard. Et je voulais Sam Raimi, qu'ils considéraient, à l'époque, comme un « réalisateur de série D – un réalisateur de films d'horreur » car il venait de réaliser *The Evil Dead I* et *II* et *L'Armée des ténèbres* que, pour ma part, je trouvais brillants. Quand je leur ai dit qu'il serait prêt à travailler pour presque rien, ils ont fini par l'engager. Et il a été très bon. Mais quand j'ai parlé de Danny Elfman et de son groupe de new wave, Oingo Boingo, pour la musique du film, ils ont craqué et m'ont virée de la salle de montage. Ils étaient tous d'accord pour dire qu'il était « impossible d'avoir une musique moderne pour un western ». Il faut bien avouer que les directeurs de studio ne sont pas toujours en avance sur leur temps – pour le dire gentiment. Dans le milieu, Danny Elfman était évidemment une légende ; il avait composé de nombreuses musiques de film et remporté un Grammy de la meilleure composition instrumentale pour le thème de *Batman*. Mais pas une femme, même une star, et surtout pas moi, avec mes idées branques du genre à se tirer une balle dans le pied, n'allait leur dire quoi faire, productrice ou pas productrice.

Pour une actrice, et dans mon milieu professionnel, obtenir le titre de productrice est très souvent considéré comme un « deal de vanité », ce qui signifie qu'on vous paie pour faire le boulot mais que vous devez fermer votre gueule et ne jamais aller à l'encontre de ce qui a été décidé sans vous. Mais il était hors de question que j'accepte un « deal de vanité » et j'en ai averti les studios dès le début. « C'est illégal, ai-je dit, et j'aime travailler dans la légalité. » Ce qui, vous pouvez vous en doutez, n'a pas été accueilli par des cris de joie, mais par un long silence.

Peut-être est-ce parce que en tant que productrice je faisais des choses que les autres producteurs ne font pas. Par exemple, si quelqu'un mourait sur un tournage, je demandais qu'on arrête tout et m'asseyais avec les acteurs et les techniciens jusqu'à ce que l'ambulance ou l'hélicoptère ait emporté le corps. Oui, par respect, nous nous asseyions en silence. Oui, j'arrêtais le tournage le temps qu'il fallait. Ce n'est pas un comportement habituel dans ce milieu, mais c'est ainsi que je travaille.

Et si quelqu'un était trop défoncé pour travailler, j'en informais les studios. Ce n'était pas une décision très populaire, mais c'était ainsi. Je ne brûle pas l'argent des autres pour être populaire. Pour moi, c'est l'industrie du spectacle, et non l'industrie du « je profite des autres ». Je n'admets pas non plus qu'on profite de moi. On m'a, bien sûr, parfois proposé ou demandé de faire des choses totalement inappropriées, mais j'ai ouvert ma grande gueule et j'ai refusé.

Dans le même ordre d'idée, je travaille sans compter mes heures, loin de chez moi, et la plupart des belles relations que j'ai pu nouer ont commencé sur un tournage.

Ainsi, j'ai rencontré Bob Wagner sur le tournage de *Mort ou vif*. C'était alors le second assistant réalisateur. À l'époque, il n'aurait jamais osé me faire des avances, tout au moins je ne crois pas, car j'étais la vedette du film et ce genre de comportement aurait été mal vu ; et Bob était trop élégant pour ça. Alors c'est moi qui lui ai fait des avances. Il les a acceptées et nous avons vécu ensemble pendant un bon bout de temps.

Et, pendant longtemps, il a été l'homme de ma vie. Nous adorions regarder des films ensemble ; plus encore, c'était une passion. J'adorais cuisiner et dîner au lit avec Bob en regardant les films de la Criterion Collection[1]. Nous étudiions les films que nous voyions – nous les commentions et nous disputions en riant. Il m'a montré ses films préférés et je lui ai montré les miens, et nous avons regardé ensemble tous ceux que nous n'avions pas encore vus ni l'un ni l'autre.

Le tournage de *Mort ou vif* terminé, nous avons enchaîné avec celui de *Casino*. J'ai demandé à ce qu'il soit engagé lui aussi. Je ne voulais pas affronter

1. Une entreprise de distribution de films uniquement sur le marché des supports vidéo. Il s'agit de proposer des éditions de référence de grands films du répertoire mondial, avec un accent particulier mis sur les cinémas américain, français, japonais et italien. Elle permet ainsi de trouver certains films rares en version restaurée.

seule le trio Scorsese-De Niro-Pesci. Heureusement qu'il a été là. Sans lui, je n'y serais jamais arrivée. Je n'aurais jamais été nominée aux Oscars. Dans un milieu professionnel, et dans une ville, où personne ne semble prêter attention à une femme qui fait de son mieux, ni la respecter, avoir un petit ami qui non seulement croyait en moi mais m'aidait à croire en moi était extraordinaire. Rien de tout cela ne serait arrivé sans son soutien. Et pour moi, cette confiance comptait plus que tout.

Roy London n'a pas vécu assez longtemps pour me voir jouer dans *Casino* ni pour m'aider à comprendre quoi faire quand j'ai eu mon rêve à portée de main. La première fois que j'étais allée dans son petit appartement avant que nous devenions tous deux célèbres et que nous remportions autant de succès, il m'avait demandé quel était mon but dans la vie. J'avais alors répondu : « Je veux être suffisamment bonne pour pouvoir m'asseoir en face de Robert De Niro et assurer. »

Il y a une scène dans *Casino* au cours de laquelle je signifie clairement à mon mari, joué par M. De Niro, que j'ai pris mes distances avec lui. J'arrive dans un restaurant et m'assieds. Je n'ai que peu de répliques ; c'est lui la vedette dans cette scène. Mais c'est aussi une scène dans laquelle j'assure ; je tire mon épingle du jeu. Cette scène, je l'ai jouée pour Roy. J'ai réalisé mon rêve, celui qui était devenu aussi le sien.

Quand le film a été terminé, j'étais épuisée ; j'ai donné tout ce que j'ai pu pour ce rôle, pour atteindre mon but. Martin Scorsese est le plus grand réalisateur avec lequel j'aie jamais tourné. Il a travaillé avec moi en profondeur et m'a guidée dans mon jeu avec infiniment de délicatesse. M. De Niro m'a plus appris grâce à son éthique professionnelle exemplaire que n'importe quel autre acteur que j'ai vu travailler au cours de mes quarante ans de carrière. Il incarne un personnage comme s'il se glissait dans une seconde peau. Il n'a de cesse de travailler jusqu'à ce qu'il l'incarne parfaitement : peu importe le temps qu'il y passe, peu importent les difficultés, peu importe le nombre de prises nécessaires, peu importe la complexité des contorsions émotionnelles que son rôle induit. Il est le maître en la matière. J'ai fait de mon mieux pour être à la hauteur, pas à pas. Au début du tournage, il m'avait prévenue que son interprétation dépendait de la mienne. Je l'ai pris au sérieux et j'ai fait tout mon possible pour ne pas le décevoir.

Dans un autre registre, remercions la chance qui m'a permis de rencontrer et parler avec Mick Jagger ; il m'a donné d'excellents conseils sur la vie en tournée. Il m'a expliqué qu'à son arrivée dans une nouvelle ville, il achetait des tonnes de rouleau de papier d'aluminium et de papier-cache adhésif et qu'il en recouvrait les fenêtres de ses chambres d'hôtel. C'est ce que j'ai fait quand nous tournions de nuit. Ma chambre était devenue un tombeau. Quand je rentrais, je me jetais tout habillée sur mon lit. Mon chat, Boxer, enroulé sur l'oreiller, posait ses pattes sur ma tête pour la masser à l'aide des coussinets, jusqu'à ce que je m'endorme.

Bob Wagner a vraiment pris grand soin de moi. Nous travaillions sans compter nos heures. Nous ne pouvions aller tourner les scènes aux casinos que si les « flambeurs » n'avaient pas encore commencé à jouer. Quand ils arrivaient, nous étions foutus. Parfois nous travaillions six heures et d'autres fois vingt-trois heures de suite. Des techniciens ont eu des accidents car ils tombaient de fatigue au volant.

Mais Bob était là, Dieu merci. Ainsi quand, pendant le tournage, j'ai laissé déborder la baignoire deux fois, inondant complètement la chambre, Bob a dit : « Je m'en occupe, mon cœur, ne t'en fais pas, va sur le plateau, fais ce que tu as à faire, je comprends, ne t'inquiète pas. » Et il s'en est occupé. Au milieu du tournage, j'ai eu une crise d'endométriose, et j'ai dû rester une semaine à l'hôpital pour subir une intervention chirurgicale. Les scènes que nous devions tourner ensuite le seraient, pour la plupart, de nuit. Pendant mon séjour à l'hôpital, pour que mon biorythme reste adapté à ces horaires de travail, Marty passait ses nuits à me parler au téléphone afin que je reste réveillée et que je dorme la journée. Et Bob s'occupait de moi tout en continuant à travailler un nombre incroyable d'heures par jour.

Quand nous en avons eu terminé avec ce tournage, Bob est parti travailler sur un autre film, dont Jodie Foster était la réalisatrice. Je l'ai accompagné et suis restée en pyjama. Je me contentais d'enfiler une veste sur mon pyjama pour aller déjeuner ou pour traîner, en essayant de me remettre de mon rôle de Ginger. Pendant tout ce temps, ma célébrité ne faisait que grandir et l'écrasait. Il faisait tout ce qu'il pouvait pour moi, pour nous, mais ma vie professionnelle décollait trop rapidement, à l'instar d'une fusée.

Il aurait probablement préféré que je sois serveuse dans un *diner*. Je l'avais été, ce n'était plus le cas.

Nous avons finalement rompu quand tout ça est devenu trop. Ma santé se dégradait. On m'a expliqué que si je voulais un bébé, c'était maintenant ou jamais. Bob n'était pas prêt ; il avait neuf ans de moins que moi. Tout ça nous tuait. Pendant près de vingt ans, nous avons essayé de nous aimer tout en vivant dans deux mondes différents et, parfois, les deux mondes coïncidaient et nous nous retrouvions.

J'ai fait de mauvais choix ; j'ai essayé de passer à autre chose.

Finalement, j'ai dû mettre cet amour de côté ; je l'ai fait, et lui aussi. Mais j'en ai tiré profit plus que lui. C'est dans ma nature, je suis comme ça.

Le jour où j'ai été nominée aux Oscars pour *Casino*, quand l'une de mes lignes téléphoniques a sonné, j'ai d'abord pensé : *C'est raté pour cette fois*. Mais quand toutes les lignes de la maison et de mon bureau ont retenti simultanément, j'ai pensé : *Nom de Dieu, c'est en train de m'arriver* ; et je peux vous dire que, quand la ligne reliée à l'interphone a sonné elle aussi, j'ai tout de suite su que c'était Bob qui arrivait avec du champagne ; et, ce coup-là, j'ai répondu.

Cours de danse

Les amies d'enfance de Kelly sont souvent restées des amies de la famille à vie. Le 11-Septembre, deux d'entre elles – Robin et Dawn, qui étaient comme deux sœurs pour nous – passaient leurs vacances avec nous sur l'île de Nantucket.

Le 10 septembre, après avoir joué au golf toute la journée, nous avons passé la soirée et la nuit dans un bar karaoké. Comme je bois peu et que je ne suis pas une dingue de karaoké, quand nous sommes rentrées au petit matin dans la vieille maison que nous avions louée, je n'étais pas suffisamment fatiguée pour me coucher et j'ai écouté le premier journal télévisé de la journée. J'étais donc assise devant la télé quand j'ai vu le second avion foncer dans l'une des deux tours.

J'ai immédiatement téléphoné pour louer un break qui nous attendrait sur le port de Boston, et j'ai commencé à essayer de trouver une solution pour faire la traversée jusque-là. Je me suis posée pour rassembler mes idées avant de préparer le café pour les « enfants » que Kelly, Robin et Dawn étaient soudain redevenues à mes yeux.

Le temps s'était évaporé et, de nouveau, j'étais la grande sœur qui devait prendre la situation en main. Reconnaissante d'avoir appris à faire face.

Nous avons finalement pu attraper le dernier ferry qui partait de Nantucket avant que la liaison soit suspendue. La traversée a été pour moi perturbante. En arrivant à Boston j'ai pris le volant du véhicule que j'avais réservé et nous sommes parties en direction de là où vivaient mes parents, en Pennsylvanie, et où je pensais que nous serions en sécurité. Ce qui a été le cas.

J'y ai laissé Robin et Dawn qui vivaient là elles aussi, et Kelly et moi avons commencé notre périple vers l'ouest. Nous avons roulé pendant plusieurs jours, et quand enfin les aéroports ont rouvert, nous avons pris l'avion pour rentrer.

J'étais de retour dans la baie de San Francisco à temps pour participer à un match des Athletics d'Oakland, l'équipe de base-ball, ma présence ayant été prévue depuis longtemps. Les A's m'avaient demandé quel était mon numéro préféré, afin de m'attribuer le maillot adéquat. Tandis que j'arrivais en petites foulées en vue du monticule, avec le numéro 11 dans le dos, les hélicoptères au-dessus de ma tête et des tireurs d'élite placés stratégiquement dans tout le stade, je me suis rendu compte à quel point les spectateurs avaient envie, ou peut-être besoin, que je réussisse mon lancer jusqu'au marbre.

J'aurais pu m'avancer au-delà du monticule pour être sûre d'atteindre le receveur. J'y ai d'ailleurs pensé – qui aurait envie d'échouer ? Mais des années auparavant, Tommy Lasorda, alors entraîneur des Dodgers de Los Angeles, m'avait aidée quand j'avais eu besoin d'apprendre comment lancer pour un show télé auquel j'étais invitée. Il avait répondu à mon appel et m'avait organisé une rencontre avec un joueur de l'équipe pour qu'il me donne des cours ; il ne m'avait pas envoyée balader ni ne s'était moqué de moi. Aussi, ce jour-là, tel un ange gardien, je le sentais penché par-dessus mon épaule et j'ai réussi à atteindre le marbre : de justesse, mais quand même.

Peu de temps après l'effondrement des tours, c'est moi qui m'étais effondrée, et retrouvée allongée sur le sol de la salle de télé, en ayant l'impression qu'on m'avait tiré une balle dans la tête, me demandant qui, cette fois, prendrait soin de moi et me protégerait.

Des semaines plus tard, après sept heures de chirurgie cérébrale au cours desquelles mon artère vertébrale droite a donc été remplacée par une endoprothèse de vingt-trois spirales dans une opération de la dernière chance, je me suis réveillée au service des soins intensifs avec 1 % de chances de survie. Quand j'ai compris ce qui m'était arrivé, j'ai essayé d'arracher la perfusion de Dilaudid, mais me suis entendu dire qu'il fallait que je diminue progressivement, et non brutalement, les doses des médicaments sous peine de risquer une attaque. Super… j'étais donc devenue une toxico. En revanche, personne ne m'a informée de mes faibles chances de survie. J'ai lu ça dans le magazine *People*.

Un infirmier est venu poser une nouvelle perfusion, et pendant qu'il faisait rouler sous ses doigts ma veine toute ratatinée, il s'est mis à me parler de tous les rôles que j'avais joués et qu'il avait trouvés décevants.

Non seulement ça, mais tout mon travail le décevait, et il m'a demandé de m'expliquer.

Pendant tout ce temps, il ne cessait de faire rouler ma veine sous ses doigts. J'ai commencé à croire que c'était peut-être un assassin. Je suis restée très calme et, l'air de rien, je me suis rapprochée du bouton d'appel d'urgence. Une infirmière a fini par arriver après ce qui m'a semblé une éternité. J'ai essayé de paraître guillerette : « Hé, on a du mal à trouver ma veine – peut-être que quelqu'un d'autre pourrait essayer ? » Je l'ai regardée droit dans les yeux et j'ai essayé de rassembler au débotté mes talents d'actrice en prenant un air désespéré afin qu'elle puisse deviner mes pensées. Ça a marché, aurait-on dit, puisqu'elle a renvoyé l'infirmier.

J'étais alors à bout de nerfs, persuadée d'être une actrice merdique. J'ai donc eu l'idée d'appeler une conseillère en évolution professionnelle et l'ai fait venir à l'hôpital. Elle s'est simplement assise à mon chevet, son sac sur les genoux, très calme, et m'a regardée comme pour dire : *Chère madame, vous avez juste besoin d'aller bien*. C'est un très bon exemple de la raison pour laquelle on doit dire non aux drogues.

Je restais éveillée toute la nuit et dormais la journée. Je rêvais non-stop que j'apprenais une sorte de code, un digicode, et que ce code m'était transmis par cinq anges. Je ne pouvais dormir que quand le soleil brillait. Dans le noir, je voyais le noir, les fibres dans l'air, une impression de vide, et j'étais à l'écoute de mon fils. Je ne savais pas si j'allais vivre ou mourir, et je ne savais pas si j'étais censée vivre ou mourir.

Je suis l'une de ces rares personnes qui ont eu la chance de faire mentir les pronostics et de vaincre l'adversité. J'ai donc pu sortir du champ de bataille qu'est l'unité de soins intensifs en neurologie. J'en suis sortie en passant devant la jeune fille de dix-huit ans, qui criait encore, essayant désespérément d'étirer sa colonne vertébrale, dans le lit à côté du mien – sans parents, elle n'avait que sa sœur cadette pour s'occuper d'elle. J'en suis sortie en passant aussi devant mon ancien lit, maintenant silencieux et vide de l'âme qui avait flotté au-dessus, de l'autre côté du poste central des infirmières. Et je suis passée devant les machines au travail, devant les infirmières épuisées, leurs visages doux et nobles m'encourageant à me tenir droite.

Je marchais d'un pas irrégulier, ma jambe droite à la traîne, le côté gauche de mon visage distordu et affaissé, la jambe gauche engourdie à partir du genou jusqu'à l'aine. Je parlais, sans savoir que je bégayais, en croyant que les murs étaient recouverts d'aplats de couleur. J'avais perdu l'ouïe directionnelle à gauche et énormément de poids. Je faisais désormais à peine du 34, pour un mètre soixante-quatorze. En sortant de l'hôpital, j'ai senti le soleil caresser mon visage et j'ai eu le sentiment d'être toute petite, réduite à un simple noyau. Il m'était difficile de rester debout, mais que c'était bon !

Si vous voulez survivre à une hémorragie cérébrale ou, j'imagine, à n'importe quelle autre bataille qui se joue entre la vie et la mort, la première chose à apprendre est : avoir confiance. Mais en qui ? À ce moment-là de ma vie, j'aurais pu avoir la médaille d'or des Jeux olympiques de la paranoïa. Quand on souffre de lésions neurologiques, on ne dort pas beaucoup ou tout du moins on ne dort pas quand tous les autres gens dorment. Mon cerveau essayait de se rebrancher.

Un jour, quelqu'un est venu chez moi pour me faire une manucure et une pédicure. La fille parlait à peine anglais ; elle était vietnamienne. J'ai mis mes pieds dans une eau apaisante, et c'était merveilleux. Elle a attrapé l'un de mes pieds et a dit : « Jrazvorteils ? » Je lui ai demandé de répéter à plusieurs reprises ; j'étais dans le coaltar et n'arrivais pas à la comprendre. Puis elle a levé mon pied pour me le montrer. J'avais autant de poils sur mes orteils qu'un singe. Elle m'a regardé de nouveau et j'ai compris : « Je vous rase les orteils ? »

J'étais donc devenue un yeti. J'étais ce que les soins intensifs du service de neurologie avaient fait de moi, et, croyez-moi, c'était pire que ce que je laissais voir. J'étais calme, j'observais, apathique, et j'étais attentive. Je *devais* être attentive car mon oreille droite était tellement bousillée que je devais tourner la tête à gauche et regarder les lèvres des gens pour comprendre ce qu'ils me disaient. Oui, j'étais bien atteinte. Je m'étais pris une grosse claque.

C'est incroyable tout ce qu'on apprend quand on y est obligé. Je suis devenue une putain de « reine du calme et du silence », un titre que je prise bien plus que celui de reine de beauté du comté de Crawford. Je suis redevenue une « hippie ».

Mes parents ont assuré. Ma mère m'a préparé tous les plats de mon enfance auxquels j'avais renoncé au nom de ma carrière de mannequin et d'actrice. Elle me remplumait. Mon père endossait le rôle de sentinelle. Je dormais toute la journée et restais debout toute la nuit. J'avais l'impression de communier avec les étoiles, avec l'univers. Je n'avais qu'une vague idée de ce qui se passait autour de moi. Ainsi, quand le jardinier est entré chez moi un matin, j'ai eu peur et je me suis recroquevillée dans un coin croyant avoir affaire à un inconnu. J'ai pensé que c'était un voleur. Et j'ai été paniquée jusqu'à ce que je lise sur son visage une immense compassion tandis qu'il m'expliquait qui il était. Et soudain, j'ai compris. J'avais perdu la mémoire immédiate.

Maintenant, je regarde tout ça avec du recul – l'horreur de cette longue période de récupération avec toute la souffrance insupportable qui lui est associée – et je revois ce que j'ai vécu : être assise sur le canapé et avoir soudain l'impression que quelqu'un venait de me donner un coup de poing en pleine figure, ma tête pivotant d'un côté ; je poussais alors un cri comme si on m'avait frappée, et une moitié de mon visage devenait brusquement rouge écarlate. Ou bien, parfois, j'éprouvais une douleur brutale sur le dessus de la tête, et des bosses de deux centimètres surgissaient un peu partout sur mon cuir chevelu. Ou encore, c'était soudain comme si ma jambe saignait ou était mouillée, ou me brûlait. Mes fusibles étaient si embrouillés qu'ils envoyaient des messages bizarres dans tous les sens. J'allais bientôt découvrir que je ne pourrais pas lire pendant environ deux ans ni me rappeler où je venais de poser ma tasse de thé. Pour autant, j'étais debout, en vie, et j'avais un bébé d'un an et demi qui avait besoin d'une mère. Je ne savais pas comment j'allais faire, mais j'étais bien décidée à y arriver.

Tandis que je passais mes journées à demi inconsciente, assise dans ma chambre près de la fenêtre à regarder l'océan, en réparant les jouets Télétubbies de

Roan, ou à essayer de retrouver ma tasse de thé, je ressentais une paix différente de tout ce que j'avais jamais connu jusque-là. Au bout d'une semaine environ, je me suis sentie suffisamment bien pour essayer de descendre de ma chambre. Mon père m'a emmenée marcher et m'asseoir dans le jardin. J'avais pris avec moi le recueil de poèmes préférés de Jacqueline Kennedy Onassis, qu'on venait juste de m'offrir.

Afin d'entendre mon père me faire la lecture pardessus le bruit de l'océan ou du moteur des quelques voitures au loin, je devais tourner ma tête vers lui et me concentrer sur le mouvement de ses lèvres. Ce qui ne me laissait pas le loisir de me plonger dans mes pensées et de préparer mes propres réponses ou conclusions à ce qu'il me racontait. Je ne pouvais pas acquiescer ou réfuter à l'avance. En fait, je devais apprendre à écouter. Vraiment écouter ce qu'un autre que moi disait, y réfléchir et, enfin, répondre. Mon ouïe avait été modifiée pour m'offrir la possibilité d'écouter vraiment et de rester présente.

Nous avons ouvert le recueil et j'ai commencé à le feuilleter, pour choisir un poème, peut-être l'un de ceux que la fabuleuse Madame O. et moi connaissions et aimions, quand j'ai commencé à voir des taches sur la page. J'ai alors pensé que j'étais juste fatiguée. J'en avais peut-être trop fait. Mon père et moi avons continué à parler. Je ne m'étais encore jamais rendu compte à quel point il était intéressant ; combien il pouvait être affectueux et drôle, et combien sa compagnie était agréable. Il m'a aidée à remonter dans ma chambre. J'étais épuisée.

Quand j'ai finalement compris que j'avais perdu non seulement la mémoire à court terme mais aussi celle à long terme, et donc mes plus vieux souvenirs, je me suis posé des questions sur ce que ça signifiait. Quels souvenirs et pourquoi ? Qu'est-ce que mon cerveau rejetait dans son effort pour survivre ? C'était intéressant mais je me demandais si, en fait, je n'étais pas morte ce jour-là et si je n'étais pas devenue quelqu'un d'autre, un nouveau moi. Je me demandais si, en quelque sorte, je ne recommençais pas à zéro.

J'ai donc décidé de m'engager à voir et à dire la vérité. Et d'arrêter de m'enfoncer dans le crâne des trucs merdiques ou sensationnels. Dans la confusion, il fallait faire le tri. Afin d'y parvenir, je n'avais pas d'autre choix que dire la vérité. Je passais des heures devant ma fenêtre, réfléchissant à la possibilité de le faire différemment. Jusqu'à maintenant, je n'avais pas été tendre à l'égard de la vérité. Mais désormais, je pourrais peut-être rester silencieuse et la laisser parler ; lui permettre d'éclore au grand jour donne des forces, et j'étais si faible. Je pourrais aussi permettre aux autres d'être dans le vrai. Et permettre aux choses de se révéler afin que chacun les voie telles qu'elles sont. Je pourrais laisser l'esprit se montrer tel qu'il apparaît à chacun de nous pour apporter la paix. Se taire, parfois, permet à la vérité de se faire mieux entendre. Mais je ne savais pas encore que ça pouvait aussi être très dangereux.

J'ai arrêté de réagir aux situations conflictuelles. Je me suis surprise à observer les autres et moi-même. J'adorais regarder l'animateur Fred Rogers et son émission pour enfants « Mister Rogers' Neighborhood » et j'étais assez surprise d'y voir des ressemblances avec les enseignements de Bouddha. La simplicité, la gentillesse, un cœur pur et une élégance spirituelle semblaient s'allier en un dénominateur commun partout où je m'autorisais à les voir. Dans la mesure où je n'étais tout simplement plus capable de réagir rapidement à quoi que ce soit, j'ai appris que si je réagissais en ayant pu réfléchir, j'avais le temps de faire des choix – de meilleurs choix.

Bien évidemment, ça créait des tensions, car les gens voulaient que je sois celle qui n'était plus, celle que j'avais laissée derrière moi. J'ai commencé à envisager que la perte de cet ancien moi – aussi admiré qu'il ait pu être –, que cette perte, donc, aussi dangereuse et douloureuse qu'elle soit, pourrait être une victoire. Celle en laquelle je me réincarnais ne serait peut-être pas aussi vive, glamour et excitante, mais je savais qu'elle avait des jambes – même si elles étaient encore flageolantes, même si elles ne seraient plus jamais aussi belles.

Toutefois, je n'étais pas certaine que ma vie telle que je l'avais connue disparaîtrait complètement. Certains de mes véritables amis étaient toujours présents, indéfectibles, mais d'autres trouvaient tout ça bien trop déconcertant et décevant. Je ne savais pas si je récupérerais vraiment un jour et si je serais capable de travailler à nouveau : me souvenir de mon texte, avoir l'air présentable et être photographiée en tant que Sharon Stone. J'avais perdu ma place dans la file d'attente. Je ne savais pas si vivre était une tâche possible à remplir, étant donné ma situation.

La nuit, allongée sur mon lit sans dormir, je me demandais comment continuer. Je ne pouvais pas voir normalement : des aplats de couleur apparaissaient sur le mur et le sol ondulait sous mes pieds quand je marchais ; chaque fois que je clignais, des éclats de lumière rapides apparaissaient au coin de mes yeux. Quand j'essayais d'en parler avec les médecins, ils me faisaient passer des tests. Je devais toucher mon nez les yeux fermés, me tenir sur une jambe, sauter sur une jambe, réagir quand on tapait sur mon genou avec un petit marteau, tout ça pour m'entendre dire : « Tout va bien. » J'avais survécu, ce qui en soi, après ce que j'avais vécu et enduré, était si rare que, aux yeux de tout le monde, le reste n'avait pas d'importance.

Personne n'a jamais évoqué la nécessité pour moi d'avoir un suivi médical – des soins postopératoires. Et donc, pendant des mois, j'ai vécu au fond d'un gouffre de souffrances. Perdue, me posant des questions, dormant plus ou moins toute la journée, dévastée. Jusqu'au jour où mon tout jeune fils est entré dans ma chambre et que, de toutes ses petites forces, il a renversé le valet de cheminée en faisant un tel boucan que j'ai eu l'impression que ma tête allait exploser. Je ne pouvais pas le croire. Je l'ai alors regardé, debout devant moi, dans sa petite salopette ; il a levé les yeux sur moi, allongée dans mon lit, et a dit : « Plus jamais les pyjamas, maman. » Il se battait pour moi. Il avait pris position.

Je ne savais sérieusement pas quoi faire. Je l'aimais tellement ; et je savais qu'il avait besoin de moi autant que moi j'avais besoin de lui. La distance entre le lit et le sol me paraissait si grande. J'étais hors du monde depuis des mois. Et je l'aimais tant.

Je me suis levée, j'ai pris un bain avec mon fils assis près de la baignoire. Et je me suis habillée. J'ai fait un effort. J'ai appelé mon ami Quincy Jones à L.A., qui, je le savais, avait eu deux ruptures d'anévrisme et non seulement avait survécu mais restait un super professionnel et un grand philanthrope. Il m'a prise sous son aile, une aile affectueuse. Il nous a ainsi invités pour le réveillon de Noël.

Quand nous sommes arrivés chez lui quelques semaines après mon appel, il lui a suffi de me jeter un simple coup d'œil pour me dire : « Ça ne va pas.

— Non, ai-je répondu. Je ne vois pas bien. Et je suis terrifiée. Je ne sais pas quoi faire.

— Je veux que tu puisses voir le meilleur médecin qui soit. Il va s'occuper de toi », m'a-t-il dit en me rassurant, avec beaucoup d'affection. Bien sûr, le médecin, Hart Cohen, était en congés, mais j'ai pu lui parler au téléphone ; et même par téléphone, il a vite deviné que j'avais eu une attaque cérébrale, dont les séquelles pouvaient disparaître en suivant l'un des sept traitements qui existaient, et nous sommes convenus d'un rendez-vous pour qu'il puisse m'examiner. J'étais pleine d'espoir, mais pas convaincue.

Je l'ai vu. Et j'ai commencé l'un des traitements prescrits. Ça m'a aidée, mais ce n'était pas ce qu'il y avait de mieux pour moi ; j'ai vite repris beaucoup de poids et mes symptômes n'ont pas complètement disparu. Bien évidemment, mon apparition à L.A. a attiré l'attention : la saison des Oscars 2002 approchait, et on m'a demandé d'être présente à la cérémonie en duo avec John Travolta. Je suis retournée chez le médecin en pleurs.

Il m'a regardée et, d'une voix douce pleine d'assurance, il a dit : « Vous allez y arriver. Sans problème… vous verrez. » Il m'a prescrit un nouveau traitement et un régime alimentaire à forte teneur en protéines. Je l'ai respecté à la lettre. J'avais un but. Quelques jours ont suffi pour que je puisse retrouver la vue. Les éclairs ont cessé, les aplats de couleur sur les murs ont disparu ainsi que mes difficultés d'élocution et, progressivement, je retrouvais l'ouïe. Quelques semaines plus tard, je me rendais à la répétition de la cérémonie des Oscars. J'ai essayé de m'adapter. J'étais complètement introvertie, comme quelqu'un qui aurait suivi une thérapie par déprivation. Autour de moi, tout le monde a fait de son mieux ; les gens ont été merveilleux, et j'ai fait de gros efforts pour pouvoir m'en sortir. J'étais dans une situation intéressante. J'étais pleine de compassion, comme jamais je ne l'avais été auparavant. Je voyais mes collègues artistes comme des êtres fragiles, portant un masque – une armure sociale – afin d'être capables de supporter la pression que de grosses attentes faisaient peser sur eux. J'étais silencieuse, posée et me tenais à l'écart. Dans cet environnement chaotique, j'ai trouvé des moyens d'être présente en toute discrétion, et je me sentais pleine de sagesse. Je n'éprouvais aucun manque d'affection, j'étais calme, et je comprenais l'énorme effort que tout le monde faisait : je voyais clairement l'énergie que les autres déployaient pour être aimés.

John Travolta, que j'ai eu la chance d'avoir pour cavalier ce soir-là, est un danseur particulièrement talentueux. Rien que de le regarder vous illumine et vous donne envie de sourire et de danser. Ainsi, les photos sur lesquelles on le voit danser avec la princesse Diana sont devenues légendaires.

Le jour de la répétition, j'ai évoqué l'idée que ce pourrait être amusant de danser sur l'estrade. Bien sûr, je ne savais pas si j'en étais capable, mais je voulais vraiment tenter de me dépasser ; après tout, j'étais de nouveau capable de marcher, non ? John n'a d'abord pas répondu. Je n'ai pas insisté. Le lendemain, jour de la cérémonie officielle, assise dans le hall, j'étais sur des charbons ardents. Il est arrivé et il a demandé à voir ma robe. Je me suis timidement levée et il m'a fait tournoyer.

« Une robe parfaite pour danser, a-t-il dit avec tout le charme dont il était capable. Allons-y. Arrivons chacun d'un côté de la scène et rejoignons-nous au milieu pour y danser. »

Mon cœur battait à tout rompre. Tout juste deux semaines plus tôt, je pouvais encore à peine marcher. Et maintenant, j'allais danser. Je pouvais le faire, oui. Je pouvais danser. Je l'ai regardé dans les yeux. Et j'ai dit oui. Il est alors parti de son côté. J'ai prié à l'intention de l'univers : « Laissez-moi danser, pour moi, pour que je sache que je peux. Laissez-moi danser pour tous ceux qui ont besoin de savoir qu'ils peuvent. »

J'ai laissé libre cours à ma joie, ma gratitude ; j'étais parvenue si loin. Avoir la foi, c'est ça la question. Avoir la foi, c'est ça la réponse. Croire. C'était devenu mon mantra. J'ai parcouru la scène comme en flottant et j'ai regardé mes si talentueux, si épatants compagnons membres de l'académie des Oscars dans les yeux. Ils souriaient, riaient, profitant à fond de l'instant présent. Nous étions tous de bonne humeur. Et eux n'avaient pas besoin de savoir pourquoi.

Prières exaucées

Il n'y a rien de plus douloureux ou toxique pour le corps que son propre sang là où il n'a aucune raison de stagner. C'est du moins ce qu'on m'a dit quand j'ai continué à me demander pourquoi ma vie ressemblait à des mouchoirs en papier sales et déchiquetés. Il a fallu presque deux ans pour que mon corps résorbe son trop-plein de sang.

Je pensais qu'il fallait que je fasse de l'exercice mais j'avais peur, rien qu'en marchant trop vite, de déclencher une autre attaque (évidemment juste en face de chez mes voisins, ceux qui ne répondaient jamais à mes bonjours) et de mourir sur le trottoir. Je pensais qu'il fallait que je travaille. Mais je ne voyais toujours pas assez pour lire. Malgré la chirurgie Lasik pour les yeux que j'avais subie quelques mois seulement avant l'hémorragie cérébrale, et qui m'avait permis de retrouver une vue aussi aiguisée que celle d'un aigle, d'un faucon ou de n'importe quel autre volatile dont la réputation n'est plus à faire, il s'est avéré qu'après mon attaque ma vue a été endommagée : les mots bavaient sur la page, ils étaient brouillés, décolorés et édulcorés par des zones d'ombre. Je suis donc allée voir un ophtalmologiste spécialisé en neurochirurgie, le docteur Howard Krauss. J'avais déjà rencontré tellement de médecins que j'avais l'impression d'être devenue experte médicale. J'ai appris que porter des lunettes ne m'aiderait en rien. J'avais eu une lésion cérébrale. Ce pourrait être la chute d'une histoire drôle : une grande blonde à gros seins et longues jambes souffre de lésions cérébrales. Amusant, non ? Deux ans, oui, c'est ce que m'a dit le docteur Krauss. Deux ans et je pourrais de nouveau voir normalement. Entre-temps, ça s'améliorerait progressivement. Ce qui a été le cas. Depuis, évidemment, je suis devenue une femme d'âge mûr et j'ai désormais besoin de porter des lunettes. J'incarne la chute d'une histoire drôle. À moins que je n'aie déjà vécu ma chute.

J'ai trouvé un nouvel agent, qui m'a annoncé que je n'étais plus sur la liste des actrices « approuvées » par les studios de cinéma. Je n'avais pas eu de grands rôles depuis trop longtemps. Il fallait que je tourne dans un blockbuster. Il fallait que je tourne dans des films qui rapportent de l'argent afin de revenir dans le business. Si ce n'est que personne n'avait vraiment envie de m'engager car j'étais hors circuit. Catch 22[1]. Une autre blague.

---

1. « Catch 22 » est une expression utilisée, en référence au roman éponyme de Joseph Heller, pour désigner une situation où un individu ne peut éviter un problème en raison de la contradiction des règles. Dans le livre, l'article 22 du règlement intérieur de la base aérienne prévoit que « Quiconque veut se faire dispenser d'aller au feu n'est pas réellement fou ». Ainsi, alors que quelqu'un en mauvaise santé mentale n'est pas obligé de prendre part aux missions aériennes, s'il fait état de sa maladie

Le bon côté des choses est que le médecin qui s'était empressé de faire des déclarations au magazine *People* avait dit que j'avais juste eu une rupture d'anévrisme et que le sang était résorbé. Et donc personne ne pouvait se douter des risques que je courais. Au moins, je n'avais pas à m'inquiéter de ne plus avoir un poil sur le caillou – car à Hollywood, après tout, nous sommes tous des *beautiful people*. Les couvertures tristes du magazine *People* ne nous aident pas à trouver du travail. À moins que ce ne soit pour annoncer que vous êtes de nouveau célibataire car, comme nous l'avons appris, « bonne à baiser égale bonne à être engagée ».

Je n'ai jamais repris mon poids habituel. Je suis devenue une version anguleuse, maigrichonne de celle que j'avais été. Celle qui ne me manque pas ; comme si elle était une personne que j'aurais connue très intimement mais qui n'était pas moi. Comme tous les gens d'une soixantaine d'années, je me souviens de mon enfance, et d'à peu près tout de ma vie d'adulte. Mais je vois désormais les choses d'avant avec objectivité.

J'imagine que la plupart de celles et ceux qui ont vécu une situation extrême, au cours de laquelle on frôle la mort, ressentent la même chose. J'en ai parlé avec des soldats. J'ai aussi parlé à Aron Ralston[1], le

---

en demandant à être exempté, on considère qu'il montre de la sorte sa bonne santé mentale et doit en conséquence prendre part aux opérations militaires.

1. Aron Lee Ralston est un ingénieur et un alpiniste devenu célèbre en 2003 quand, coincé au fin fond d'un canyon reculé pendant six jours et cinq nuits lors d'une randonnée, il s'est lui-même amputé l'avant-bras droit avec son canif dans le but de survivre.

gars qui a dû se couper un bras pour ne pas rester coincé sous un gros rocher au fond des gorges de l'Utah. Chaque fois que je rencontre quelqu'un qui a failli mourir, c'est comme si nous avions pris un raccourci. Nous sommes sans bagage. Nous avons besoin d'être utiles.

Au fil des années, beaucoup de gens m'ont demandé ce qui m'avait incitée à travailler pour l'association de lutte contre le sida – l'International AIDS Society. J'ai donné de nombreuses réponses dont beaucoup n'expliquaient que partiellement la décision que j'avais prise ; aucune d'entre elles n'était tout à fait juste, aucune n'était la vraie et seule raison, la raison essentielle et qui s'était imposée d'elle-même.

Oui, c'est vrai, en 1986 je suis rentrée d'Afrique avec mon premier mari, Michael Greenburg, et nous avons alors déménagé à Mandeville Canyon, où Elizabeth Glaser[1] était notre voisine. Pendant qu'elle se battait pour rester vivante après avoir été contaminée à la suite d'une transfusion sanguine, et qu'elle s'assurait que sa famille reste saine et sauve, nous l'avons aidée dans son travail pour l'association locale de lutte contre le sida chez les enfants, pour laquelle je travaille toujours, avec le pédiatre qui s'est occupé des miens, le docteur Peter Waldstein, et sa merveilleuse épouse, Laurie. Il est vrai aussi que mon très

1. Elizabeth Glaser était une militante américaine ayant lutté très tôt contre le sida. Elle a contracté le VIH dès le début de l'épidémie du sida, après avoir reçu une transfusion de sang contaminé à la suite d'une importante hémorragie lors de son accouchement. Elle a transmis le virus à sa fille et à son fils, en les allaitant.

cher ami Roy London est mort du sida, et plusieurs de mes amis, collègues et connaissances du temps où j'étais mannequin, ou encore des artistes et des acteurs que j'ai connus, sont morts de cette horrible maladie. Mais ce n'est pas là la raison première de mon engagement.

La raison première remonte à l'époque où j'avais vingt-quatre ans ; je venais de me marier avec Michael, que j'avais rencontré au cours du tournage d'un téléfilm à Las Vegas. C'était génial : nous travaillions avec Rock Hudson et James Earl Jones. Un casting inhabituel pour un téléfilm. Mais mon agent de l'époque avait rompu mon contrat pour m'envoyer tourner en Afrique du Sud pour une société de cinéma qui achetait des rands – la monnaie locale – pour quelques dollars et faisait donc des films pour pratiquement rien. Richard Chamberlain et moi avons été engagés pour jouer dans le film peu glorieux *Allan Quatermain et les mines du roi Salomon*. Le tournage, nous avait-on dit, allait durer trois ou quatre mois, ce qui est une durée moyenne. *D'accord*, ai-je pensé. *Je suis une gamine de la campagne – et c'est comme si je partais faire du camping.* Après tout, je ne connaissais rien de la vie dans le tiers-monde.

En fait, le tournage a commencé au Zimbabwe. Quand je suis arrivée là-bas et que j'ai vu l'état de l'hôtel, j'ai été horrifiée. Le sol couvert de tapis n'avait jamais vu un aspirateur ; ils n'avaient d'ailleurs pas d'aspirateur ; ils nettoyaient les tapis avec des serpillières et un produit qui sentait l'ammoniaque ; à quatre pattes, devrais-je ajouter, et avec des serpillières sales. Nous étions en 1984.

La première nuit, j'ai entendu un bruit étrange venu de l'extérieur. J'ai jeté un coup d'œil circonspect dehors et vu des animaux énormes, de la taille d'éléphants – seuls gros animaux que j'avais vus en vrai, un jour, au cirque –, mais qui n'étaient pas des éléphants. C'étaient des buffles d'Afrique, des buffles noirs des savanes, qui broutaient là, juste sous ma fenêtre. Je n'en croyais pas mes yeux, ils étaient gigantesques. Rien de ce que vous pouvez imaginer en voyant le côté pile d'une vieille pièce de cinq cents[1]. Ils étaient trois et, de l'autre côté de la vitre, me regardaient droit dans les yeux. J'ai réveillé Michael. Nous sommes restés à la fenêtre comme deux gosses, bouche bée, en riant, nous regardant, émerveillés.

Mon père m'avait appris à marcher dans les bois sans faire de bruit ; il m'avait appris des tas de choses sur les chevreuils, les renards, les lapins et les ours… mais ça ? Eh bien, comme je l'ai découvert, pister un animal, quel que soit l'animal, requiert les mêmes méthodes. Chaque jour, quand nous avions terminé de tourner, je prenais la tête d'un safari à travers le bush avec mon chauffeur, que mon habileté à repérer et épier les éléphants, girafes, renards à oreilles de chauve-souris et hippopotames se baignant dans le fleuve, stupéfiait. C'était devenu mon refuge.

Michael et moi avions décidé de vivre sur notre allocation journalière. C'était l'argent que nous recevions pour nos frais, tels que la nourriture, le service de blanchisserie, etc. Nous envoyions nos salaires à

1. Le *Buffalo nickel*, pièce de monnaie produite entre 1913 et 1938, représentait un buffle sur son revers.

notre banque aux États-Unis. Tout ce dont nous avions besoin ou envie, nous en faisions abstraction ou attendions pour nous l'offrir, et nous vivions donc ainsi à peu près comme tous les gens autour de nous. Nous cherchions à vivre la vie du pays où nous étions – du moins, c'est ce que nous croyions.

Bien évidemment, nous étions naïfs. Nous ne savions pas que nous avions atterri dans un pays aux frontières fermées, dévasté par la famine, la sécheresse, à la population mourant de faim, un pays frappé de plein fouet par la crise. Au début, nous étions sous la protection de notre équipe cinématographique, la « famille », comme on dit ; on nous conduisait sur les lieux du tournage et, à la fin de la journée, on nous ramenait à notre hôtel.

Puis la sécheresse a cessé et les pluies sont arrivées. Les premiers jours, nous avions fonctionné comme d'habitude : nous nous levions, on nous maquillait et nous nous tenions prêts afin que la compagnie d'assurances reconnaisse notre bonne volonté – et nous paie. Mais il était impossible de travailler. La pluie a duré pendant des mois. C'était incroyablement déprimant. Michael et moi étions des gosses gentils, végétariens, en bonne forme physique, tout sauf des toxicos. Mais, pour finir, mon coiffeur m'a rapporté du haschich noir du Congo – sous forme d'une balle toute ronde, de la taille d'une mandarine. Il a dit : « Shazza[1] chérie, il faut que tu arrêtes de pleurer. Fume un peu de ça et tu te sentiras mieux. » Michael et moi avons essayé et avons ri pendant trois jours. Et je dois bien avouer que nous allions mieux.

1. Argot australien, diminutif de « Sharon ».

La pluie a détruit les décors, qui avaient été construits en extérieur. Nous avons dû tout arrêter. Les Zimbabwéens ont décidé que c'était Richard Chamberlain et moi qui avions apporté la pluie, et ils nous ont surnommés « le roi et la reine de la pluie » ; ils ont alors organisé une cérémonie en notre honneur et nous ont donné des couronnes de fleurs et de vigne vierge. Quant aux producteurs, ils ont décidé de réduire les pertes financières et de faire deux films plutôt qu'un.

Nous avons donc fini par rester en Afrique pendant un an, et ça nous a transformés, nous avons changé. Nous avons traversé pas mal d'épreuves ; ça n'a pas été facile. Il y a eu entre autres le problème de la fermeture des frontières : quand nous avons perdu une roue de la dolly[1], nous n'avons pas pu en faire venir une autre. Honnêtement, nous n'avions rien : pas de nourriture correcte, rien. J'avais toutefois réussi à obtenir qu'on nous envoie un vieux poste de télévision, un magnétoscope et une énorme caisse de cassettes vidéo. Le premier film que j'ai passé a été *Lawrence d'Arabie*. Tout le personnel de l'hôtel était hypnotisé. Ils n'avaient jamais vu un film. C'était merveilleux.

Dans le même temps, je suis allée en cuisine où j'ai trouvé de la farine, de l'eau et d'affreuses vieilles conserves de légumes, et j'ai préparé une pizza pas très orthodoxe. Jusqu'à ce jour, c'est la fête la plus réussie à laquelle j'aie jamais participé : du haschich

1. Support de caméra sur roues ou rails, souvent muni d'une petite grue d'élévation, permettant de réaliser un travelling sans à-coups.

noir du Congo, une mauvaise pizza, et ce film avec les gens de l'hôtel qui regardaient derrière le poste de télévision pour voir d'où ça venait. Nous étions heureux, et c'était magnifique. Nous étions sales, pauvres, nous avions faim, mais étions remplis d'amour.

Nous avons aussi fait une fête pour Halloween et avons converti tout le monde à cette idée folle. Je me suis occupée du déguisement des femmes. Et ces mêmes femmes m'ont appris à danser. Oh mon Dieu, c'était formidable – je pouvais enfin bouger mon cul plat et blanc. Ces femmes savaient *vraiment* danser. Je suis devenue amie avec une famille épatante qui avait connu un revers de fortune tout de suite après la guerre et qui avait une étonnante vieille demeure délabrée et une vieille Rolls-Royce. Leur fille m'invitait pour boire du thé accompagné de biscuits, un rituel quotidien qui a duré tout le temps du tournage. Elle me faisait des soins du visage dehors près du poulailler pendant que sa mère, Maureen, nous préparait à manger. Ils m'ont presque adoptée, et nous sommes restés amis jusqu'à aujourd'hui.

Le fils de Maureen, qui est maintenant adulte, est très sérieusement impliqué dans la protection des rhinocéros. C'est aussi un musicien talentueux, et pouvoir désormais communiquer avec lui par e-mail me réjouit énormément.

Nous avions coutume de dire : « Vous adorerez l'Afrique – vous l'aurez dans la peau, nulle part ailleurs vous ne verrez de si beaux levers et couchers de soleil. Mais aimer l'Afrique est impossible – la vie y est trop dure. »

Et nous avons vraiment eu la vie dure. Je m'en suis réellement rendu compte le jour où j'ai commencé à perdre du sang et où j'ai dû me rendre à l'hôpital. Les infirmières pensaient que je faisais une fausse couche, ce qui aurait été possible. On m'a installée sur une civière dans le hall et j'y suis restée. Il n'y avait pas de médicaments, rien pour arrêter l'hémorragie ou la contenir, pas de médecins pour s'occuper de moi. Partout autour de moi, des hommes, des femmes et des enfants mouraient tragiquement : sur des civières, à même le sol, dans toutes les salles.

Merde, que se passait-il ? Je ne comprenais pas. Ils étaient si malades, si affreusement malades, souffrant, se tordant et criant de douleur. Michael m'a apporté quelques comprimés de Valium qu'il avait pris avec lui avant de partir – ça m'a assommée –, et une infirmière qui, de temps à autre, m'essuyait le front, m'a donné des chiffons pour éponger le sang jusqu'à ce que l'hémorragie cesse. J'ai alors pu rentrer à l'hôtel – Dieu merci sans avoir reçu de traitement ni de transfusion. J'ai eu de la chance.

Nous avons fini par quitter le Zimbabwe pour rejoindre l'Afrique du Sud. Nous étions en plein conflit lié à l'apartheid. On mitraillait à mort des petits enfants juste à quelques kilomètres de là où nous tournions. Tués par balle assis sur leurs chaises d'école, sans raison. Les gens étaient soumis au supplice du pneu, qui consiste à mettre un pneu autour du cou ou du corps du supplicié attaché puis à y mettre le feu avec de l'essence.

J'étais là lors de l'incendie de Soweto. Nous avons volé des talkies-walkies sur le plateau de tournage et avons organisé un raid dans le township. Nous avons découpé la clôture et aidé les gens à sortir. Nous avons menti et nous sommes entrés par effraction dans le bureau de la production pour essayer de téléphoner. Nous avons fait tout ce que nous pouvions. J'ai demandé à des gens de l'équipe de donner leur allocation journalière pour aider ceux dont les baraquements avaient été réduits en cendre (car ils avaient voté pour le « mauvais » parti) à reconstruire un habitat. J'ai collecté l'argent dans de grandes boîtes de café. Nous avons aussi bricolé le système satellite afin de pouvoir utiliser les lignes téléphoniques de l'international. Nous avons ainsi essayé d'obtenir de l'aide de l'extérieur, d'alerter les gens à propos de ce qui se passait là-bas.

J'ai aidé mon amie qui travaillait sur le film avec nous à sortir, elle et sa famille, d'Afrique du Sud. Nous sommes finalement tous rentrés. C'est là que j'ai découvert que mon ami et mentor Rock Hudson était en train de mourir du sida. C'était peu de temps après que j'avais compris ce qui se passait dans l'hôpital du Zimbabwe ; ce dont j'avais été témoin.

Je n'ai jamais raconté à qui que ce soit ce que j'avais vu. J'en étais incapable. C'était trop violent, trop brutal, au-delà de tout ce que quiconque pouvait comprendre.

Des années plus tard, quand les membres de l'amfAR, fondation pour la recherche contre le sida, m'ont approchée pour remplacer le temps d'une soirée Elizabeth Taylor à Cannes, j'ai cru que j'allais m'évanouir. J'avais vu, de mes yeux vu, ce qui se passait en Afrique, j'avais vu des gens que j'aimais mourir aux États-Unis de cette terrible maladie, et j'avais pensé être impuissante face à ça. J'avais pensé ne rien pouvoir y faire.

Mais il n'y a jamais « rien » qu'on ne puisse faire.

L'année où j'ai joué dans *Mort ou vif*, j'ai décidé de rester à Tucson pour Thanksgiving et de travailler en cuisine pour l'Armée du Salut. Là-bas, personne ne savait qui j'étais, on savait simplement que je servais des plats chauds et que j'étais gentille. J'ai adoré voler du lait pour les mères démunies et le cacher dans les couvertures de leurs bébés. J'ai adoré servir à table – j'étais devenue assez bonne serveuse à l'époque où j'étais à la fac et, avant ça, quand j'étais serveuse à Meadville. J'étais rapide et aimable, et capable de porter six assiettes en même temps.

Au moment du départ, je me suis rendue à la nursery des enfants malades du sida. On y trouvait quelques infirmières, mais pas assez au regard des soins requis. Certains des bébés pleuraient, certes, mais l'un d'entre eux hurlait, sous l'effet sans doute d'une crise psychotique, ce qui est tout autre chose. Le genre de cri que vous ne voulez jamais entendre. Un cri, continu, entre celui d'un chat et d'un enfant.

J'ai demandé si je pouvais prendre cet enfant dans mes bras, si ça ne posait pas de problème. L'infirmière m'a répondu : « Faites ce que vous voulez. » J'ai donc tenu ce petit garçon dans mes bras, ce bébé de six ou peut-être huit mois, c'est difficile de savoir avec les bébés atteints du sida. J'ai tout essayé : je l'ai bercé, tenu calmement dans mes bras, je lui ai chanté une berceuse ; et, tout en marchant, je suis tombée sur un autre bébé, une petite fille d'à peu près son âge et qui, à l'inverse, restait complètement muette, inerte. Elle avait le regard vide. Elle avait renoncé à se battre, elle avait lâché prise. Tout en tenant le petit garçon, j'ai essayé de caresser sa petite tête duveteuse, mais elle n'a pas réagi.

J'ai demandé à l'infirmière : « Je peux les mettre tous les deux ?

— Comme je vous l'ai dit, faites ce que vous voulez. »

Et c'est ce que j'ai fait : j'ai posé le bébé hurleur près du petit poussin duveteux et amorphe. Le premier a cessé de hurler immédiatement. Et la petite fille, quant à elle, l'a regardé, comme émerveillée, comme si elle le reconnaissait. L'infirmière a accouru vers nous. Nous sommes restées là toutes deux, sans bouger, les larmes aux yeux. Les deux bébés avaient clairement vu quelque chose dans le regard de l'autre. Leurs petites mains se touchaient, leurs petits yeux égarés se cherchaient ; ils étaient connectés – en lien l'un avec l'autre. Tous deux se réveillaient de leur cauchemar.

Cette expérience m'a transformée.

Quand j'étais au plus bas, j'étais immensément reconnaissante que les gens viennent me voir à l'hôpital et prient pour moi. Je sais que dans certains restaurants où j'avais l'habitude d'aller, le personnel organisait des cercles de prière pour moi. Je sais que certaines nonnes au Tibet ont prié pour moi. Des gens que je connaissais à peine, et d'autres pas du tout, ont prié pour que je survive. Je suis persuadée que tous ces gens-là m'ont permis de rester en vie. Je suis submergée de gratitude. C'est pour cette raison et pour eux que je vis une vie utile, au service des autres.

Cages

Au lycée, j'ai eu la meilleure de tous les profs de dessin, Mrs Kluz. L'été, elle partait en voyage et enregistrait les sons ambiants. Quand elle rentrait, elle apportait ses enregistrements en cours et nous demandait de les peindre. Oui ! peindre les sons. C'était vraiment excitant de penser à des lieux en fonction de leurs sons ambiants. Je me souviens de la fois où elle a rapporté les sons du métro new-yorkais, j'étais fascinée. Qu'était-ce ? C'était quoi tous ces couinements et tous ces grondements ? De quoi parlaient tous ces gens ? Où allaient-ils ? Que se passait-il, que se passait-il, que se passait-il ? J'étais loin de me douter qu'à peine un an et demi plus tard je travaillerais comme mannequin au milieu de ces mêmes sons.

Elle nous avait confié un projet pour lequel la technique de dessin choisie devait être à l'image de la chose que nous dessinions. Ainsi j'ai dessiné un labyrinthe du mot *unique*. Elle a montré ce dessin à toute la classe comme modèle. Et, pour la première fois, je me suis sentie spéciale. Mrs Kluz m'avait en quelque sorte libérée. Cette même année, elle a eu une attaque. Elle est restée complètement paralysée de son côté dominant. Pour autant, elle est revenue à l'école et a appris à dessiner avec son autre main. Elle était jeune, branchée, belle, et elle ne s'arrêtait jamais ; elle tenait le coup. Elle m'inspirait et, aujourd'hui encore, elle m'inspire.

Se faire honneur à soi-même requiert une certaine discipline.

Je me demande parfois si je n'aurais pas moi-même eu une attaque cérébrale parce que je me suis trop éloignée de ma voie naturelle ; de mon véritable chemin de vie. Je me demande si le corps crie quand on n'obéit pas à qui on est vraiment, quand on essaie, comme on dit, de marier la carpe et le lapin. Ce que j'ai fait – au lieu d'être vraiment moi. Au lieu d'être Sharon l'artiste, Sharon la mère, l'amie, la sœur, l'amoureuse, la fille, la voisine, un membre de la communauté – tout ce qui est naturel et bon pour moi.

Au cours de ma vie passée, j'ai compris que pour la plupart des gens entendant parler d'abus sexuels, de maltraitance, l'auteur de ces délits a forcément l'air dominant : c'est lui qui, pense-t-on, contrôle la situation. Les victimes, elles, auront l'air dévastées et folles, comme si elles étaient défoncées, mentaient ou étaient trop fragiles pour qu'on les croie et qu'on puisse compter sur elles. Leur désarroi paraît étrange, peu fiable. L'auteur des sévices, au contraire, paraîtra calme, solide, puisque c'est lui qui a réduit l'autre à la soumission ; et donc, bien évidemment, il paraît maître de la situation.

On semble oublier que, en réalité, c'est l'agresseur qui est faible, un homme brisé et sérieusement malade

– avec de gros problèmes psychiatriques. D'autant que la victime, prise au dépourvu, ne sait pas si celui-ci lui fera subir d'autres abus, quels qu'ils soient, ou la tuera. Et, si ces prochains sévices sont destinés à une autre personne que soi, la peur est démultipliée.

Même si l'agresseur se pavane, la réaction de la victime ne s'aligne pas sur ce comportement et donc, une fois encore, c'est elle qui paraît étrange. Et même quand l'auteur de ces sévices ment et est attrapé, on croit à une erreur car la victime est trop désemparée ou introvertie pour prendre la parole, pour oser s'exprimer.

Quand vous avez été une fois victime de tels abus, les possibilités que ça se reproduise se multiplient, comme si d'autres auteurs de tels crimes pouvaient le sentir. À moins que vous vous en sortiez sans dommage, que vous vous fassiez aider, que vous racontiez votre vérité à quelqu'un qui vous écoutera, que vous suiviez une thérapie de suivi post-traumatique et que vous fassiez une déclaration officielle des faits. C'est très important d'en informer un professionnel. Ça peut et pourra vous protéger, vous et ceux que vous aimez. C'est aussi très important de tenir un journal des faits. Prendre en note ce qui vous arrive ou vous est arrivé sur un ordinateur verrouillé et auquel l'auteur de vos sévices ne peut avoir accès. Ces notes auront valeur de document légal. Elles seront votre meilleur allié à l'avenir, à l'instar d'un avocat, quand vous en aurez besoin. Ça peut vous sauver la vie.

Si vous êtes concernée, servez-vous de ce que je vous raconte comme de leçons à tirer de ma vie et de mes expériences.

Quand je faisais des recherches pour mon rôle dans *Dernière danse*, je me suis rendue à la prison pour femmes du Tennessee. J'ai demandé à y être enfermée toute une journée comme détenue placée à l'isolement et soumise au régime de sécurité maximale. Je n'étais jamais allée dans une prison pour femmes, et je n'avais jamais parlé à un détenu placé en régime de sécurité maximale. Je devais jouer le rôle d'une femme qui a commis un meurtre de sang-froid quand elle avait dix-huit ans. J'avais donc pris contact avec la prison et j'entretenais une correspondance avec l'une des détenues, que je devais rencontrer après cette journée passée enfermée.

À mon arrivée, j'ai subi une fouille au corps complète – tous mes orifices ont été inspectés : le nez, les oreilles, le vagin, l'anus –, et j'ai été dépouillée de tout ce que j'avais sur moi, y compris ma dignité ; on m'a mis les fers aux pieds, on m'a menottée, et on m'a conduite jusqu'à ma cellule dans le quartier des condamnées à mort. La directrice de la prison m'avait assuré que mon anonymat serait préservé. Mais le chemin pour arriver à cette cellule m'a paru d'autant plus long qu'il a été rythmé par des coups frappés sur les barreaux de chaque côté du couloir, aux cris de : « Va te faire foutre Sharon Stone, on t'emmerde. Va te faire foutre, enculée, putaindenculéedesharonstone », et des tas d'autres variantes du même genre. Sans parler des chaînes aux pieds qui ont très vite commencé à m'infliger des ecchymoses à l'arrière des chevilles.

Le petit quartier des condamnées à mort disposait de neuf cellules. Quand j'y suis entrée, j'ai vite appris plusieurs choses. Par exemple, le guichet dans lequel tu passes tes bras pour qu'on t'enlève les menottes est aussi un moyen par lequel communiquer avec les autres détenues. Par conséquent « jouer à guichet fermé » prend immédiatement une nouvelle signification. J'ai appris aussi qu'au moment de partir à la douche, il faut tendre les bras devant soi pour qu'on vous repasse les menottes – il est hors de question de sortir de la cellule sans menottes et sans fers aux pieds – et, une fois sous la douche, il faut de nouveau tendre les bras, pour qu'on vous retire les menottes. Les autres femmes n'étaient pas franchement heureuses d'avoir de la compagnie. Les « va te faire foutre » ont continué. Je les entendais quand j'étais assise sur la cuvette d'aisance en métal sans lunette, ou installée sur le lit en métal avec l'impossibilité de rester assise sans me cogner la tête au sommier du lit superposé inutilisé, ou encore quand je jetais un coup d'œil vers la fenêtre, trop sale pour que filtre un quelconque rayon de lumière. La pièce était trop petite pour qu'on puisse tourner en rond ou même marcher en ligne droite. Il faisait froid, trop froid pour que la couverture rugueuse, sur le matelas peu épais, me réchauffe suffisamment. Certes, nous étions dans le quartier des condamnées à mort et non au Four Seasons.

À la fin de la journée, les gardiennes m'ont conduite – toujours menottée et les chevilles enchaînées, dans ma tenue orange de condamnée à mort – jusqu'à la femme avec laquelle je correspondais. Je l'ai rencontrée dans une pièce aseptisée au sol recouvert de linoléum et meublée d'une table avec deux chaises. C'était une petite femme blonde qui, sans aucun doute, avait été une belle femme, une intellectuelle.

Un représentant de la prison est resté avec nous. Nous avons parlé de la vie dans ce quartier de haute sécurité, de sa codétenue, de leurs relations, de ce qu'elles faisaient pour que les journées paraissent moins longues. Elle m'a donné un aperçu de comment des amitiés se créent à l'intérieur de la prison tandis que celles du monde extérieur s'évanouissent. Je lui ai demandé les raisons de sa détention. Comme beaucoup de femmes en prison, et certainement de celles qui sont dans le quartier des condamnées à mort, elle avait tué son époux.

Je lui ai demandé pourquoi, mais elle a refusé de me répondre – elle n'avait d'ailleurs jamais répondu à cette question. Elle était passée devant un tribunal, avait été jugée et condamnée à mort, mais n'avait jamais rien dit. Son avocat n'avait pas cherché à en savoir plus. Elle avait été infirmière en chef dans un hôpital, son mari était le médecin-chef et, au dire de tous, elle l'avait tué un soir, « sans raison apparente », quand il était rentré. Bon. Comme nous le savons, nous les femmes, il y a un truc qui cloche là-dedans.

Pour jouer mon rôle j'avais *besoin* de comprendre. Et, au-delà de ça, je me disais que quelqu'un devait savoir pourquoi elle avait laissé ses enfants, quatre garçons, vivre sans leurs parents.

Il semblerait que son mari, au cours d'actes sexuels, lui ait enfoncé des bouteilles cassées dans le vagin pour prouver sa domination. Il aurait agi ainsi à plusieurs reprises, et elle aurait craqué. Mais elle ne voulait pas que ses fils sachent quel genre d'homme leur père était, ni ce qui lui était arrivé à elle. Elle a donc préféré être condamnée à mort plutôt que de raconter ça à qui que ce soit et que cette histoire sordide n'humilie sa famille.

Je la comprends tellement ; plus je vieillis et plus je comprends – ce refus de raconter les choses affreuses que les hommes m'ont fait subir, bien que rien d'aussi affreux ne me soit arrivé. C'est de l'ordre de la sphère privée, de l'intime, et on refuse que quiconque, et par-dessus tout ses propres enfants, découvre le monde dans lequel une mère a vécu ou vit encore. Moi aussi j'ai tenu le coup, j'ai gardé ça enfoui en moi, je n'ai jamais rien raconté.

Je l'ai remerciée. Pendant de nombreuses années après notre rencontre, je l'ai encouragée, elle, mais aussi sa conseillère pénitentiaire, à trouver un nouvel avocat et obtenir une révision du procès, mais rien n'a été fait.

Les femmes restent en contact entre elles mentalement, énergétiquement. Nous communiquons entre nous par la pensée. Certains appellent ça l'intuition féminine ; mais quel que soit le nom qu'on lui donne, nous avons ça en nous. Et cette femme restera toujours dans mes pensées.

Quand on a tourné la scène dans laquelle mon personnage est d'abord gracié et descend de la table où elle devait recevoir une injection létale, tout ça m'est revenu comme si j'essuyais un violent coup de vent. Je me suis littéralement écroulée, j'étais brisée. Personne ne s'est demandé pourquoi. En fait, toute l'équipe technique, chacun faisant preuve d'une exceptionnelle compréhension, a renoncé aux heures supplémentaires et a continué à travailler jusqu'à l'aube pour filmer la scène suivante dans laquelle le sursis est suspendu et mon personnage exécuté.

Nous avons tous exprimé nos émotions sans retenue face à cette machine à tuer et avons tous vécu cette scène intimement. Nous avons traversé cette épreuve tous ensemble, et je leur suis à jamais reconnaissante d'avoir fait preuve d'un tel professionnalisme et d'une aussi formidable empathie.

Bob est venu avec moi sur ce tournage aussi et, une fois encore, il s'est occupé de moi. Mais il s'est senti incapable de supporter de me voir jouer des scènes aussi difficiles pour moi, et il est resté assis toute la nuit dans un bar au bout de la rue, se constituant un périmètre de sécurité et de sûreté.

J'ai eu la chance de travailler avec Bruce Beresford – connu pour des films tels que *Miss Daisy et son chauffeur*, *Héros ou salopards*, *Tendre Bonheur*, *Crimes du cœur* ; il ne fait pas partie de ces directeurs qui disent : « C'était super. On peut la refaire ? » Non, il dit juste : « C'était la bonne, on y va » ou : « C'était nul. Essaie autre chose, *n'importe quoi* mais pas ça », ce qui me fait rire et me libère. Je l'adore, lui et ses excentricités, et il m'a permis de donner le meilleur de moi-même et de tenir le coup.

Alors que la fin du tournage approchait, après trois mois de travail dans une prison toute neuve, pas encore occupée, le chef cuisinier qui nourrissait l'équipe m'a demandé ce que je voulais pour mon dernier repas. J'ai répondu : un repas de Thanksgiving. Il a tout préparé – sans rien oublier : la dinde, la purée, la sauce aux airelles, la tarte au potiron, absolument tout. Tout le monde a adoré ça ; et nous avons tous éprouvé soudain de la nostalgie. Il y a toujours beaucoup de passion sur un lieu de tournage : l'arrivée avec les camions, la mise en place du matériel – comme un cirque qui arriverait en ville –, la manière dont chaque équipe fait son travail de son côté, et la manière dont, ensemble, nous fabriquons quelque chose à partir de rien.

J'adore mes techniciens : j'aime me promener parmi eux et les regarder opérer, on dirait des tours de magie, et je suis fascinée – tout simplement fascinée. La transformation instantanée de rien en tout : personne, sauf une équipe de tournage, ne peut faire ça. Certes, nous vivons comme des bohémiens, toute la journée dans des loges, ou dehors sous une chaleur accablante ou dans un froid de canard ; nous nous nourrissons du contenu de plateaux-repas, dans des assiettes en carton, et râlons à ce propos. Toutefois, nous prenons tous soin les uns des autres, sans faillir. Il existe alors une curieuse loyauté ; chacun sait qui il est et où est sa place.

J'ai souvent pensé que, pour des hippies, le fonctionnement d'une équipe de tournage – la discipline requise – était comparable à celui de l'armée. Nous devons être à l'heure ; nous ne faisons pas du 9 heures-17 heures. Arriver à l'heure signifie arriver à 7 h 13 ou à 17 h 06. Le temps est compté et précis. Nous arrêtons à une heure précise et reprenons à une heure tout aussi précise, à la minute près. Chacun reste à sa place. Nous obéissons à un règlement précis. Nous devons être prêts à l'heure dite, et maquillés. Il n'y a pas de marge de manœuvre pour ceux qui ne sont pas rigoureux. Le temps, c'est de l'argent, beaucoup d'argent. Nous ne pouvons pas nous permettre de perdre dix ou vingt minutes parce que quelqu'un est incapable d'assurer. Le respect se mérite.

Quand nous avons besoin d'aller aux toilettes, nous devons prévenir quelqu'un, généralement l'assistant réalisateur, et attendre d'avoir le feu vert afin de ne pas mettre tout le monde dans la merde. On appelle ça un 10-100[1], et ça n'a rien de privé. L'information circule d'un talkie-walkie à l'autre : « Sharon est 10-100. » Personne ne va donc aux toilettes pour papoter au téléphone. On a droit à une pause de trente minutes pour déjeuner, aller aux toilettes, se brosser les dents et, pour celles et ceux qui jouent, se faire recoiffer et remaquiller. On prend donc de mauvaises habitudes, comme manger debout et à toute vitesse. Et ça, c'est seulement si on a le temps de déjeuner. Récemment, j'étais sur un tournage qui offrait une prime de dédommagement pour le déjeuner, car nous travaillions douze à quatorze heures par jour sans pause.

Et donc, pendant la dizaine d'années au cours desquelles ma carrière a été à son apogée, j'ai négligé ma santé. Une épaule démise : j'ai dû me contenter de serrer les dents. Dévitalisation d'une dent sans anesthésiant dans ma loge mobile à la pause déjeuner – et ça je dois le dire, ça craint : ça m'est arrivé deux fois et, à la fin, on a dû m'opérer de toute la mâchoire afin de réparer les dégâts résultants de ce comportement complètement stupide. Perçage d'un kyste ovarien : j'ai pris des médicaments super forts, et changé une scène debout en scène assise. Un pied cassé par un cascadeur zélé : j'ai chaussé une botte d'une pointure supérieure, fini le tournage, me suis fait recasser puis réparer le pied quand tout a été terminé. En d'autres mots, c'était : « Ferme-la et bosse. » Hors de question

1. Emprunté au langage codé des cibistes chauffeurs routiers pour signifier qu'ils arrêtent d'émettre en vue d'un arrêt pipi.

d'être enceinte, surtout si, en tant que femme, je voulais prouver ma détermination.

Quand j'ai cessé de travailler autant, à la fin des années 1990, et que j'ai commencé à soigner mes blessures de guerre, personne n'a voulu croire que j'avais réellement besoin d'une broche dans mon épaule et de deux cent cinquante points de suture – après avoir été renversée par un motard non assuré, qui roulait dans le mauvais sens sur Sunset Boulevard alors que je rentrais d'un cours d'art dramatique –, comme me l'avait assuré le médecin du sport, au risque que mon fils de quatre mois me déboite le bras droit. Oui, j'avais besoin de me faire enfin soigner les dents. Oui, mes ovaires avaient trop souffert. Vos règles cessent effectivement quand vous êtes surmenée, sous-alimentée, et que vous surévaluez vos limites pendant le tournage d'un film pour ensuite prendre l'avion jour et nuit afin d'en assurer la promotion.

Après avoir subi l'ablation de cette tumeur dans mes deux seins – cette opération qui, plus tard, serait la source des gros problèmes qui m'ont conduite au service des soins intensifs en neurologie –, j'ai dû avoir recours à la chirurgie réparatrice. On a fait des remarques sur les « résultats de ma chirurgie plastique ». En fait, pour moi, il s'agissait seulement d'avoir recours à la chirurgie réparatrice en pensant que je me réveillerais en ressemblant exactement à ce que j'étais avant l'opération. Au lieu de quoi, le chirurgien a pensé que je serais plus séduisante avec de plus gros, de « meilleurs » seins. J'ai quitté la clinique le torse bandé, et quand j'ai enlevé les bandages, j'ai découvert que j'avais une taille de bonnets de soutien-gorge en plus – « plus en accord avec votre tour de hanche ; je suis sûr que vous êtes plus séduisante désormais », a-t-il dit. Il avait, en toute connaissance de cause – comme il le pensait – changé mon corps sans m'en avertir, sans mon consentement. Voilà pourquoi je me suis sentie humiliée le jour où je me suis retrouvée dans un magasin au rayon sous-vêtements, jetant des coups d'œil autour de moi afin de repérer une femme à l'air aussi sympathique que possible pour lui expliquer que je ne savais pas comment choisir un soutien-gorge, que je ne connaissais pas ma taille, et que je ne savais pas comment porter un soutien-gorge. Et, honnêtement, je ne sais toujours pas. Je ne sais pas non plus si je devrais être en colère contre ce chirurgien maintenant décédé, et si je devrais avoir de nouveau recours à la chirurgie réparatrice pour mieux ressembler à qui je suis, ou si je devrais, tout simplement, me réjouir de ne pas avoir de cancer.

Quand je déclare à la presse que c'est ma poitrine d'origine, je veux tout simplement dire que c'est ma peau, mes mamelons, et ma santé.

Cependant est arrivé le moment, dans toute cette histoire, où je n'ai plus su qui j'étais – celle que j'avais réussi à construire, après tant d'efforts. La femme autodidacte, libre-penseuse, la philanthrope internationale, la star de cinéma, l'amie chère, la cliente fidèle, la femme respectée dans son métier, la fille sur laquelle on peut compter, la sœur qui remplit son rôle de sœur, la globe-trotter, etc. Tout s'est embrouillé.

J'aimais aller avec mon bébé assister aux concerts d'orgue qui avaient lieu tous les week-ends dans le musée près de chez nous. J'aimais l'emmener au cinéma dans son petit siège auto. Il adorait les comédies musicales, après quoi il mangeait un cône glacé, la figure toute barbouillée. C'était merveilleux. J'aimais qu'on voie mon fils. Mon fils, si beau. Mon Roan.

J'aimais tout chez lui. Son odeur, sa petite tête chauve avec une houppette de cheveux blancs, ses immenses yeux bleus. Ses pieds potelés, qui sentaient très fort. Je l'appelais « Pieds qui puent ». Il adorait ça.

Quand soudain, tout est parti en vrille. Je l'ai perdu.

Je devrais vous raconter ce qui s'est passé, mais, ayant signé un accord de confidentialité, je ne le peux pas. Je respecte mon fils, et je ne le ferai donc pas. Mais je vais vous dire une chose : j'ai été punie pour avoir changé les filtres à travers lesquels on perçoit les femmes, et je comprends qu'en écrivant ce livre je pourrais être de nouveau punie. Mais, cette fois, je n'ai pas peur.

Après avoir perdu la garde principale de mon fils, j'ai été incapable de « fonctionner » normalement. Je me contentais de rester allongée sur le canapé. J'étais épuisée. Je dormais tous les après-midi ; j'étais incapable de me lever. Jusqu'au jour où on a appris que mon amie chère, la marraine de Roan, avait un cancer du sein et qu'elle était porteuse d'un gène BRCA[1]. Elle aussi était mère célibataire.

1. Les gènes BRCA1 et BRCA2 participent à la réparation des lésions que l'ADN subit régulièrement. La présence de mutations dans l'un de ces deux gènes perturbe cette fonction et fait augmenter fortement le risque de cancer du sein et de l'ovaire. Néanmoins, toutes les femmes porteuses de ces mutations génétiques ne développeront pas systématiquement un jour un cancer du sein.

Nous, ses amies les plus proches, avons décidé que nous ferions bien de passer une mammographie, nous aussi. Lors de cet examen, le médecin s'est aperçu que j'avais des battements de cœur irréguliers et m'a suggéré de faire un test d'effort. En le réalisant, j'ai eu une petite défaillance cardiaque ; une équipe de médecins m'a examinée et il a été décidé que j'avais peut-être besoin d'un pacemaker.

J'ai alors pensé qu'il était préférable que j'aille dans une clinique privée pour vérifier ce qu'il en était. À ce moment-là de ma vie, je n'avais vraiment pas besoin qu'on parle de moi dans les médias – ce pouvait alors être une raison de plus pour qu'on me supprime mes droits de garde, déjà restreints, car il était évident que ma santé défaillante avait joué contre moi. Je me suis rendue à la clinique Mayo. Oui, j'avais un prolapsus valvulaire, mais vous savez quoi ? en plus, on a découvert que j'étais devenue anorexique. Oui, mesdames messieurs, j'avais cessé de me nourrir, j'avais craqué, sans même m'en rendre compte. Je restais couchée depuis des semaines ; et j'avais renoncé. J'avais le cœur brisé, en fait. J'avais un battement de trop dans les oreillettes et les ventricules. Tenzin, mon prof bouddhiste, m'a expliqué que mon cœur était hypertrophié pour pouvoir absorber cette partie de mon destin.

Mon ami Richard Gere a un jour décrit la méditation comme suit : « Libéré, libéré, libéré. Libéré, libéré, complètement libéré. Illumination. » Ça paraît évident jusqu'à ce qu'on soit libéré, libéré, complètement libéré.

Le chef de la clinique m'a dit que deux options s'offraient à moi : soit il me prescrivait des antidépresseurs et me recommandait un bon psychiatre, soit je prenais une ou deux années sabbatiques, me procurais un livre m'expliquant comment manger correctement, tout en faisant du sport et essayant d'y voir clair dans ma vie. J'ai choisi cette seconde option. J'ai fermé mes bureaux, mangé correctement et mis de l'ordre dans ma vie.

J'étais chez ma dentiste pour un détartrage – je devais m'y rendre tous les quatre mois, car la chirurgie cérébrale avait fragilisé mes dents et ma plaque dentaire se minéralisait rapidement. Je sais : je rentre trop dans les détails – mais où est la limite de ce que je dois raconter au point où nous en sommes ? La dentiste me racontait le week-end qu'elle et la directrice du cabinet dentaire avaient passé dans une prison pour femmes. « Pour leur soigner les dents ? » ai-je demandé, tout me disant que c'était courageux et sympa. Non : elle m'a expliqué qu'elles étaient allées là-bas pour apprendre à ces femmes à se pardonner. J'ai été scotchée. Elle apprenait à des criminelles, reconnues coupables, à se pardonner. Ça a fait tilt.

Je lui ai demandé si elle pouvait m'apprendre la même chose à moi. Elle a paru déconcertée. Je voulais qu'elle et sa collègue viennent chez moi et m'apprennent à me pardonner d'avoir perdu mon fils, lui ai-je expliqué. Il m'était impossible de vivre avec ça. Je m'inquiétais déjà suffisamment de savoir qu'il avait perdu sa mère biologique et qu'il pourrait souffrir dans l'éventualité où il perdrait aussi sa mère adoptive. Quelles en seraient pour lui les conséquences à long terme ?

Elles sont venues, elles m'ont appris. Je me suis pardonnée. Seul Dieu est parfait, ai-je appris. Seul

Dieu sait pourquoi. Avais-je fait du mieux possible à l'époque ? Oui. Avais-je vraiment essayé de faire de mon mieux ? Oui. Avais-je tout le temps aimé cet enfant de tout mon cœur ? Je savais que oui. Pourquoi étais-je en colère contre un petit garçon ? Parce qu'il me manquait énormément.

J'ai construit un autel bouddhiste consacré à mon fils. J'y ai accroché une photo de lui. J'écrivais des petits mots à son intention et les déposais dans mon bol de prières et méditais afin de ne rien garder pour moi et de libérer mes émotions d'une manière saine.

Entre-temps, j'avais rencontré Amma[1], la *Hugging Saint*, appelée aussi « mère de la béatitude immortelle » ; j'avais entendu parler d'elle, j'avais lu des choses à son sujet et je l'avais vue à la télévision, mais ne l'avais encore jamais rencontrée en personne. Elle parcourt le monde pour prendre les gens dans ses bras et leur donner sa bénédiction. C'est tout. C'est ce qu'elle fait. Elle réconforte ainsi énormément de gens. C'est un geste formidable et épuisant de générosité et de compassion.

Quand vous allez la voir, généralement dans les halls immenses des plus grands hôtels du monde, tout est préparé afin que vous puissiez vous asseoir et

---

1. Mata Amritanandamayi est une figure spirituelle contemporaine de l'Inde et la fondatrice de l'ONG Embracing The World (ETW) à but humanitaire. Appelée communément Amma (« mère »), elle passe entre huit et vingt heures ou plus d'affilée avec ses dévots à leur parler, à écouter leurs problèmes et à leur donner le *darshan* ou *hug* (« câlin »). Celui-ci se décompose en une suite de gestes normalisés : « ouverture des bras ; enveloppement de l'inconnu ; bercement de dix secondes ; remise à chaque câliné d'un pétale de rose, d'une pomme ou d'un bonbon ».

méditer, et écouter de la musique puis vous glisser dans la file d'attente quand vous êtes prêt, pour qu'elle vous prenne dans ses bras d'un geste enveloppant. Des bénévoles vous guident dans votre approche d'Amma, tandis que vous êtes en chaussettes et que vous vous agenouillez avec votre enfant, votre famille ou vos amis, et que vous vous penchez sur ses genoux pour qu'elle vous enlace, vous étreigne affectueusement et généreusement, en vous tenant serré contre elle, qu'elle vous bénisse – et que vous puissiez comprendre ce que signifie recevoir un amour inconditionnel, l'amour d'un cœur pur. Beaucoup de gens lui apportent des offrandes de fleurs ou de fruits de leur jardin et, en retour, elle offre des bouchées au chocolat pour les enfants et des pommes pour les mères.

Quand, en 2007, elle a reçu le prix Cinéma Vérité, une récompense décernée par une organisation cinématographique française ayant pour mission de soutenir un projet mettant en lumière une cause humanitaire spécifique, j'ai été invitée à faire un discours. J'étais pleine d'humilité, honorée, et j'avais le trac, car non seulement j'allais la rencontrer mais, comme je l'espérais, elle allait me prendre dans ses bras d'un geste enveloppant. Je voulais qu'on me prenne dans les bras comme ça. Ce qu'elle a fait : et c'était comme être enveloppée par un nuage, un nuage chaud à l'odeur de bonté, et qui ressemble à l'amour. Elle m'a parlé dans sa langue maternelle. Elle est convaincue que son devoir est de réconforter ceux qui souffrent, un devoir dont elle a pris conscience dès l'enfance. Nous sommes immédiatement devenues amies.

Désormais, elle fait partie de mes plus chères compatriotes. Chaque fois que nous sommes dans la même ville, je la rejoins et m'assieds avec elle pendant qu'elle prend les gens dans ses bras. Mais d'abord, elle me prend moi dans ses bras. Elle murmure à mon oreille : « Fille, fille, fille » et me serre dans ses bras pendant que je pleure, parfois de joie. Et je sais maintenant qu'elle a pansé mes plaies et m'a permis d'être la *fille, fille, fille* de ma mère. Elle m'autorise à rester assise à ses côtés aussi longtemps que je le souhaite, à lui parler de ma vie, de mes efforts pour être utile, être au service des autres, pour grandir, et à la regarder être utile, au service des autres. C'est glorieux. C'est sans danger. C'est libérateur.

Amma me demande toujours où j'en suis, sur quoi je travaille, elle s'intéresse à mes projets. Finalement, après avoir passé plus de cinq ans à être en colère, blessée, perdue et sans raison d'être, j'ai répondu : « Je m'efforce de pardonner l'impardonnable.

— Bravo ! a-t-elle répondu en applaudissant, avec un sourire radieux comme si j'étais son élève modèle. Et comment ça se passe ?

— Eh bien, je m'en sors bien avec le pardon », ai-je répondu très sérieusement – ainsi j'étais très sereine par rapport à mon premier mariage, le poids de la pension alimentaire et tout le reste. Mais j'étais incapable d'accepter et de surmonter la perte de mon fils, une perte dont je ne voyais pas la fin.

« Bon, il faut que tu enfermes l'impardonnable dans une cage, a dit Amma.

— Comme au zoo ou au cirque ? ai-je demandé.

— Oui.

— D'accord. » J'ai essayé d'imaginer ça. « J'ai compris.

— Et à partir de maintenant, ne t'approche plus jamais de cette cage.

— C'est tout ?

— Oui », a-t-elle répondu.

Cette fois-là, je suis restée assise avec elle longtemps, près d'une heure, je crois. Il fallait que je digère tout ça.

Je l'ai regardée accomplir son devoir ; et je peux vous dire qu'elle assurait.

Elle venait de m'apprendre que même la compassion a ses limites. La compassion n'est pas destinée à ceux qui se lèvent tous les matins en choisissant la voie de la discorde. C'est-à-dire à des gens comme moi.

J'ai donc appris que moi non plus je ne méritais pas la compassion si je me réveillais en choisissant la voie de la discorde. Car moi aussi je participais à cette discorde. Ça prend du temps de renoncer à ça. Et de s'éloigner vraiment de la cage.

Pendant longtemps, moi aussi j'ai eu un sourire de crocodile caché en moi qui n'attendait qu'un prétexte pour montrer les dents et mordre.

Ça m'a pris beaucoup de temps de me vider. D'arrêter. De renoncer. De me pardonner entièrement.

J'ai pardonné la petite fille qui n'avait pas su quoi faire. Cette enfant qu'on avait menacée de mort, cette enfant menacée par un fou. Cette enfant, bernée par l'imposture, qui attendait un héros et qui n'a cessé d'être la victime d'elle-même. Croyant à l'histoire du héros qu'elle avait inventé, afin que chaque fois que quelqu'un s'approchait trop près d'elle, chaque fois que ce quelqu'un ressemblait à cette imposture ou en avait l'odeur, elle le prenait pour ce héros, croyant qu'il allait la sauver.

Je me suis approchée de la cage et je l'ai ouverte. J'ai ouvert la porte de ma propre cage et me suis libérée. J'ai enfin cessé d'être malade. J'avais besoin d'être bien soignée, et je l'ai été. Je me suis enfin respectée moi-même et, avec de la compassion pour tout ce que j'étais, j'ai obtenu ce respect. J'ai appris que ma colère était une belle chose. Que c'était une force, comme tous mes autres sens si précieux, comme l'odorat, le goût et le toucher. Cette colère, quand elle est utilisée à bon escient, et sous contrôle, quand elle est appropriée, est une réaction précieuse.

Beaucoup de gens m'ont dit que ça s'arrangerait. Et que Roan finirait par revenir vivre avec moi.

Je pleurais. Je m'inquiétais. J'étais incapable de me concentrer. J'étais incapable de m'intéresser à quoi que ce soit, sauf à l'idée de ramener mon fils à la maison, et de le prendre dans mes bras. Rien d'autre ne m'importait. Je voulais juste retrouver mon fils. J'ai perdu toutes les batailles juridiques – jusqu'au jour où je finirais par gagner. J'ai été très malade, j'ai hypothéqué une fois de plus ma maison de Los Angeles, j'étais incapable de travailler.

« P. de nom de Dieu », comme dirait mon père.

D'accord.

J'ai compris qu'il fallait que j'arrête de résister.

Quelques mois plus tard, à l'été 2013, j'étais dans ma cuisine quand mon assistante, Tina, m'a apporté une lettre que je venais juste de recevoir. Les premières pages m'informaient que j'étais nominée pour le prix du Sommet mondial des Prix Nobel de la paix ; un prix que tous les Prix Nobel de la paix passés décernent tous les ans à quelqu'un, appartenant au monde de la culture et du divertissement, qui leur semble avoir joué un rôle déterminant pour promouvoir la paix dans le monde. J'ai failli m'évanouir en lisant ce courrier.

Heureusement, M. Robert, le peintre en bâtiment qui travaille pour moi depuis trente ans maintenant, était là. Il fait partie de la famille. Il déjeunait debout au comptoir de la cuisine. Il a levé les yeux vers moi et a dit : « Eh bien, vous le méritez, non ? Oui, vous le méritez vraiment. »

Alors que je recouvrais mes esprits, Tina m'a dit : « Je crois que vous n'avez pas lu la dernière page. » En effet. J'ai regardé : il était précisé que j'étais la lauréate du prix. J'ai commencé à hyperventiler.

M. Robert a éclaté de rire : « Vous voyez. Qu'est-ce que je disais ? »

Je suis partie en Pologne pour la cérémonie et, à cette occasion, je me suis fait des amies pour la vie. C'était grandiose. Beaucoup des Prix Nobel de la paix étaient présents. Il leur fallait aussi choisir qui me remettrait le prix. Betty Williams a décidé qu'elle était la seule à devoir le faire. Betty et Mairead Corrigan avaient gagné le prix Nobel de la paix en 1976, pour les récompenser de leurs efforts à trouver une résolution pacifique au conflit en Irlande du Nord. Betty avait été témoin d'une scène au cours de laquelle trois des enfants de la sœur de Mairead s'étaient fait écraser par le véhicule d'un membre de l'IRA sur lequel des soldats britanniques venaient de tirer. Mairead et Betty ont rassemblé deux cents mères et organisé une marche. Au cours de la marche suivante, elles étaient dix mille mères, et celle d'après trente-cinq mille. Cet activisme a fait cesser une guerre civile. Quand Betty s'est levée pour prendre la parole et parler de moi, j'ai rencontré en elle quelqu'un qui me connaissait déjà. Quelqu'un qui me comprenait déjà. Nous étions devenues une famille ; une famille que nous avions nous-mêmes créée.

Elle m'a raconté qu'un tueur professionnel avait été recruté pour la trouver et la tuer. Quand il l'avait trouvée, elle lui avait parlé. Non seulement il lui avait laissé la vie sauve, mais il avait arrêté de tuer et travaillait désormais à ses côtés pour défendre la paix. Je lui ai demandé comment elle avait réussi à renverser la situation. Elle m'a répondu : « Chérie, je l'ai suffisamment aimé pour qu'il rende les armes. » Elle est mon phare dans la nuit. C'est grâce à elle que je m'en suis sortie.

Désormais, j'essaie de ne pas être plus dure avec moi que je ne peux le supporter. La théorie du « on n'a rien sans peine » s'applique différemment pour ceux qui sont plus durs qu'ils ne le devraient avec eux-mêmes. Pour moi, désormais, c'est plus une question de cohérence. La cohérence d'un voyage sans fin sur le chemin de la foi, de but à atteindre, une philosophie de vie.

Quand je suis rentrée de l'hôpital, je marchais en traînant la jambe. La quantité de médicaments requise pour mon traitement mettait à mal tout mon organisme.

Ma vie s'est effondrée. Petit bout par petit bout, j'ai tout perdu. Je n'avais plus la capacité de me défendre contre ceux dont le désir, clairement exprimé, était de « me casser ». Et pour ce qui est de briser ma vie, ils ont réussi. Ils ont brisé mon ego, le monde tel que je le connaissais, mon succès tel que je l'avais construit, ils ont pillé les économies que j'avais gagnées en restant debout sur des talons de dix centimètres à arpenter des sols en béton seize heures par jour, voire plus. On m'a frappée alors que j'étais à terre.

Il n'a pas été question de loyauté de la part des intimes – ou ceux considérés comme tels –, mais il a été question d'amour. L'amour de ma famille. Face à la crise manifeste que je traversais, ceux qui m'avaient toujours profondément, sincèrement aimée ont réapparu et n'ont pas failli. La rumeur publique a aidé l'amour à se propager et, plus encore, l'amour de ceux qui s'assoient pour prier et penser, cet amour que je connaissais et ressentais profondément. Et c'est cet amour-là qui m'a tenue en vie quand je n'avais plus que 1 % de chances de survie.

Sa Sainteté le dalaï-lama a récemment donné un cours sur les atomes, les protons, les neutrons et la compassion. Il a dit que le monde est contenu dans son entier à l'intérieur d'un atome ; et qu'il n'y a pas de peur dans un atome. Cette idée m'a illuminée, j'ai ri, incroyablement soulagée, en comprenant que ma propre témérité était nourrie de mes peurs, et en me rendant compte de l'inutilité de mes efforts. Je me suis excusée auprès de l'univers de lui avoir fait perdre son temps quand j'ai su que le temps qui m'avait été imparti était unique.

Oui, j'ai perdu beaucoup de choses : ma carrière, mes économies, la garde principale de mon fils, mon prétendu mariage, la place dans la file d'attente pour retrouver ma carrière, mon ancienne capacité à simplement regarder une page de dialogue pendant deux minutes pour immédiatement m'en souvenir, et aussi cette sorte de beauté lumineuse que j'avais eue sans jamais m'en rendre compte.

Mais je n'avais plus peur. Et, n'ayant plus peur, je pouvais décider de rester intègre. Je pouvais choisir de garder mon âme pure. J'avais livré une bataille que je savais ne pas pouvoir gagner dans cet environnement hostile. Je me suis battue pour mon fils, une priorité parmi toutes les choses que j'avais perdues. Je me suis battue pendant treize ans ; j'ai joué le jeu très long, très difficile, de la garde alternée dans l'intention de lui donner tout ce que je pouvais pour son bien-être et sa santé.

Maintenant, j'ai une famille, nous sommes au complet, et je suis capable de retrouver le succès pour le temps qu'il me reste, car mon cœur, lui aussi, est complet.

Choix

Même quand ma vie n'a plus ressemblé qu'à un champ de ruines, il m'a fallu vivre et avancer. Je suis repartie à Los Angeles, et j'ai informé l'avocat spécialiste que je voulais rester sur la liste de demandes d'adoption.

J'ai été assez surprise que les choses aillent aussi vite. Avant même de dire « ouf », j'avais un fils de plus. À son arrivée, j'ai ressenti la même chose qu'avec Roan. J'ai eu le sentiment de le connaître déjà. Je le comprenais – intuitivement. Cette intuition s'est manifestée par mon obsession pour les films de surfeurs. À l'époque, je regardais tous les films de surfeurs. Et mes amies s'y sont mises, elles aussi. Certaines femmes enceintes passent leur temps à manger des glaces ; moi, ma grossesse par procuration me donnait envie de regarder des films de surfeurs. Nous adorions toutes Laird Hamilton. Nous allions à la plage et avions acheté de nouveaux bikinis. Je sais, ça semble idiot, mais nous avons fait ça pendant des mois. Finalement, un jour, j'ai dit à Tim, qui avait été le compagnon de Roy pendant dix ans : « Tu sais, je pense appeler le bébé Laird. Qu'en penses-tu ? » Et il m'a répondu : « Super, ma chérie. C'était le deuxième prénom de Roy. » Eh bien… la boucle était bouclée.

Laird est né, et il ne voulait jamais sortir de l'eau. À l'âge de huit mois, il a filé en crapahutant à quatre pattes jusqu'à l'océan. Et il ne cessait de sauter dans la piscine ; jusqu'au jour où ma mère a dit : « Il faut que tu trouves un maître-nageur pour le bébé. Il nous fout trop la trouille. » Et c'est ce que j'ai fait. La prof de natation est venue chez moi et, quand elle est entrée dans la piscine, elle a avancé là où c'est le plus profond et m'a alors demandé de jeter mon fils dans l'eau. J'étais terrifiée. Mais après avoir touché le fond de la piscine, il est remonté en nageant comme un dauphin ; et il a continué à nager comme ça pendant des années. C'est un super athlète, qui à trois ans se jetait déjà dans l'eau comme un boulet de canon, on aurait dit qu'il avait des branchies. Ce gosse aimait tellement l'eau que je devais verrouiller le tuyau d'arrosage. Il était tellement beau. Dans la famille, il est l'amoureux, celui qui aime. La plupart des gosses diraient : « J'aime ça » ou : « J'adore ça ». Laird dit : « Je veux aimer ça », avant même d'essayer, de goûter.

Laird avait trois ans quand j'ai fait un drôle de rêve. Un rêve saisissant : un ange volait au-dessus de moi et me disait qu'un autre enfant allait arriver. Je me suis réveillée abasourdie. Et j'ai appelé l'avocat pour les adoptions. Je lui ai demandé s'il avait un autre enfant pour moi. Il m'a répondu que je venais tout juste d'en adopter un. Je lui ai rétorqué que j'étais parfaitement au courant, en effet. Je lui ai donc raconté mon rêve. Il m'a dit que j'étais une sorcière et qu'il allait surveiller les listes d'adoption.

Quatre jours plus tard, il me rappelait. « J'ai l'enfant qu'il vous faut.

— Comment le savez-vous ?

— Il a les mêmes parents biologiques que Laird. »

Je suis tombée à genoux en pleurant. J'avais tout perdu, mon argent, ma carrière – sans boulot, comment allais-je pouvoir prendre soin de ces deux gosses et payer tous mes frais juridiques ? J'ai demandé à Dieu, et à qui que ce soit là-haut qui pourrait m'écouter, de me prêter attention. Et soudain, de manière inattendue – alors que j'avais déjà une quarantaine d'années –, Dior m'a proposé un contrat. Qui avait jamais entendu une chose pareille ? Je leur ai demandé de prendre l'avion depuis Paris pour venir me rendre visite et me voir telle que j'étais. Se rendaient-ils compte de l'âge que j'avais ? Oui, et ils voulaient quand même me proposer un contrat. Quelqu'un, là-haut, m'avait entendue.

Et donc, en un rien de temps, Laird a eu un frère : Quinn Kelly Stone – en hommage à ma sœur.

Pendant longtemps, je ne leur ai pas dit, ni à quiconque d'ailleurs, qu'ils avaient un lien de parenté, car ça ne me paraissait pas juste. Mais quand ils ont été assez grands pour comprendre, je les ai fait venir dans ma chambre et leur ai parlé de ce lien spécial qui les unissait.

Je leur ai dit : « Vous êtes frères.

— On le sait, ont-ils répondu.

— Non, vous êtes vraiment frères, vous avez le même ange pour parents », leur ai-je expliqué, car je leur avais toujours raconté qu'une princesse, sous forme d'ange, les avait transportés dans son ventre jusqu'à l'hôpital pour me les donner.

Ils se sont tournés l'un vers l'autre pour se regarder comme s'ils ne s'étaient encore jamais vus auparavant, et chacun s'est reconnu dans l'autre.

Quand Laird et Quinn étaient petits, ils suivaient Roan partout où il allait, comme sur un défilé. Un défilé de chiots. Ils n'étaient pas loin de croire que leur grand frère pouvait décrocher la lune. Roan râlait contre eux alors qu'il était évident qu'il les adorait ; c'était une scène fabuleuse, car Roan avait toujours eu le vocabulaire et le maintien d'un homme de quarante ans, ce dont je rends responsable son père adoptif, tandis que les deux plus jeunes se comportaient comme de petits enfants – ce qu'ils étaient. Roan appelait Laird son « assistant ».

Évidemment, avoir un nouvel enfant dans ma vie de mère célibataire qui travaillait apportait à la fois des complications et des joies. Adolescente, je regardais les feuilletons télévisés *The Andy Griffith Show* et *Mes trois fils*, et le feuilleton avec Sebastian Cabot dans le rôle du majordome, et d'autres encore, qui montraient une image idéalisée de la monoparentalité. Mais les parents célibataires – et surtout les mères – sont considérés par les gouvernements, et par la société dans son ensemble, comme des parias. Selon l'opinion générale, dirait-on, si une femme fait le choix d'élever seule un enfant – qu'elle soit riche ou pauvre –, c'est qu'elle doit forcément avoir un problème. Et j'ai souvent entendu : « Ça alors, t'es vraiment courageuse » ou encore : « Comment fais-tu ? ». Comme si les femmes ne faisaient pas ça depuis des siècles ou comme si je n'avais pas déjà fait tout ça avant, quand j'étais encore mariée. Soyons francs. Être parent célibataire peut être un choix. Et un bon choix. Un choix sain, joyeux, amusant, excitant, intéressant, difficile, compliqué.

Et voyez le résultat. Je suis devenue mère. Mes enfants ont une mère. Une mère certaine de vouloir l'être. Une mère qui a un travail. Une mère qui aime son travail, qui en est fière, qui est fière des avantages que ce travail lui procure à elle mais aussi aux autres. Nous sommes devenus une famille. Une famille dont chacun des membres a choisi les autres. Nous ne sommes pas une famille de hasard. Il n'est pas question de nouveau départ mais plutôt de ré-union.

Quand les garçons étaient encore petits, nous menions une vie plutôt équilibrée, simple et ordinaire, à notre façon. Nous dînions ensemble ou chacun de notre côté, des repas cuisinés maison ou commandés en ligne. Nous allions dans des parcs aquatiques et à Legoland – les garçons sont trop grands maintenant. Une vie de famille synonyme de fêtes d'anniversaire et de soirées pyjama avec leurs copains ; de jambes potelées d'enfants, qui maintenant appartiennent au passé ; de vêtements dépareillés ; de sacs à dos ; de remises de prix ; et de tas de dessins et de rédactions réussies affichés sur les murs et les fenêtres de la cuisine. Toutes nos réussites sont affichées sur les murs ; ainsi, sur un même mur, leurs devoirs côtoient une photo de moi pour un magazine. Et chacun de nous est content de ce qu'il a accompli.

Quand j'étais petite, je pensais que je vivrais à Hollywood dans une maison avec un escalier monumental en colimaçon, comme dans les films avec Fred Astaire et Ginger Rogers. Je vis dans une maison avec un escalier monumental en colimaçon, comme dans les films avec Fred Astaire et Ginger Rogers, et je pense que c'est merveilleux. Ce à quoi je ne m'étais certainement pas attendue, c'était que j'aurais en plus un voisin merveilleux.

J'ai rencontré Tony Duquette pour la première fois un jour de Noël. Il y a vingt-cinq ans. C'était le premier Noël que je ne passais pas avec ma famille en Pennsylvanie. J'avais d'abord pensé partir en voyage avec ma meilleure amie mais, le moment venu, j'étais trop fatiguée ; être devenue célèbre en aussi peu de temps m'avait épuisée. J'ai raconté que je partais mais je suis restée seule, tranquille, à la maison. Et donc, le jour de Noël, je me suis levée tard, ai enfilé un pyjama propre ; et je me préparais un thé quand on a sonné à ma porte. Mes lourdes grilles noires en fer forgé se sont ouvertes sur Tony qui, à l'époque, avait plus de soixante-dix ans, et qui m'est apparu, comme s'il posait, dans la panoplie complète du jodleur suisse, à savoir un chapeau orné d'une plume légère, des *Lederhosen* – une culotte courte en peau –, une veste verte, et une canne. Il était époustouflant.

« Joyeux Noël ! » a-t-il lancé. J'étais stupéfaite. Il est entré et a regardé autour de lui. Il a commencé à monter l'escalier en colimaçon, s'est arrêté à mi-chemin et a dit : « Merci de réinjecter un peu de glamour dans l'industrie du cinéma ; Mary Pickford était mon amie. » La propriété sur laquelle ma maison était construite avait appartenu à Mary Pickford – que Tony avait connue. Il m'impressionnait. Il s'était occupé de la scénographie pour *Les Trois Mousquetaires*, ou encore *Le Roi et moi*, en 1956, et beaucoup d'autres films en costume.

Ma maison était immense et vide. Je ne faisais que travailler, tout en essayant de superviser les travaux des finitions intérieures, car je l'avais achetée avant qu'elle n'ait été achevée, mais je passais d'un film à un autre sans avoir le temps de faire quoi que ce soit. C'est ainsi qu'un jour je suis rentrée chez moi pour découvrir que Tony avait fait installer une grande partie des meubles et des objets du film *Le Roi et moi* dans mon grand salon. Oui, toutes ces sculptures dorées, immenses, meublaient ma maison. Et ce canapé fabuleux ! J'étais dépassée par tout ça, c'est le moins que je puisse dire. Je ne savais pas ce que je voulais, mais le décor du *Roi et moi* était un peu trop pompeux pour moi. C'était fabuleux, bien sûr… Mais, un tel décor ? Dans *ma* maison ?

Inutile de dire que je suis devenue raide dingue de Tony, qui aimait fumer des joints et organiser des goûters dans son incroyable jardin à l'arrière de sa maison – que je pouvais voir depuis mes balcons. Un jardin qu'il avait aménagé avec amour en récupérant des tonnes de choses que les jardiniers de Beverly Hills mettaient, année après année, au rebut. En fait, toute sa propriété est faite de récup', et c'est comme un royaume qui célèbre la gloire et le glamour. C'est d'ailleurs ce qui a servi de décor à la maison de mon personnage dans la série *Ratched*. C'était extraordinaire de se préparer pour aller travailler et de se rendre à la porte d'à côté. Bien qu'il soit mort depuis longtemps maintenant, je sais qu'il était là avec moi. Au milieu des coquelicots, sans aucun doute.

Je me souviens de l'année de mes dix ans et d'un repas de fête chez Betty Vozar. Elle avait alors huit ou neuf enfants. Ils habitaient à environ quatre numéros de chez nous, c'est-à-dire à peu près trois kilomètres.

Elle ressemblait beaucoup à Anna Magnani, dans sa robe d'intérieur aux couleurs passées, avec son tablier. Il y avait des affaires qui traînaient partout, dans l'escalier, sur la table, par terre, et les gosses fonçaient au milieu de tout ça, s'amusant comme des fous. Ils me paraissaient tous si heureux. Betty passait son temps debout dans la cuisine, ou assise pour lire tout en cuisinant.

Je voulais une famille comme celle-là, une maison pleine de bruits et de mouvements. Une maison pleine d'amour. J'ai appris ce qu'était l'amour fou en regardant mes enfants. Avant ça, bien sûr, j'avais aimé. Profondément, passionnément, mais quand vous aimez vos enfants, il s'agit d'autre chose, tout au moins en ce qui me concerne. En vérité, je ressens comme une douleur à la poitrine ; c'est comme si mon corps n'était pas assez grand pour contenir autant d'amour et que j'étais en permanence sur le point d'imploser.

Notre vie de famille emplie d'amour se traduit par un panier plein de chaussettes moelleuses, un feu dans la cheminée, des chiens qui ronflent sur le canapé. Une bibliothèque pleine de livres à lire et d'autres à feuilleter. Bien évidemment, nous sommes toujours dans la cuisine. N'est-ce pas le cas de tout le monde ? C'est là que j'avais eu l'habitude de prendre mes repas réchauffés au four à micro-ondes, debout, vite fait, entre deux rendez-vous très importants.

Aujourd'hui, nous dînons tous autour de la table et, chaque soir, nous posons à chacun d'entre nous la question rituelle : que lui est-il arrivé de mieux et de pire dans la journée. Ce qui amène de super conversations. Et de grands éclats de rire. Je repense à la fois où Quinn, qui avait cinq ans, a baissé son pantalon de pyjama en plein milieu du dîner et a montré sa lune à chacun d'entre nous ; nous savions déjà qu'il serait le clown de la famille. Je revois encore Roan à l'âge de douze ans, déjà capable de remonter les pièces d'un ordinateur. Et Laird, nous expliquant toujours les choses les plus précieuses, avec douceur, calme et gentillesse.

Élever trois garçons en étant mère célibataire ne va pas sans moments délicats. Des moments où j'ai besoin d'en faire venir un dans ma chambre pour dire : « Bon, maintenant, je dois jouer le rôle du papa – ça peut paraître bizarre, alors prenons d'abord un peu de temps pour nous y préparer. » Et c'est ce que nous faisons, et quand nous sommes prêts nous le disons. Puis nous sautons le pas et entamons une discussion. Ce sont chaque fois des sujets délicats, des sujets sur lesquels je ne suis pas sûre de moi.

Je m'inquiète des effets de la pornographie en ligne sur la génération de mes enfants ; je voudrais pouvoir leur expliquer comment ne pas gaspiller les plus belles choses de la vie et de l'amour que le monde est avide de leur voler – un monde qui se plaît à leur montrer des choses mauvaises et violentes afin de les noyer dans un océan d'obscénité.

Évidemment, vous êtes en train de vous dire : *Est-ce vraiment la femme qui a joué dans* Basic Instinct *qui ose nous dire ça ?* Oui. Certes, ce film a incité les gens à oublier la part humaine en moi. Mais je suis bien celle qui est en droit de vous dire ça. Je suis celle qui est restée au chevet de gens en train de mourir à cause de ça.

J'ai un bureau à part dans ma propriété, mais quand les gosses étaient petits, ils m'ont demandé de m'installer dans la cuisine ; ce que j'ai fait. Je pouvais être au téléphone pour une téléconférence internationale avec deux de mes petits garçons sur les genoux, ça n'a jamais posé de problème. D'une certaine manière, même, ça calmait les gens, aurait-on dit.

Oui, ma vie tourne autour d'eux. Mes propres expériences m'ont ainsi fait comprendre ce que d'autres parents essayaient de me faire comprendre depuis toujours : l'enfance ne dure pas longtemps. Je ne veux pas manquer celle de mes enfants. J'ai attendu que le plus jeune de mes fils ait treize ans pour me remettre à travailler ailleurs qu'à L.A. Par choix, et non par nécessité. Je sors rarement le soir car, même s'ils peuvent maintenant se garder tout seuls, je veux être auprès d'eux.

Et même s'ils me font de la peine quand ils m'ignorent et quand ils se plaignent en disant : « Tu es toujours là ! », au fond je sais qu'ils veulent que je sois là. Quand ma sœur Kelly a emménagé dans un appartement près de la maison, je suis allée la voir deux jours de suite ; chaque fois, ils m'ont demandé : « Où tu vas ? » comme si je commettais un crime. J'ai répondu que je partais, pour de bon, et nous avons tous éclaté de rire.

C'est bien sûr contrariant de sortir avec vos gosses, adolescents, quand ils font semblant de ne pas vous connaître et qu'ils vous ignorent. Pour autant, c'est la contrariété la plus merveilleuse au monde.

Quand j'ai vu comment mon père regardait mes enfants, j'ai su avec certitude qu'il était resté assis devant la salle d'opération pour prier. J'ai su qu'il m'aimait et qu'il avait senti le fardeau qui pesait sur mes épaules, qu'il avait dit : « Passe-le-moi, laisse-moi m'en charger, laisse-moi le partager. » Je le sais, je le sens au plus profond de moi. Je le sais car c'est la manière dont je regarde maintenant mes enfants et dont je les regarderai toujours. C'est ce que nous ne pouvons pas savoir avant de devenir parents. C'est la raison pour laquelle le monde n'est plus le même ; tout change quand vous aimez vos enfants.

Je n'ai pas fait ça – élever mes enfants – toute seule. J'ai été aidée. Pour commencer, par des nounous qui allaient et venaient et, enfin, par une femme d'exception, Cathy. Cathy a continué ses études tout en travaillant avec nous. Elle a obtenu une maîtrise en sciences de l'éducation de la petite enfance. C'est aussi une grande sportive, qui a bénéficié d'une bourse au titre de joueuse de basket, et qui nage comme un poisson. Elle est grande, solide, aimante. Elle aime et protège mes enfants de toutes ses forces. Elle est notre Alice dans notre peu conventionnelle « tribu Brady[1] ».

Je sais que je suis plus efficace le soir que le matin. J'ai donc de l'aide pour le matin tôt. Je sais aussi qu'après avoir eu une attaque cérébrale, et trois enfants à m'occuper, j'ai besoin d'un sérieux soutien pour être une aussi bonne mère que possible. Ça ne m'enlève rien ; ça me permet de faire bien tout ce que je fais. Ça me permet de faire les choses importantes. Et c'est moi qui décide de ce qui est important. Moi, et non les juges.

---

1. *Brady Bunch* était un feuilleton télévisé, diffusé de 1969 à 1974, qui raconte l'histoire d'un veuf avec trois garçons qui épouse une veuve ayant trois filles.

Si vous devez choisir une voie semblable à celle-là, ou si vous vous retrouvez dans ce genre de situation, n'ayez pas peur de demander de l'aide si vous en avez les moyens. Ce n'est en rien un signe de faiblesse ni un manquement, et vous enrichirez la vie des autres en partageant la vôtre avec eux. Pour ça, vous pouvez avoir besoin d'un village entier. Et, parfois, au sein de ce village, vous serez le prince ou la princesse, parfois le prof ou l'élève, et, d'autres fois, vous découvrirez que vous êtes l'idiot du village. Surtout quand vous êtes en face de vos enfants, leurs visages tournés vers vous, souriants.

Mes enfants ont donc grandi, nous sommes devenus plus nombreux, la maison s'est remplie, et je ne cesse de m'émerveiller et de m'étonner : je me demande pourquoi j'ai attendu si longtemps pour avoir une famille. Chaque jour, je les regarde, et chaque fois ils me paraissent nouveaux. Et *moi* aussi je parais être une autre. C'est incroyable de penser que j'aie pu hésiter. Je ne dis pas qu'il est facile d'élever trois enfants. Ça ne l'est pas. C'est beaucoup de travail. C'est toujours beaucoup de travail d'être mère célibataire. Je l'ai déjà écrit, je pense que la société ne fait guère preuve de respect à l'égard des mères célibataires. Et peu importe, d'ailleurs, que vous soyez, comme moi, une mère célibataire avec de l'argent. Quand il n'y a pas de père, les gens vous regardent de haut. Quand je vais travailler, je n'ai pas toujours le respect attendu. Je suis très fière d'avoir eu les opportunités que j'ai eues et d'avoir réussi ma vie et ma carrière. Je suis très honorée d'avoir été capable de partager mon succès avec ma famille. Et pourtant, quand je travaille, il y a ceux qui font encore comme si j'abandonnais mes enfants. Il existe toujours deux poids deux mesures. Étonnamment, ce sont parfois les femmes qui sont les plus méfiantes et qui me jugent le plus durement.

J'aurais été très heureuse d'avoir un compagnon dévoué et attentionné. Mais si je pouvais recommencer, peut-être que je n'attendrais pas pour avancer, pas plus que je n'attendrais, comme je l'ai fait, d'avoir déjà une quarantaine d'années pour avoir mes enfants. Je pense que tous les jugements sociétaux étaient si pesants pour ma génération que ça m'a empêchée de le faire plus tôt, même si j'ai toujours été une sorte de rebelle. Je ne m'étais pas rendu compte que j'en étais encore à essayer de coller à l'image de la famille que j'avais dans la tête. Une image imposée depuis des siècles.

Même si Bob et moi n'étions plus ensemble, il m'a toujours donné la preuve qu'il était là pour moi, il a fait ce qu'il fallait pour moi, il a toujours été sérieux et bon avec moi. Je me suis récemment rendu compte que mes enfants, quand ils étaient petits, avaient baptisé presque tous leurs animaux de compagnie – leurs poissons rouges, leurs souris blanches, leurs tortues, leurs chats – « Bob ». À l'époque, j'avais trouvé ça drôle ; maintenant, je me dis qu'ils avaient peut-être intuitivement senti ce que sont l'amour et l'attention.

Personne d'autre que vous ne peut rendre votre rêve parfait. Personne ne le fera jamais. Il y aura toujours des détracteurs pour raconter à tout le monde que vous auriez pu faire mieux ou différemment. Il y aura toujours quelqu'un qui pense que j'ai été dingue d'adopter trois enfants en étant seule. Il y aura toujours quelqu'un pour penser que je travaille trop ou pas assez, ou pas comme il le faudrait, ou encore que je crois en ce qu'il ne faut pas croire. Il y aura toujours quelqu'un qui ne saura pas à quel point je suis fatiguée. Il y aura toujours quelqu'un qui ne saura pas à quel point je suis concernée. Il y aura toujours quelqu'un.

Mais à la fin de ma journée, il y aura aussi toujours ma famille : ma très belle famille, celle que j'ai choisie.

Karma

L'année de mes cinquante ans, je suis allée au Festival de Cannes, comme je l'ai souvent fait au cours des vingt-deux années pendant lesquelles j'ai représenté l'amfAR, pour collecter des fonds et attirer l'attention sur la lutte contre le sida. Cette année-là, ma coéquipière était Madonna. J'en étais très heureuse car j'aime beaucoup Madonna ; j'admire sa force de caractère et sa capacité à accomplir tant de choses, dans sa vie professionnelle comme dans sa vie personnelle. Sa capacité à aider les autres tout en préservant sa vie de famille et la pertinence de sa carrière professionnelle est tout simplement un exploit sensationnel.

On a souvent essayé de nous comparer et de nous dresser l'une contre l'autre car, il faut bien le dire, c'est ainsi que la presse et la société en général envisageaient le lien qui pourrait exister entre les femmes – pour celles des générations passées, mais aussi entre les femmes de ma génération. La camaraderie entre deux femmes, la possibilité d'être alliées, ou de se sentir en sécurité entre elles paraissaient inenvisageables. Il était entendu que la seule chose que deux femmes pouvaient avoir en commun serait un homme qu'elles voudraient toutes deux, qu'elles auraient eu, ou qui les intéresserait toutes les deux ; que la seule chose qu'elles pouvaient partager serait leur esprit de compétition. Je dois bien avouer que je suis parfois tombée moi-même dans le panneau, et qu'en certaines occasions je me suis laissé duper par cette croyance, car aucune autre option ne nous était proposée.

Madonna et moi ayant, au fil des ans, partagé de nombreuses expériences en parcourant, en quelque sorte côte à côte, la voie qui menait à la célébrité, et en vieillissant sans nous en cacher, je me sens proche d'elle. J'ai le sentiment d'avoir pris secrètement sa défense. Je sais qu'elle ressent la même chose. Nous avons chacune défendu la cause de l'autre sans qu'on nous le demande. Nous connaissons les chausse-trappes inhérentes à ce que nous sommes, et avons été, quand, chacune dans notre domaine, nous en avons franchi les frontières. À certains moments, j'ai essayé de tirer des leçons de ce qu'elle faisait et, à d'autres, de me montrer compréhensive. Ce que je ressens pour elle n'est rien d'autre que de l'amour.

J'étais donc aux anges, mais angoissée aussi, à l'idée que Madonna et moi ayons l'occasion d'animer ensemble le gala de l'amfAR.

Je suis arrivée à l'heure et j'étais prête à assumer ce rôle à la perfection et à faire en sorte qu'elle se sente parfaitement à l'aise, coûte que coûte.

Je m'étais donc rendue au Moulin de Mougins, le restaurant de Roger Vergé qui nous accueillait pour le gala. Dans sa région, et dans de nombreux coins du monde, Roger Vergé était considéré comme le chef le plus gentil et le plus respecté. Nous l'aimions tous beaucoup. Mes amis et moi allions au Moulin aussi en d'autres occasions, car c'était notre endroit préféré pour nous retrouver, rire, et réfléchir à nos projets au profit d'œuvres de bienfaisance.

Ce soir-là, comme pour tous les événements impliquant l'amfAR, des policiers et des fans se massaient le long des rues. Et, comme d'habitude, je suis arrivée avec une escorte de police ; nous étions partis de l'hôtel du Cap-Éden-Roc, dans une voiture fabuleuse prêtée pour la soirée, en longeant d'abord la côte avant de nous enfoncer dans les terres, magnifiques. Durant tout le trajet, j'ai mis au point ce qui était prévu pour la soirée, ouvrant mon esprit à une cause supérieure, attendant d'être guidée par une intervention divine sur laquelle je compte toujours.

Tous les ans, au cours de ce trajet, je pense au montant de la collecte précédente, en souhaitant toujours pouvoir faire mieux. Et cette année-là, je me demandais si je pourrais lever des fonds à une hauteur supérieure aux trente-deux millions de dollars de l'année précédente. Chaque année, je me demande si ce sera l'année qui changera tout. Je m'inquiète pour la sécurité de tous, j'espère que nous ferons face aux menaces, et que le service d'ordre sera à la hauteur. Je me demande si les coanimateurs du gala se pointeront, si les musiciens arriveront, s'ils piqueront une crise ou seront contents et si la soirée sera réussie. Je me demande si, en cas de besoin, je pourrai envoyer une voiture de police pour aller chercher quelqu'un qui, au débotté, attrapera sa guitare avant de venir, comme l'avait fait mon ami Wyclef Jean une année : il avait sauté dans la voiture et était arrivé pieds nus, juste parce que nous avions eu besoin de lui.

Je me demande si nous allons avoir de grosses enchères, si un prince me laissera m'asseoir sur ses genoux ou si une rock star se pointera en sous-vêtements. Je me demande si toutes les combines auxquelles tout le monde s'est livré pour que les objets mis aux enchères arrivent bel et bien sur place ont réussi, car je sais que beaucoup de gens, depuis des semaines, essaient de monter un autre événement de grande ampleur, et que nous faisons ça au profit d'une cause à laquelle beaucoup ne croient pas. Je sais que nous nageons à contre-courant et que ce que nous faisons tient du miracle.

Je prie et je médite beaucoup, je me livre à de nombreux petits rituels. Comme m'étendre, la tête posée par terre, afin de trouver un espace de tranquillité dans lequel me recentrer.

Aujourd'hui encore, je me souviens de l'année où les robes de soirée ne sont jamais arrivées ; la maison Cavalli avait alors envoyé des tenues de rechange par hélicoptère – le pilote avait atterri à l'arrière de l'hôtel à la dernière seconde, et était sorti de l'appareil en courant avec quarante robes sur les bras, en sueur. Ou encore de la fois où la maquilleuse ne s'était pas pointée à l'heure car elle était occupée ailleurs avec une star qui faisait des difficultés. Et aussi de l'année où je ne voyais pas correctement, le gala ayant eu lieu quelques mois seulement après mon attaque. Sans compter les fois où j'avais inventé des trucs et organisé des mini-événements pour collecter de l'argent de manière impromptue. Comme quand Elton avait joué avec Ringo, Sam de Sam & Dave, et quelques-unes de mes amies du milieu du mannequinat, et que j'avais chanté comme choriste.

Depuis toutes ces années, nous nous sommes tous lancés dans l'aventure à corps perdu, en ayant peur de continuer à échouer. À échouer tel que je l'entends, à savoir ne pas trouver de vaccin, de médicaments, de traitements, un moyen pour que ça s'arrête. Pour que la souffrance, la mort, la crise s'arrêtent.

Ces trajets en voiture m'ont toujours incitée à une sérieuse introspection. Je m'y abandonnais totalement. Je devais faire confiance au « ici et maintenant ». Et peu importe ce qui allait se passer, que ce soit dingue, plus ou moins réussi ou bizarre, peu importe la somme que nous allions collecter, je voulais toujours faire mieux, être meilleure, apprendre plus, avancer – et laisser derrière moi ma propre honte de l'échec, pour trouver un moyen de mieux réussir.

À l'arrivée, je sortais de la voiture et me comportais comme une star parce que, après tout, tel était mon boulot.

Cette année-là donc, comme d'habitude, une longue file de fans m'attendait ; comme toujours, j'ai pris le temps de m'arrêter pour leur serrer la main, signer des autographes et poser pour des photos. Puis, avec l'aide de la police, je me suis frayé un chemin parmi des journalistes internationaux, accrédités, triés sur le volet. Je me suis prêtée au jeu des interviews filmées qui seraient diffusées dans le monde entier pour parler de l'avancée de la recherche contre le sida, en termes de statistiques mais aussi à titre personnel, pendant une heure, une heure et demie, en remontant lentement l'allée tout en saluant et accueillant les personnalités qui arrivaient, les célébrités, les têtes couronnées, les donateurs du coin et ceux venus du monde entier, tous dotés d'une immense fortune, des gens privilégiés et les acteurs et actrices venus au Festival pour promouvoir leur dernier film et soutenir notre cause.

Jusqu'à maintenant, j'ai toujours fait ça avec l'aide et les conseils de mon attachée de presse de longue date, Cindi Berger, qui avait accepté d'assumer bénévolement cette responsabilité quand on nous avait demandé à toutes les deux de nous impliquer dans l'amfAR il y a de ça déjà plusieurs années. Quand j'ai rencontré Cindi pour la première fois, elle était assistante. On m'avait proposé d'autres attachées de presse, avec lesquels je n'accrochais jamais. Pat Kingsley, que j'adore, m'avait alors dit un jour qu'elle connaissait une fille à New York avec laquelle elle pensait que je m'entendrais bien, « mais elle est sur l'autre côte », avait-elle ajouté. Eh bien, soit, je venais moi aussi de l'« autre côte », après tout, et j'ai pensé que ce pouvait être une bonne idée. Nous avons tout de suite accroché. Cindi s'est débrouillée pour que je sois en couverture du numéro « Hot » de *Rolling Stone*, en 1992, avant la sortie de *Basic Instinct* ; ce qui n'était pas un mince exploit. Elle a mis en jeu sa carrière florissante pour moi. Cependant, en parallèle de ma carrière, la sienne n'a cessé de progresser, le nombre de ses clients augmentait, parmi lesquels les Dixie Chicks[1].

1. The Chicks (anciennement Dixie Chicks) est un groupe américain qui a exploré divers genres musicaux avec succès, en particulier la country, le bluegrass et la pop. The Chicks est le groupe country féminin ayant vendu le plus d'albums country

J'ai vraiment été fière d'elle quand elle s'est battue à leur côté, en défendant leurs propos au moment où elles ont essuyé de nombreuses critiques pour ne pas avoir soutenu George W. Bush qui avait déclaré des guerres dans lesquelles nous sommes encore impliqués. Cindi a marqué l'histoire quand elle a réussi à les imposer en couverture de plusieurs magazines au lieu de leur demander de s'excuser, au lieu de les obliger à taire leurs opinions. Aujourd'hui, Cindi et ces trois femmes sont du bon côté de l'histoire, et Cindi est la présidente-directrice générale de l'agence de relations publiques et communication PMK-BNC.

C'est grâce à elle que la presse et des gens influents du monde entier viennent aux galas de l'amfAR. Elle a changé la donne pour la recherche contre le sida ; c'est une héroïne méconnue, et elle a été et est toujours ma partenaire dans tout ce que j'entreprends. De même que l'était son employée, la personne à qui j'avais affaire au jour le jour, Danica Smith. Danica travaillait dur et était entièrement dévouée, elle aussi, à la cause de l'amfAR qu'elle soutenait avec enthousiasme.

Cette année-là, je venais d'en finir avec la presse quand Cindi a été appelée pour s'occuper d'un autre problème : Madonna n'était pas arrivée. Elle était très en retard. Comme elle n'était jamais arrivée à la soirée organisée la veille en son honneur sur le yacht de Barry Diller et de son épouse Diane von Furstenberg, nous avons tous commencé à paniquer. Et si, tout simplement, elle ne venait pas ? Alors que je ne sais toujours pas exactement ce qui l'avait empêchée de

---

dans le monde avec plus de 30,5 millions écoulés depuis ses débuts en 1990.

venir sur leur bateau, je sais en revanche que Barry et Diane m'avaient permis de transformer leur soirée en un pré-gala pour collecter des fonds. À cette occasion, j'avais demandé à Kenneth Cole, le président d'alors de l'amfAR, et à Harvey Weinstein, son célèbre acolyte de l'époque, s'ils pouvaient utiliser cet argent afin de financer la recherche en pédiatrie pour des traitements contre le sida en Chine car, cette année-là, notre autre coanimatrice du gala était Michelle Yeoh, et notre attention se portait sur la Chine. J'ai reçu l'accord de tout le monde et on m'a promis des dons s'élevant à deux millions de dollars. Nous avons tous passé une excellente soirée et sommes donc arrivés le lendemain en espérant tous voir Madonna.

Et donc Cindi gérait le retard de Madonna quand, soudain, un journaliste chinois non accrédité m'a accaparée. Il m'a dit quelque chose que je n'ai pas vraiment entendu ou compris, ce qui m'a amenée à déclarer : « Pour commencer, je suis furieuse de la manière dont les Chinois traitent les Tibétains... et puis il y a eu ce tremblement de terre et tout le reste, et je me demande : est-ce la loi du karma qui veut que quand vous n'êtes pas gentils, il vous arrive des malheurs ? »

Oui, j'ai dit ça. Et oui, j'étais furieuse, et je le suis toujours, de la manière dont les Chinois traitent les Tibétains. D'ailleurs, pour être honnête, je suis furieuse de la manière dont de grandes parties du globe traitent d'autres parties du monde. Je suis furieuse aussi de la manière dont mon pays traite les gens. Quoi qu'il en soit, cette déclaration ne concernait pas seulement la Chine et n'était pas une attaque à l'encontre des Chinois. Mais ce « reporter » avait prévu de créer le scandale, et c'est ce qu'il a fait. Il n'était d'ailleurs pas sur la liste des journalistes accrédités, il n'était pas là au profit de l'amfAR ni de la recherche contre le sida.

Quand j'ai dit que je m'étais demandé : « Est-ce la loi du karma ? », je le pensais. Je me l'étais vraiment demandé. Je n'accusais personne. Qu'est-ce que la loi du karma ? Dans mon pays, nous avons été victimes d'une terrible catastrophe avec l'ouragan Katrina à La Nouvelle-Orléans, auquel nous n'étions absolument pas préparés – nous n'étions pas préparés à devoir sauver des gens de notre propre pays.

À cette époque-là, Hillary Clinton était venue à L.A. pour demander à plusieurs célébrités ce que nous étions prêtes à faire pour apporter de l'aide. Nous nous étions tous réunis, assis par terre dans le salon de l'un d'entre nous, et cette femme nous avait captivés. Elle a dit : « Vous avez tous du talent, un talent que je n'ai pas : vous pouvez faire des films, écrire des chansons, faire toutes sortes de choses artistiques pour changer le monde et c'est important que vous le fassiez. » Je ne pouvais donc que la suivre.

J'ai écrit les paroles d'une chanson avec deux jeunes producteurs de disques, Mark Feist et Damon Sharpe, qui ont fait venir une super compositrice pour travailler avec nous : Denise Rich nous a rejoints, a pris les choses en main pour nous apprendre comment ça marchait. Et de nombreux artistes extraordinaires ont participé à l'aventure : ça allait de John Legend au rappeur The Game, de Céline Dion à la jeune chanteuse Joss Stone, de Ruben Studdard à Gavin DeGraw, pour ne citer qu'eux. La chanson est devenue le single de l'album *Come Together Now* – album ayant servi à collecter des fonds pour les survivants de l'ouragan Katrina.

Ce que j'avais voulu dire au journaliste, et ce sans manquer de respect à l'égard de la Chine, c'était : que faisons-nous face à ce qui s'est passé ? Que faisons-nous face à ce que nous avons fait ?

Néanmoins, quand quelqu'un veut que le scandale éclate, il éclate. J'ai eu le sentiment d'avoir été manipulée. J'étais prête à accueillir de nombreuses personnes très importantes, des personnes qui étaient là pour changer les choses – et je les ai accueillies ; j'étais prête à donner cinquante interviews pour expliquer en détail les statistiques mises à jour sur le sida, et je l'ai fait : c'était mon boulot. En revanche, je n'étais pas prête à répondre à un homme venu de nulle part, un homme mal intentionné, équipé d'une caméra vidéo, venu là pour m'alpaguer et me coincer en déformant mes pensées livrées à chaud sur le tremblement de terre en Chine, pour en faire une déclaration grossière et irrespectueuse.

J'avais déjà été contactée par le bureau du dalaï-lama qui souhaitait que je prête mon nom pour soutenir les opérations de secours après le tremblement de terre à la frontière du Tibet et de la Chine, dans la mesure où Sa Sainteté ne pouvait évidemment pas prêter le sien. J'avais bien sûr accepté et j'en étais très honorée. J'étais prête à offrir mon aide aux victimes de ce tremblement de terre. Pourquoi alors ce besoin de me discréditer ? Je ne veux même pas chercher d'explication, car j'aurais tort.

Cindi est revenue et nous sommes allées rejoindre la horde des hommes en smoking : un mur silencieux de photographes qui publieraient les photos dans des magazines et des journaux partout dans le monde. Ces gens-là ont changé l'image du sida en couvrant largement ce type d'événements.

Et soudain, Madonna a fait son entrée. Elle est si menue qu'il est impossible de croire qu'elle puisse avoir en elle cette force dont elle fait preuve. Ainsi, moi qui fais deux fois son poids, je suis incapable de chanter la moindre note.

Ce soir-là, nous nous sommes vraiment amusées. Elle est très professionnelle et, comme toujours, elle a été très sollicitée, en termes de temps et d'attention. À l'amfAR, nous avons été et sommes toujours très reconnaissants du temps et de l'énergie qu'elle nous a consacrés. Sa volonté, son dévouement et son humour m'inspirent. Cette année-là, ensemble, nous avons récolté un peu plus de huit millions de dollars de plus que les autres années – pour la recherche contre le sida en Chine.

De Cannes, je suis partie seule à l'institut Karolinska en Suède, où j'allais rencontrer certains des plus grands scientifiques au monde. Dès mon arrivée, je me suis assise autour d'une table avec une trentaine de médecins et de chercheurs, pour débattre de ce sujet qui nous préoccupe.

J'étais donc là-bas quand, soudain, la nouvelle selon laquelle j'avais offensé par inadvertance la Chine a littéralement fait exploser mon téléphone. Bon sang, comment pouvais-je, à moi toute seule, avoir offensé un pays entier ? Je ne voulais surtout pas entrer dans la polémique. Et surtout, je ne voulais pas répondre et distraire ainsi mon attention de notre volonté, à ces médecins et à moi, d'avancer dans notre travail pour trouver un traitement et un vaccin. Ma priorité n'était pas du tout de participer à ce manège politique. Nous savons tous que le seul moyen de se sortir d'un manège, c'est de ne pas y entrer. Alors pourquoi y serais-je entrée ?

Quand j'avais accepté ce contrat avec Dior qui m'avait sauvée et aidée à construire ma famille, je leur avais annoncé : « Je poursuivrai mes activités militantes. Ce n'est pas négociable. » Ils avaient accepté. Mais maintenant, Dior me demandait de m'excuser auprès de la Chine. Cindi, sans mon accord, consultait des avocats qui, eux aussi sans mon accord, rédigeaient des déclarations afin de présenter publiquement des excuses en mon nom – des déclarations qui ne m'avaient pas été soumises. C'est devenu une crise diplomatique à l'échelle mondiale. Car devinez où était George W. Bush dans le même temps ? En Chine, comme par hasard. Ainsi, j'étais devenue le dindon de la farce. J'étais la star ignorante dont on se servait pour détourner l'attention. Mais la détourner de quoi ? Le saurai-je un jour ? Quelqu'un le saura-t-il un jour ?

Je ne comprenais pas pourquoi j'aurais dû m'excuser, parce que je n'avais aucune idée de ce pour quoi je devais m'excuser. J'avais utilisé mon nom pour aider des gens à recevoir des secours après le tremblement de terre mais, soudain, j'étais devenue l'idiote qui dit ce qu'il ne faut pas, au bon moment pour certaines relations diplomatiques.

Dior a publié un communiqué pour présenter ses excuses en Chine : « Nous sommes en complet désaccord avec ses commentaires hâtifs, dont nous sommes profondément désolés. Dior a été l'une des premières marques internationales à être présentes en Chine, et a gagné l'affection et le respect des consommateurs chinois. Nous ne soutiendrons jamais une opinion blessante pour le peuple chinois. »

Je pense qu'il est essentiel de noter que Dior a publié ce communiqué sans me consulter. Le monde pensait donc qu'une femme pouvait être traitée de la sorte, sans la moindre concertation… Comme si je n'étais pas capable de parler ou de m'exprimer en mon propre nom. Comme si Dior avait droit de regard sur mes pensées, ou que notre relation professionnelle, impliquant une crème de beauté, prédominait sur l'indépendance de mes pensées et de mes sentiments ; tout ça parce qu'un imposteur, un homme malintentionné m'avait manipulée pour provoquer un scandale alors que je faisais mon boulot, à savoir défendre la lutte contre le sida.

Je me suis sentie offensée par la manière dont tout s'est déroulé à mon insu. D'ailleurs, j'en ai profité pour éviter toute « manipulation » de cet ordre. J'ai viré l'avocat, et même Cindi et moi avons eu d'importants différends – résolus à ce jour, ça va de soi. Elle avait subi une très grosse pression à la fois de Dior et de la Chine, tout en faisant, elle aussi, son boulot pour aider à la lutte contre le sida. Un boulot qui n'est pas vraiment une sinécure.

Ça ne change en rien la reconnaissance que j'éprouve. Travailler avec et pour Dior a été une expérience enrichissante et j'en suis sortie grandie. Être professionnelle et savoir l'ouvrir quand il faut ne sont pas pour moi deux concepts antagonistes.

Mais quand on m'a interrogée à propos de #MeToo, j'ai repensé à cet épisode.

Je me demande si un homme aurait été manipulé de la sorte. Chacune de mes intentions, chacune de mes actions était faite en faveur de la Chine. Chacune de mes actions et de mes pensées était destinée à essayer de voir comment tous autant que nous sommes nous pourrions nous améliorer humainement.

Dior a refusé de renouveler mon contrat, pour s'épargner le cirque d'avoir à me virer. En Chine, on m'a inscrite sur une liste noire.

Où est parti l'argent que j'avais collecté pour la Chine ? Devrions-nous poser la question à Harvey Weinstein ?

Dans la mesure où je n'ai jamais été invitée à une réunion du conseil d'administration de l'amfAR, ni n'ai jamais reçu le moindre compte rendu de réunion tout au long des années au cours desquelles je me suis investie dans ce travail, il m'est difficile de croire que les recettes de ma collecte de fonds de cette année-là aient atteint leur destination, surtout après que j'ai été mise sur liste noire. Et même si j'incarnais l'image de l'amfAR, la plupart des informations que j'obtenais au sujet de ses finances, soit je les trouvais sur Internet, soit elles m'étaient transmises par Bennah Serfaty qui travaillait là-bas et qui m'envoyait une rare synthèse d'une page juste avant les événements que j'organisais, et rien d'autre.

J'ai fini par adresser des excuses au peuple chinois : « En raison des mots et de mes réactions inappropriés au cours de cette interview, je suis profondément désolée et triste d'avoir blessé le peuple chinois. Je désire participer aux opérations de secours de l'après-tremblement de terre en Chine, et je suis entièrement dévouée à la cause pour aider les victimes. »

La Chine maintiendra-t-elle mon nom sur la liste noire ? Je ne l'espère pas. J'ai tellement aimé les voyages que j'ai effectués dans ce pays. J'ai toujours le rouge à lèvres que m'avait donné la comédienne d'un opéra chinois que j'y ai vu et adoré. C'est là-bas que j'ai accroché avec le théâtre. Je pense aussi à la nourriture et à l'extrême beauté de la culture chinoise : d'un côté d'une rue, un homme dans un rickshaw, et de l'autre, un panneau d'affichage électronique à plusieurs étages et ultrasophistiqué, comme je n'en avais jamais vu. Quand il s'agit d'évoquer un pays étranger, il est essentiel de l'avoir visité pour savoir de quoi on parle. En apprendre plus sur la Chine et son héritage culturel me manque, avoir l'opportunité d'y emmener mes enfants, si intelligents et curieux de voir le monde, me manque. Je crois qu'on passe à côté des choses quand on ferme son esprit à une compréhension des autres à l'échelle mondiale. Nous avons tous tellement à apprendre des autres et à partager avec eux, quand nous ne sommes pas dans un conflit imaginaire et créé par la peur.

Je désire soulager la souffrance et l'agonie de tous les enfants atteints du sida, je désire être meilleure et utile aux autres. Ce n'est en rien irrespectueux – et cet épisode n'a en rien changé ce souhait pas plus qu'il n'a affecté ma volonté.

Espoir

Depuis plus de vingt ans, avec ma sœur et notre organisation Planet Hope, je collecte des fonds pour acheter des sacs de couchage aux sans-abri du centre de L.A. Nous parcourons les rues des pires coins de la ville et nous distribuons des milliers de sacs de couchage en les lançant depuis l'arrière de gros camions de livraison avec l'aide de quelques-uns des joueurs des Los Angeles Rams[1] qui, eux, savent vraiment lancer. Kelly, Mike, Pat, mon père (avant qu'il ne meure) et moi étions responsables de la distribution des sacs de couchage sous les ponts, sur les rives du réservoir, là où les gens vivent dans des taudis où le niveau de vie est propice au développement du sida. Pat et moi faisons toujours ça à deux, car les gens là-bas qui ne reçoivent aucun traitement peuvent parfois, sous le coup de la souffrance, avoir des accès de folie. Chaque fois que nous y allons, l'une des travailleuses du sexe qui a le sida me demande un sac de couchage en plus. Chaque fois, je la dépanne.

1. Les Rams de Los Angeles sont une franchise de la National Football League basée à Los Angeles.

Son mal et sa souffrance touchent en moi la part la plus sensible.

Quand nous allons là-bas, le gars à l'entrée de la clôture grillagée porte immanquablement une cravate par-dessus son sweat-shirt et nous lance : « Je savais que vous alliez venir », même si notre venue n'est pas toujours programmée. Un jour, la police nous a arrêtés. En fait, un policier m'a enfermée dans le camion et a essayé de rassembler, en rang, tous les sans-abri, pensant ainsi faire régner l'ordre. Assise sur le plancher en métal du camion, je me suis demandé si j'allais être jetée en prison et si je devais téléphoner à mon avocat. Quand le policier a fini par me libérer, j'ai vu qu'au moins une dizaine de véhicules de police étaient garés près du camion, et que tous les flics étaient sortis, tous adossés à leurs véhicules. Celui qui m'avait enfermée m'a tendu son mégaphone. « Faites-les se mettre en rang. Qu'ils dégagent la rue. » J'ai compris que sa propre tentative d'intervention avait échoué, d'autant qu'il s'était rendu compte que tous ces gens ne seraient pas contre être arrêtés afin de pouvoir dormir dans une cellule avec une couverture et de manger un repas chaud.

J'ai obtempéré, pour qu'il comprenne que je respectais l'autorité. Du moins à ma façon, et surtout pour que ces gens aient au moins un endroit où dormir. Nous leur avons passé les sacs de couchage, avons essayé de les faire mettre en rang – pour certains, comme les policiers, voir des gens en rang paraît rassurant. Mais je peux vous dire que, le soir du réveillon de Noël, quand des gosses de quatre-cinq ans sont piétinés par des adultes pour un sac de couchage, la priorité des forces de l'ordre ne semble pas être d'intervenir pour sécuriser la situation. À Los Angeles, des milliers de gens vivent dans la rue. Des enfants, des bambins même. En fait, dans Los Angeles et sa périphérie, chaque nuit, plus de dix mille enfants dorment dans la rue.

La police a voulu que nous louions une aire de stationnement pour éviter tout désordre sur la voie publique. On nous a demandé non seulement de faire mettre en rang des sans-abri, mais aussi d'avoir un système de reçus pour les sacs de couchage afin de savoir à qui nous en avions distribué. On nous a demandé de mettre de l'ordre parmi des gens qui luttaient pour leur survie. On est en droit de douter de la capacité des flics à voir les sans-abri tels qu'ils sont, et de leur capacité à s'en faire seulement une idée.

Selon moi, pour les autorités, la question qui se pose, quel que soit le pays, quelle que soit la culture, est la suivante : est-il pertinent d'aider ces gens ou est-il préférable de simplement les laisser mourir ?

Quand Kelly était infirmière à L.A., elle travaillait pour un chirurgien orthopédiste, un médecin très connu des athlètes, et notamment de footballeurs blessés. Un jour, il avait eu une attaque – il n'était alors plus tout jeune –, mais, voulant pouvoir continuer à travailler, il n'en avait rien dit.

Quand ma sœur, un soir après une journée de travail, est tombée dans l'escalier métallique du cabinet de ce chirurgien, et qu'elle s'est déchiré les muscles et les tendons d'une jambe, elle a eu besoin d'être opérée. Son patron lui a dit qu'il s'en chargeait. Toutefois, alors qu'il devait pratiquer une incision verticale, il a commis l'erreur de pratiquer une incision latérale, lui tranchant certaines veines et autres « trucs » à l'intérieur de la jambe, avant de recoudre sans tenir compte des dégâts occasionnés. Quelques jours plus tard, il est devenu évident que quelque chose n'allait pas : ma sœur avait perdu toute sensibilité à partir du genou jusqu'au pied. Elle a donc demandé à voir la vidéo de l'opération pour découvrir ce qui s'était passé. Il était malheureusement trop tard pour réparer les dégâts ; elle ne retrouverait jamais la sensibilité dans le bas de sa jambe. C'est ainsi qu'elle a dû subir de nombreuses autres opérations, qu'elle a failli ne jamais remarcher et même perdre une jambe.

Elle est partie sur la côte Est pour une opération qui devait durer dix-huit heures. La complexité de celle-ci et la nécessité d'être sous anesthésie pendant aussi longtemps rendaient cette intervention dangereuse. Mes parents l'ont accompagnée. Elle a survécu à l'opération mais a énormément souffert et est restée clouée dans un fauteuil roulant avec une grosse attelle à la jambe pendant plusieurs mois.

Suite à quoi sa descente aux enfers a commencé. Elle prenait trop d'antidouleurs, et elle est tombée en dépression. Nous étions tous terriblement inquiets pour elle.

À l'époque, je faisais du bénévolat dans un foyer de transition pour des adolescentes qui avaient été jugées et condamnées pour crime, et à qui on donnait une deuxième chance en les accueillant dans un centre où elles étaient à l'abri et pouvaient recevoir une éducation. Leurs histoires, le récit des épreuves qu'elles avaient traversées en vivant dans la rue, et ce qui les avait conduites là où elles étaient m'avaient immensément touchée. Quand une gosse est abandonnée et vit dans la rue, elle n'a d'autre solution, au bout de deux semaines, que de se prostituer pour survivre. Ce n'est pas moi qui le dis, les statistiques le prouvent.

J'ai alors décidé d'emmener Kelly au centre de réinsertion pour son anniversaire. Elle devenait accro aux antalgiques et je ne voulais pas la perdre. Mon choix a été loin de lui plaire mais, le jour dit, je suis quand même allée la chercher ; après avoir monté son fauteuil dans ma voiture, nous sommes parties afin d'arriver à temps pour le dîner servi à 18 h 30.

Ces filles sont dures car personne n'a jamais été tendre avec elles, mais elles sont honnêtes et se comportent avec naturel. Kelly avait besoin de voir que des filles pouvaient avoir besoin d'elle, des filles pour qui l'épreuve qu'elle-même traversait importait peu, comparée à ce qu'elles avaient vécu. Elles l'ont tout de suite acceptée.

À la fin du dîner, quand je leur ai annoncé que Kelly allait s'occuper de leur camp de vacances d'été, elle était furieuse. Comment serait-ce possible ? se demandait-elle. Elle ne pouvait même pas marcher ! Elle a cependant pris note de ce que j'avais annoncé – mais, pendant un temps, elle n'a plus voulu avoir affaire à moi.

Après avoir demandé à ma mère de venir à Los Angeles pour l'aider, Kelly a passé un accord avec elle, s'engageant à ne prendre aucun antalgique au quotidien avant d'en avoir terminé chaque jour avec ses activités matinales et la physiothérapie qui s'ensuivait. Pour les filles, elle a enduré la difficulté de ce sevrage. Et elle a réussi à s'en sortir. Mais le camp de vacances étant situé dans les montagnes de Malibu, elle s'est rendu compte qu'elle ne pourrait pas s'en occuper en restant dans un fauteuil roulant. Elle a donc poursuivi sa rééducation et, quand la colo a commencé, elle marchait avec des béquilles.

Quant à moi, je me suis chargée du « cabinet médical » du camp, ce qui signifie que j'ai épouillé toutes les gosses avec des gants en caoutchouc qui montaient jusqu'aux coudes et que j'avais achetés dans un sex-shop, et que, la nuit, quand elles ne pouvaient pas dormir, je les écoutais raconter leurs histoires, dont certaines me hantent encore.

À la fin de la colo, quand elles sont montées dans le bus, l'une des petites filles, une gosse d'environ dix ans, a été victime d'une crise d'angoisse ; elle donnait des coups de pied, hurlait, pleurait. Nous l'avons fait descendre. Ma sœur et moi nous sommes regardées ; nous avions compris. Il nous a fallu du temps avant qu'elle accepte de remonter dans le bus.

Quand elles sont toutes parties, Kelly et moi nous sommes de nouveau regardées. Elle a dit : « Je peux faire mieux. »

Je lui ai alors annoncé que si elle voulait diriger un camp de vacances qui nous appartiendrait, je collecterais des fonds. Et c'est ainsi que nous avons créé Camp Planet Hope, d'abord pour des gosses sans-abri, puis pour des gosses et leurs mères qui, généralement, dormaient dans la rue ou devant d'anciens entrepôts recyclés en foyers, laissant à leurs enfants les lits à l'intérieur.

L'hôpital Cedar-Sinaï nous a procuré des bus médicaux avec l'aide de la famille de Michael Douglas, et nous avons récupéré des bus équipés pour les soins dentaires, fournis par mon ami le docteur Jay Grossman, avec lequel nous avons créé l'association Homeless Not Toothless – « sans-abri mais pas sans-dents ». Ce qui permet aux gosses de recevoir les soins dentaires dont ils ont besoin pour aller à l'école, et aux adultes d'être eux aussi soignés et considérés. Aujourd'hui, nous offrons toutes sortes de soins dentaires, avec toutes sortes de spécialistes, tous bénévoles.

William H. Macy et sa femme, Felicity Huffman, nous ont aidés à collecter de l'argent. À mesure que nous apprenons à devenir transparents, à nous effacer, nous grandissons ; le dépouillement est une richesse.

Beaucoup se sont dévoués à notre cause et ont participé à la gestion du camp de vacances. Kelly a diversifié son travail de bénévole en s'y impliquant très sérieusement. Elle a distribué des chaussures à des familles de travailleurs émigrés et des manteaux à des familles pauvres, avec l'aide de Burlington Coat Factory qui nous donne des manteaux d'occasion ou des invendus – partout aux États-Unis –, pour des familles nombreuses dont les enfants devraient sinon se partager à tour de rôle un seul manteau et qui donc, certains jours, ne pourraient aller à l'école.

Pendant la catastrophe de l'ouragan Katrina, Kelly est partie à La Nouvelle-Orléans avec ses associées et a participé à de petites opérations d'importance vitale, comme fournir de l'insuline à des diabétiques et des lunettes de vue à des gens qui ne pouvaient pas voir sans, ou encore en aidant les soldats qui travaillaient nuit et jour. Chaque année, elle offre des dizaines de milliers de petits cadeaux, avec le soutien de l'entreprise Hasbro[1], à des enfants vivant dans des foyers pour sans-abri. Elle donne des robes de bal invendues ou d'occasion et d'anciens smokings de location à des étudiantes et des étudiants qui sinon ne pourraient participer à leurs bals de promo. Et ça, ce n'est qu'une chose parmi tant d'autres importantes qu'a accomplies et continue d'accomplir ma sœur. J'ai collecté les fonds pendant des années et, aujourd'hui, elle est assistée de plusieurs femmes qui gèrent l'organisation pour elle car elle souffre d'un lupus et est affectée par ses multiples effets secondaires.

Nous avons la chance d'être aidées par Bruce Singer, son époux et mon ami le plus proche, qui répond toujours présent, qui nous soutient, quoi qu'il lui en coûte, ouvrant grand leur maison pour accueillir certains événements, faisant les paquets cadeaux, communiquant avec les autorités, nous aidant sur des questions juridiques – il est avocat et nous donne bénévolement des conseils.

Quand Kelly est trop malade pour venir avec moi, Bruce m'accompagne dans les situations difficiles : aller parler à La Haye, s'adresser aux Nations unies, se battre pour ce qui est juste. C'est Bruce qui nous défend, Kelly et moi. Depuis que notre père est mort, c'est lui qui tient le rôle du chef de famille.

Il y a de ça plusieurs années, je n'ai pas pu me rendre à la soirée d'emballage de cadeaux de Planet Hope, au cours de laquelle nous emballons habituellement des milliers de cadeaux pour des gosses qui

1. Hasbro est une entreprise américaine spécialisée dans les jouets et les jeux, créée en 1923.

vivent à Los Angeles dans des foyers pour sans-abri. Nous recevons, de la part de gens que nous avons harcelés au téléphone pendant des années pour qu'ils nous aident – je veux dire par là que nous n'avons cessé de les solliciter –, des jouets, des jeux, des ballons de basket, du maquillage, du vernis à ongles, des iPod, tout ce que des gosses, du bébé jusqu'à l'adolescent, seront heureux de recevoir pour Noël.

À la suite de quoi, avec tous nos amis et tous les bénévoles, nous nous réunissons habituellement chez ma sœur, où on a installé des tables sur lesquelles sont posées de grosses boîtes, avec les noms de plusieurs foyers pour sans-abri inscrits dessus, et des listes avec le nom des enfants, leur âge et le nom du foyer dans lequel ils vivent. Chaque personne présente doit choisir un cadeau approprié pour un enfant, l'emballer de papier cadeau, écrire le nom de l'enfant dessus, et le mettre dans la boîte adéquate. Cet enfant saura ainsi qu'il n'a pas été oublié. Ça peut prendre une ou deux journées. Généralement, nous emballons dix à douze mille cadeaux. Quand nous avons terminé et dès que nous les appelons, les foyers pour sans-abri envoient des camions pour récupérer les grosses boîtes. L'année où je n'ai pas pu participer à cet événement, Laird, qui avait alors treize ans, s'est proposé pour lire en mon nom le discours adressé à tous nos bénévoles. J'étais ravie et j'ai vu qu'il était super content.

Je repense à tous les voyages que nous avons faits tous ensemble, les vacances et les expériences que nous avons partagées.

Souvent aussi, je me surprends à repenser à ce Thanksgiving passé à l'hôpital en Arizona, et à cette extraordinaire compassion que ces deux bébés, tous deux affreusement malades du sida, avaient éprouvée l'un pour l'autre.

Ces choses-là, tous ces petits moments, ces journées vécues sous le signe de la curiosité et de la volonté d'être utile, m'ont entraînée sur des rivages plus cléments. L'un ou l'autre de ces moments pourrait avoir été le moment clé, celui qui a changé ma vie, le moment qui m'a permis de comprendre qui j'étais... Mais, en vérité, j'essaie encore de comprendre. J'essaie de toucher la vie en plein cœur ; j'essaie de donner la vie que je reçois. À une certaine époque, je suis devenue célèbre et partout où j'allais quelqu'un me sollicitait. C'est l'époque où tout ça m'a dépassé. Que devais-je faire ? Comment être à la hauteur ? Comment savoir qui était sincère et qui ne faisait que profiter des nombreuses et nouvelles opportunités qui s'offraient à moi ?

J'ai d'abord décidé de faire tout ce qu'on me demandait de faire. Et, pour finir, je n'ai plus voulu sortir de mon lit. C'était trop. J'ai alors compris que je devais capituler et me livrer : à moi-même, à un moi plus aimant, plus dévoué. Je devais utiliser mon moi pour moi, un moi meilleur. Ainsi je saurais où et quand on aurait besoin de moi et quand je pourrais être réellement utile.

Parfois, certes, je continue à me disperser et à aller là où je ne devrais pas ; mais, tout bien considéré, il y a tant à faire que ce n'est pas possible autrement. Il y a tant d'enfants à nourrir, de sans-abri à abriter, d'écoles à construire, d'enfants à serrer dans nos bras, d'histoires à écouter, de gens seuls, loin de chez eux, que mes journées se remplissent toutes seules.

Heureusement, ma très chère amie, la marraine de mon fils aîné, m'a un jour trouvé une assistante. Plus de treize ans plus tard, force est de reconnaître que Tina, mon « épouse au travail », a rendu tout ça possible pour moi. Elle est indispensable à la réussite de mes actions : elle organise, suggère, vient me voir avec des histoires de gens dans le besoin, des gens à qui nous pouvons peut-être apporter de l'aide ou que nous pouvons mettre en relation avec des personnes que nous connaissons et qui pourront le faire. Nous avons créé une sorte de réseau de distribution d'aide. Bien évidemment, je ne peux pas répondre personnellement à toutes les sollicitations ; mais nous pouvons parfois trouver quelqu'un d'autre qui le fera.

Pour autant, nous avons parfois essayé d'accomplir certaines choses pour découvrir que le système ne nous laisserait pas faire. C'est ainsi que nous avons compris qu'il est illégal d'installer pour les immigrants des cabinets de toilette et des foyers pour sans-abri à la frontière mexicaine – en fait, c'est un crime. Autre exemple : une année, au moment de Noël, nous avons voulu payer le solde de tous les produits que des clients avaient réservés – et pour lesquels un acompte avait été versé – dans le plus gros supermarché du comté le plus pauvre du pays. La direction du supermarché a refusé. À croire qu'ils aiment que les gens ne puissent pas payer les produits qu'ils souhaitent acheter !

Aider n'est pas facile ; ça engendre de nombreuses tracasseries administratives. Tina a une mémoire phénoménale pour les chiffres et les gens, et moi j'ai une très bonne mémoire des lieux et des choses.

Nous formons une bonne équipe. Et quand on nous le permet, nous réussissons ce que nous entreprenons.

Et c'est gratifiant. Kelly a récemment été soignée par une infirmière qui avait été auparavant l'une des mères hébergées par Camp Planet Home. Nous l'avons sortie, avec son enfant, de la misère de la rue. Elle a été métamorphosée. Il suffit de la voir maintenant.

Le Taureau

J'ai compris combien j'aimais mon père la première fois où il a frôlé la mort. On lui avait diagnostiqué un cancer de l'œsophage, en ne lui donnant que 3 % de chances de survie au-delà de trois mois. Notre famille étant à 85 % irlandaise, inutile de vous dire que nous avons tous bien ri à la lecture de ce diagnostic. Mon attaque cérébrale et ma propre expérience avec la mort dataient de quelques années seulement et, de toute façon, à cette époque, la mort ne nous était déjà plus étrangère depuis longtemps.

Un jour, alors que j'avais une trentaine d'années et que j'étais allée rendre visite à ma famille, j'avais emprunté le vieux pick-up de mes parents, un Volkswagen Caddy, pour rejoindre quelques amis au country club, à une heure de route de la maison. La nationale qui mène au club débouche directement sur un lac, au bord duquel est planté un grand panneau d'affichage en bois. Presque arrivée là-bas, j'ai roulé sur une plaque de verglas ; j'étais soudain incapable de contrôler ma trajectoire – il fallait que je me contente de donner de petits coups de freins et d'essayer de tourner le volant afin d'orienter le pick-up pour éviter d'atterrir dans le lac. Je me suis donc débrouillée pour foncer dans un poteau téléphonique afin d'arrêter ma course folle. Cependant, j'avais pris tellement de vitesse sur le verglas qu'en heurtant le poteau…

Mais avant de vous raconter la suite, une petite digression s'impose. Ma doublure au cinéma, la cascadeuse Donna Evans, m'avait appris à planter une voiture sans provoquer de dommages physiques. C'est pourquoi, avant de foncer, je m'étais efforcée d'aligner le Volkswagen Caddy avec le poteau, j'avais lâché le volant, levé les pieds des pédales, croisé mes bras sur ma poitrine, pris une grande inspiration et expiré au moment de l'impact.

… J'ai heurté le poteau tellement fort que le pick-up a été coupé en deux. Le moteur s'est retrouvé enfoncé dans le radiocassette et la cassette s'est alors mise en route, ce qui m'a foutu une sacrée trouille. Quand j'ai enfin levé la tête, j'ai vu que le choc avait aussi fendu le poteau et qu'il avait été brisé à mi-hauteur : la partie supérieure pendait en se balançant au-dessus du pare-brise, retenue par les câbles téléphoniques.

J'ai ouvert la lourde portière du pick-up et en suis descendue. La voiture était foutue mais je n'avais pas une seule égratignure. Merci Donna Evans, la plus grande cascadeuse au monde. D'ailleurs, c'est elle qui conduit comme une dingue pendant les courses-poursuites les plus folles dans *Basic Instinct.* Plus tard, je lui ai demandé pourquoi elle avait déboîté devant un semi-remorque qui arrivait en face sur la nationale en direction de Stinson. Elle m'a tout simplement répondu : « Oh, je savais que je pouvais le faire. » Donna est la meilleure cascadeuse que je connaisse, la plus cool et, chaque fois que nous avons travaillé ensemble – ce que nous continuons d'ailleurs de faire –, c'est-à-dire souvent, elle s'est montrée on ne peut plus gentille et charmante.

Quand j'ai appelé mon père pour lui dire : « Salut, papa. Je viens de bousiller le pick-up », il a juste répondu : « Oh, je savais que je n'aurais pas dû te laisser conduire seule par un temps pareil. J'arrive, je viens te chercher. » Tout simplement.

Des années plus tard, alors que j'avais quarante ans passés, on lui avait donc diagnostiqué un cancer. Que pouvions-nous faire, sinon en rire, et blaguer ? Nous sommes irlando-américains, et c'est ce que nous avons fait. Par exemple, nous lui avons dit de porter son smoking quand il voulait laver sa voiture, pour qu'il puisse ainsi le rentabiliser avant qu'il ne soit trop tard. Ou encore, nous arrivions pour le petit déjeuner et lui lancions : « Tiens, t'es encore là ? » Pour autant, et à notre façon, nous avons aussi pris les choses au sérieux. Et tout le monde a fait sa part de boulot. Il a été décidé que mon père viendrait habiter chez moi avec ma mère.

Quand mes parents sont arrivés, je n'ai eu qu'à faire quelques pas pour les rejoindre dans la maison d'hôtes que j'avais construite pour eux. En m'attendant, mon père faisait les cent pas, mais quand je me suis assise sur le canapé, il est venu s'installer à côté de moi et a posé sa tête sur mes genoux. Je n'avais jamais été autant prise au dépourvu de toute ma vie. Il faut savoir que quand il vous serrait dans ses bras, mon père était du genre à vous broyer – il n'avait jamais été question de tendresse… jusqu'à ce jour.

J'étais pétrifiée ; je ne l'ai pas touché. J'avais passé tellement d'années sans jamais avoir su comment faire. Quand il a parlé, j'ai juste baissé les yeux sur lui. « Qu'est-ce qu'on va faire ? » m'a-t-il demandé. Comme si je le savais, comme si ma foi et ma guérison holistique – avoir une bonne alimentation, pratiquer une activité physique, méditer et prier – pouvaient le sauver. Comme si, pendant toutes ces années, il ne m'avait pas prise pour une conne alors que je cherchais la vérité, la lumière. Mon Dieu, j'espérais tellement qu'il avait eu tort.

Timidement, j'ai posé ma main sur son épaule. « Bon. Je ne suis peut-être pas celle qui peut t'aider, ai-je commencé, alors que je ne parvenais pas à dissiper suffisamment vite mon trouble pour lui être utile. Mais nous allons te trouver les gens qu'il faut. Toutefois, il va falloir y croire, il va falloir que tu fasses preuve de bonne volonté et que tu abandonnes ton ancien système de croyances. »

Il s'est levé et s'est remis à faire les cent pas. Il m'a regardée et, tout en se frottant la nuque, il m'a dit : « Je serais prêt à boire de la pisse d'âne s'il le fallait. » Et j'ai soudain compris qu'il avait peut-être plus la foi que moi.

Mon père, qui avait commencé dans la vie comme le Grand Santini[1], mais qui avait encore l'allure d'un

1. Protagoniste éponyme du roman de Pat Conroy, qui dessine le portrait d'un tyran domestique, raciste, belliqueux, dévot et brutal, et de ses victimes, son épouse et ses quatre enfants. L'ouvrage a été adapté au cinéma et insiste sur le courage au combat d'un aviateur américain qui contraste singulièrement avec ses difficultés au foyer. Tourné en 1978 et 1979, ce film se déroule lors de la courte accalmie entre la guerre de Corée et la guerre du Vietnam.

élégant mafieux irlandais de la vieille école, avait fini par ressembler, en son for intérieur, à Mr Rogers[1].

Le lendemain, nous sommes allés au centre médical de mon quartier et le diagnostic a été confirmé : oui, il était complètement foutu. Les médecins ont dit qu'ils ne pourraient pas pratiquer une ablation de la tumeur car elle s'était logée aussi dans la paroi de l'œsophage et, à moins qu'elle ne se résorbe, il était impossible d'opérer.

Nous sommes rentrés, il m'a regardée et a dit : « Bon, que va-t-on faire, maintenant, ma grande ? »

J'ai pris une grande inspiration : « Eh bien… selon les pronostics, il ne te reste que trois mois pour les faire mentir ; j'imagine donc qu'il te reste une semaine environ pour que cette tumeur se résorbe dans l'œsophage afin que tu puisses être opéré. »

Il m'a regardée droit dans les yeux, sans se démonter. « Et comment je dois m'y prendre ? »

Il n'avait jamais expérimenté la méditation, ni le yoga, les exercices de respiration, aucune des méthodes de guérison orientales. Il n'en avait d'ailleurs jamais eu le temps.

« D'accord. Voilà ce que tu vas faire. Je veux que tu visualises cette tumeur, OK ? » Ce qu'il a fait. « Maintenant, tu y associes une couleur que là encore

1. *L'Extraordinaire Mr. Rogers* (*A Beautiful Day in the Neighborhood*) est un film américain sorti en 2019. Il raconte l'histoire de Fred Rogers, le présentateur de télévision américain qui, de 1968 à 2001, a animé un programme éducatif, « Mister Rogers' Neighborhood », suivi par des millions de téléspectateurs. En vue d'écrire un article sur le sujet pour le magazine *Esquire*, un journaliste rencontre le présentateur. Il va découvrir un homme qui s'avère bien différent de ce qu'il avait imaginé.

tu visualises très clairement. À partir de là, chaque fois que tu penseras à ton cancer, je dis bien *chaque fois*, peu importe que tu sois en train de parler, marcher, pisser, dormir, je veux que tu fasses cet exercice de méditation. Tu es prêt ? »

Il a répondu oui, aussi simplement et facilement que si je lui avais demandé s'il voulait un Coca-Cola. « Je veux que tu visualises la tumeur et que tu la replaces à l'intérieur de l'œsophage ; il faut qu'elle puisse se résorber, c'est tout. Tu penses que tu peux faire ça ? »

Là encore, il a répondu oui. Il ne m'a pas demandé comment s'y prendre ni ce qu'il se passerait s'il n'y parvenait pas ou si ça ne marchait pas, il n'a pas dit qu'il n'avait pas compris ce que je lui disais. Il a répondu oui, et c'était : oui, d'accord. Il était ainsi. Oui, c'est oui, et il a tout fait exactement comme il avait dit qu'il le ferait.

J'ai grandi avec un père qui a dit un jour : « Un homme ne vaut que par sa parole. » Et il a tenu parole. Il attendait la même chose de nous tous. Sans exception. Il ne croyait pas à la nécessité de signer des contrats ; un accord verbal validé par une poignée de main lui suffisait. Il croyait en la nécessité de regarder quelqu'un dans les yeux en lui parlant ; et si, en retour, on ne vous regarde pas dans les yeux, vous savez alors que vous ne pouvez pas accorder votre confiance à votre interlocuteur. Quand nous étions enfants, ma sœur, mes frères et moi, nous avons été punis plus souvent pour avoir menti que pour avoir éventuellement mal fait quelque chose ; si nous avouions et que nous faisions preuve de bonne volonté en voulant bien refaire les choses correctement, nous pouvions éviter la punition.

Je savais donc que je pouvais compter sur lui.

Et, en effet, une semaine plus tard, la tumeur s'était résorbée dans l'œsophage. Pas seulement en partie. Entièrement. Il pouvait donc être opéré. Il avait réussi grâce à la méditation et à force de volonté : la volonté de vivre.

Les médecins nous ont alors annoncé que la phase de l'opération la plus dangereuse est le moment où ils enlèvent l'œsophage et la partie supérieure de l'estomac ; c'est à ce moment-là que le rythme cardiaque peut ralentir brutalement. J'ai donc dit à mon père d'inventer un exercice de méditation au cours duquel il identifierait ses battements de cœur à un tambour, et d'ignorer tout ce qui se dirait ou se ferait dans la salle d'opération. Je lui ai dit de demander à tous ceux qui seraient présents dans la salle de ne pas parler d'autre chose que de l'opération – de ne pas parler sauf pour évoquer ce qui était nécessaire au bon déroulement de cette opération. Parler seulement pour battre du tambour – son tambour. Il l'a fait. Et son rythme cardiaque est resté stable tout le temps de son opération ; l'opération était réussie. Ils l'ont surnommé « le Taureau ». À l'hôpital, ils ont donné son nom à l'une de leurs machines.

Il a subi dix-huit autres interventions chirurgicales de suivi pour élargir l'ouverture de sa gorge. Les médecins nous avaient dit que personne ne pouvait gagner dans la lutte contre ce cancer. Pour autant, à chaque intervention, il s'est livré à des exercices de méditation pour pouvoir gagner. Un jour, avant l'un de ces examens de suivi, ils ont appelé pour dire qu'ils avaient vu « quelque chose » sur le dernier scan, et qu'il fallait qu'il aille tout de suite se faire réexaminer. Il est d'abord passé chez moi pour en parler. Il m'a demandé : « T'en penses quoi ? » J'ai répondu que peu importait ce que je pensais, ce qui importait c'est ce que *lui* en pensait mais que, selon moi, il devait décider que c'était « quelque chose » dont il pourrait se débarrasser. Je lui ai alors suggéré de penser à une truite qui lui remonterait dans le cul pendant qu'il pêcherait. Il est parti à son rendez-vous en riant. Et il est revenu avec un grand sourire. « Ce n'était que du tissu cicatriciel », m'a-t-il expliqué avec un clin d'œil.

Cinq ans plus tard, il était toujours en rémission.

Mais c'est alors qu'on a découvert qu'il souffrait de la maladie cœliaque, caractérisée par une intolérance permanente au gluten provoquant une altération de l'intestin grêle ; et, peu de temps après, on a appris qu'il avait la maladie d'Alzheimer et celle de Parkinson. Je lui ai alors dit qu'il avait brûlé tous ses vaisseaux ; qu'il s'était autosiphonné, il battait l'efficacité de Drano, le produit de débouchage liquide extrêmement efficace. Malgré tout ça, je suis convaincue que pendant tout le temps où il a été malade, mon père a été profondément aimé. Il a reçu l'amour de ma mère : une femme résolue et fidèle, une dingue, une dingue intelligente, drôle et belle. Je n'ai jamais vu un amour comme le leur : incroyablement vaste et pourtant ô combien solide – ayant résisté à tout.

Il n'a cessé de pratiquer la méditation jusqu'à la fin de sa vie. Une fin transcendantale, paisible, sans souffrance, même si son corps disparaissait sous nos yeux. Jusqu'à la fin, il a eu l'allure d'un danseur de ballet : tout en os et en muscles. Toutes ces années passées à soulever d'énormes blocs de métal en tant que graveur de matrices en plomb avaient transformé son corps, costaud, viril et musclé, en un corps de danseur classique.

Il ne s'est réveillé du coma que pour réclamer un dernier baiser de la part de ma mère, sa compagne pendant soixante ans. Mon père était un homme pragmatique, travailleur, et d'un naturel sceptique ; il était l'exemple même de la bonté de Dieu – il était l'exemple même de l'homme intègre et désintéressé, ce qui a renforcé ma foi.

Avoir une deuxième vie m'apprend à accepter la perte. La perte de celles et ceux qui nous sont chers : mon père, mes trois plus proches amies, mon mariage, ma santé, la garde de mon fils, ma carrière, ma stabilité financière – mon identité en quelque sorte. Le chagrin et le sentiment d'échec qui en ont résulté m'ont minée.

Mais le truc, c'est que… je n'ai finalement rien perdu.

Dans le bouddhisme, on en vient à apprendre et comprendre que le vide complet doit précéder le renouveau. Un vide non pas à 59 %, mais un vide total, une entière transparence et une véritable complétude. C'est ce dont parlait Richard Gere en disant « Libéré, libéré, libéré. Libéré, libéré, complètement libéré. Illumination ». C'est le moment où nous sommes purifiés et où le renouveau peut commencer. Dans mon cas, je me suis sentie entièrement libérée,

libérée, libérée et c'est alors que la lumière m'est apparue.

Nos parents tirent leur révérence un jour, et à un moment où non seulement nous ne sommes pas prêts mais aussi où nous sommes occupés. J'étais occupée, c'est vrai. Et vous savez quoi ? C'est moche. Nos amis eux aussi disparaissent et, parfois, c'est la loi des séries et c'est affreux. Une légende dit qu'à Hollywood on meurt par trois. Aussi, quand l'un d'entre nous meurt, nous nous figeons, dans l'attente. En peu de temps, j'ai perdu trois de mes amies. Après avoir traversé avec elles – des femmes guerrières – l'épreuve du cancer, j'ai l'impression de comprendre ce que ressentent les frères d'armes. C'est impossible à expliquer. C'est une expérience à la fois horrible et violente, mais qui donne aussi lieu à la création de liens affectifs profonds et inédits.

La première de ces femmes a été Marge. Je ne la connaissais absolument pas quand nous nous sommes un jour retrouvées toutes deux dans un cercle privé de Hollywood. C'était au cours de la soirée précédant la remise des Oscars que nous espérions recevoir pour *Casino* ; une soirée que Susie et Harold Becker avaient organisée pour nous. C'était une soirée glamour, pleine d'effervescence. À la toute fin, on aurait dit qu'à l'intérieur de notre cercle un ovale s'était dessiné autour de Marge, un ovale de décontraction. Elle était plutôt drôle et j'avais entendu dire qu'elle était l'une des scénaristes de la série *Seinfeld*. En m'approchant d'elle, alors que nous en étions tous à faire des blagues et à nous lancer des vacheries, je lui ai demandé : « Hé, c'est quoi cette boule à zéro ? » ; ce à quoi elle a rétorqué : « Cancer. » Le silence s'est abattu autour de nous. Mais nous avons continué à nous regarder, sans qu'aucune de nous deux détourne les yeux. Le reste de l'ovale s'est esquivé et nous avons éclaté de rire comme des folles, bêtement.

J'ai enchaîné : « Waouh, c'est vraiment intéressant. Je voudrais écrire un scénario pour un film dans lequel je jouerais la Mort qui veut démissionner car personne ne l'aime. Tu dois penser à la mort tout le temps, non ? Tu veux participer à l'écriture du scénario ? » Et c'est parti. Nous sommes devenues inséparables.

Vous pourriez penser que nous avons écrit un super scénario. Mais non. Elle n'allait pas tarder à mourir, et je suis devenue l'une de ses deux principales aides-soignantes. L'autre étant Kathleen Archer, une femme vivant dans le voisinage de Marge, qui avait remarqué qu'elle ne promenait plus son chien et qui était donc venue lui rendre visite pour savoir si tout allait bien. Nous avons formé ainsi une équipe et sommes devenues de très bonnes amies pendant un certain temps. Un temps précieux.

Nous avons traversé des moments formidables. Et les pires moments ont souvent été les plus drôles. Je ne sais pas comment Kathleen et moi avons fait. Ma mère nous a beaucoup aidées. À l'époque du silencieux *mot en c*, elle avait perdu sa plus proche amie, Elsie, d'un cancer, et n'avait jamais retrouvé une amitié comme la leur. Elle comprenait.

Ma mère a donc préparé les tartes au citron meringuées que Marge voulait pour célébrer la soirée des Oscars. Marge ne pouvait plus manger mais elle avait eu envie d'avoir une dernière fois sous les yeux des tartes au citron meringuées, ne serait-ce que pour les sentir. Ce soir-là, nous les lui avons donc livrées et je me suis mise au lit avec elle pour regarder la télé. C'est là que nous avons vu les gens qui commençaient à se rendre à la cérémonie et j'ai réalisé que j'étais censée y aller moi aussi. J'étais *nominée.*

« Nom de Dieu de bordel de merde, Marge, il faut que je file !!! me suis-je exclamée.

— Toi, toi, toi, toujours *toi* », a-t-elle dit en riant, tandis que je partais en courant, mes chaussures dans une main, ma mère sur mes talons.

Au cours des quelques jours précédant cette cérémonie des Oscars, Vera Wang[1] et moi avions réfléchi à plusieurs robes que je pourrais porter ce soir-là. Nous avions fait des essais de tissu, certains heureux, d'autres moins. Et nous avons fini par nous arrêter sur deux robes. L'une des deux n'allait pas car le tissu vrillait, ce qui pour nous était amusant et créatif, mais nous avons dû nous rabattre sur la seconde. Vera a fini de la coudre et me l'a envoyée par FedEx depuis New York. Elle est arrivée la veille de la cérémonie mais, quand le chauffeur a sorti la boîte de l'arrière de son camion, elle est tombée et, pour des raisons qui m'échappent, le chauffeur est reparti en marche arrière en écrasant la boîte qui s'est ouverte ; tout le devant de ma robe rose de soirée était souillé d'une grosse trace de pneu.

Je l'ai ramassée, je suis rentrée, me suis assise et mise à pleurer. Puis j'ai appelé Ellen Mirojnick, qui s'était occupée de tous les costumes pour *Basic Instinct* et tous les autres films de Michael. Ellen

1. Vera Wang est une styliste américaine d'origine chinoise, connue, entre autres, pour ses collections de robes de mariée.

est arrivée, a d'abord jeté un coup d'œil à la robe avant de se tourner vers moi et d'évaluer la situation. Je devais animer deux remises d'Oscar avec Quincy Jones. Et j'étais *nominée.* Nous nous sommes regardées.

« Bon, va chercher dans ta penderie tous tes trucs préférés, a-t-elle dit.

— Tenues de soirée ?

— Non, les trucs que tu préfères. »

C'est ainsi que j'ai sélectionné beaucoup de vêtements noirs – l'instinct Johnny Cash – que j'ai étalés partout sur le sol de ma chambre ; Ellen a alors commencé à combiner des tenues. Nous avons fini par choisir une longue jupe noire de prêt-à-porter Valentino, avec le célèbre, mais désormais tombé en disgrâce, col roulé noir de chez Gap, et une longue veste de smoking en velours de soie noir Giorgio Armani, à porter ouverte par-dessus le reste. Et j'ai cueilli un gardénia de mon jardin en guise de *boutonnière**. Mon père me servirait de cavalier. Ainsi tout irait pour le mieux.

Cet incident, ce coup du sort, a paru non seulement me libérer mais aussi révéler l'artiste qui est en moi, me permettant de comprendre que je n'étais pas là grâce à ma robe ou en raison de la cérémonie, mais pour le travail que j'avais accompli. Je me sentais plus solide, plus ancrée, plus présente à moi-même dans ce col roulé Gap que dans beaucoup de robes de soirée sophistiquées, difficiles à porter. J'ai aussi appris qu'être habillé confortablement était une étape essentielle pour définir son propre style vestimentaire.

Le meilleur dans tout ça est que j'ai partagé toute cette aventure avec des amies. D'abord avec Vera

Wang, avec qui j'avais commencé à travailler au début de ma carrière, et dans une période de transition pour la sienne, quand elle était passée de la création de robes de mariée à la mode. Puis avec Ellen, quand nous avons, en quelque sorte, toutes deux créé une nouvelle mode spéciale Oscars, et que nous nous sommes amusées, transformant une situation de panique en aventure.

Tout ça se passait à l'époque où deux de mes amies mouraient d'un cancer ; c'était l'époque où, entre amies, nous nous serrions toutes les coudes, pour tout. Même au cours de la saison des Oscars, les moments partagés acquéraient une signification plus profonde. En s'unissant, les femmes transforment toute chose, importante ou non, en action de grâce.

Quelques mois après la cérémonie, j'étais au téléphone avec Kathleen quand l'opératrice nous a interrompues. « J'ai un appel urgent pour Kathleen ou Sharon. » Nous savions de quoi il s'agissait. Kathleen a dit : « Laisse-moi prendre l'appel. » J'ai accepté. J'avais un rendez-vous que je ne pouvais pas manquer ; je ne sais plus où, et peu importe, mais quand, installée au volant de ma voiture, j'ai jeté un coup d'œil dans le rétroviseur, j'ai vu Marge assise sur le siège arrière, un court instant, juste avant qu'elle ne disparaisse.

Je deviens souvent amie avec des gens qui, je finis par l'apprendre, sont originaires de Pennsylvanie. À San Francisco, je me suis fait une seule vraie bonne amie : Caroline. La première fois que nous nous sommes rencontrées, je l'ai entendue avant de la voir : une voix avec un accent typique de la région d'où je venais. « T'en as d'jà mangé ? l'ai-je entendue demander. Tu sais quoi ? J'â tué un chevreuil, j'lai accroché su'l toit de mon véhicule, tu veux voir ? J'ai du soda dans mon camion. » J'ai ri aux larmes en l'écoutant. C'était comme un langage sibyllin, une poignée de main secrète du temps de mon enfance. J'ai suivi la voix et, immédiatement, nous sommes devenues de fidèles amies.

Comme moi, c'était une femme d'une quarantaine d'années, originaire de Pennsylvanie. Intelligente, vive, lesbienne aux cheveux courts, elle vivait sans heurts son homosexualité à San Francisco, et était professionnellement très compétente. C'était une magicienne de la haute finance. Les plus grosses entreprises faisaient appel à elle. Elle était extrêmement drôle, d'une grande gentillesse, et avait beaucoup de charme. Le jour où je l'ai rencontrée, elle s'occupait de redresser le bilan comptable du médecin qui l'avait sauvée du cancer du sein, et moi j'avais rendez-vous pour ma première tumeur aux seins. La manière dont nos chemins se sont croisés est un exemple classique de don du ciel. Ne sachant pas encore que ma tumeur serait en réalité bénigne, Caroline pensait qu'elle pourrait être là pour moi face à la maladie, qu'elle serait mon alliée. Au lieu de quoi, c'est moi qui allais devenir la sienne, et ce jusqu'à la fin. En effet, des années plus tard, Caroline est venue me voir pour m'annoncer qu'elle souffrait de nouveau d'un cancer. Elle m'a expliqué qu'elle avait d'abord pensé avoir une simple giardiase, une infection de l'intestin qu'on attrape en buvant de l'eau impure. Mais non, il s'agissait d'un cancer et, cette fois, d'un cancer de l'estomac.

À cette époque, Roan avait à peine un an. Il était sur mes genoux. J'ai décidé qu'il ne fallait pas se laisser démoraliser, et que nous allions nous en sortir. Pourquoi perdre du temps en pensant au pire ? À ce moment-là, Roan a jeté ses petits bras autour du cou de Caroline.

J'ai été aussi présente et utile que je le pouvais. C'est l'époque où nous avons pratiquement vécu ensemble. J'avais des vêtements à moi chez elle et elle des vêtements à elle chez moi. C'était incroyable. À la presque fin de sa vie, Caroline et moi sommes allées à Hawaii. Nous avons dépensé des sommes folles en louant une maison privée sur le terrain de golf de l'un des meilleurs hôtels de l'archipel. Nous jouions au golf tous les après-midi, profitant de l'air frais de l'océan. C'était la saison où les baleines passent au large et s'amusent en sautant hors de l'eau. Nous revenions au club-house au coucher du soleil – nous émerveillant de ces luxuriants couchers de soleil tropicaux –, pour nous détendre : elle buvait un verre d'alcool et moi un Coca et un thé… À ce stade-là, elle n'avait plus de cheveux. Je les lui avais rasés quand ils avaient commencé à tomber. Elle avait déjà laissé des capsules de Marinol, une deuxième paire de lunettes et quelques pyjamas chez moi. Et c'est à ce moment-là qu'elle et moi avons compris que ça n'allait pas bien ; nous savions que nous arrivions à la fin de notre périple à deux.

Elle a dit à ma mère : « Je serais déjà morte si votre fille voulait bien lâcher prise. Mais non, il faut qu'elle continue, qu'elle insiste. » Nous avons toutes trois éclaté de rire, comme pour enfreindre le protocole. Ma mère avait elle aussi traversé des moments difficiles ; elle savait ce que c'était et savait comment s'en sortir.

Caroline est morte chez elle avec sa compagne de longue date, tandis que mon mari et moi leur parlions au téléphone en essayant de les aider à traverser au mieux cette épreuve. Même mourante, c'était comme si elle nous tendait la main. Elle était comme ça.

Il faut aussi que je vous parle de Kristin qui, pendant des années et bien qu'elle fût une femme, a été ma cheffe de sécurité. Je l'avais rencontrée pour la première fois au volant de la limousine que j'avais louée pour me conduire à une soirée. Elle était professionnelle et d'une grande gentillesse, et arborait une flamboyante chevelure rousse. C'était une chauffeure remarquable, efficace, rapide, prudente et sérieuse. Je lui avais alors demandé si elle avait une formation en protection rapprochée, et c'était le cas. Elle m'avait raconté qu'elle avait été shérif dans une petite ville dans le nord de la Californie, qu'elle avait conduit un fourgon blindé de la Brinks, et qu'elle avait effectué des transferts de criminels d'une prison à une autre. J'avais pensé que c'était vraiment dingue. Et quand je lui avais aussi demandé si elle avait toujours un permis de port d'armes, elle m'a répondu par l'affirmative.

À compter de ce jour-là, et pendant des mois, j'ai fait appel à ses services à de très nombreuses reprises.

Un soir, après avoir participé à la cérémonie des Oscars, je me suis changée pour enfiler ma toute nouvelle minirobe couleur chair brodée de perles et mes toutes nouvelles chaussures à hauts talons sur la banquette arrière de la limousine pour me rendre à une *after* chez Elton John ; elle m'attendrait jusqu'à l'aube, assise au volant de la limousine qu'elle avait garée juste devant l'entrée de la demeure du chanteur. Mais quand la soirée a été terminée et que je suis sortie, j'étais tellement excitée, comme sur un petit nuage, d'avoir vécu tous ces moments inoubliables, que je ne m'étais pas préparée à la ruée des fans qui ont renversé les barrières de sécurité pour se précipiter sur moi. Quand je m'en suis rendu compte, trop tard, j'ai commencé à courir en direction de la voiture avec mes nouvelles chaussures et j'y étais presque quand j'ai dérapé. Il était clair que j'allais tomber et me fracturer les tibias en atterrissant sous la voiture ; je ne pouvais rien faire pour arrêter ma chute. C'est alors que Kristin m'a rattrapée en agrippant l'arrière de ma robe à deux mains, qu'elle m'a relevée et jetée tête la première sur la banquette arrière de la limousine, avant de claquer la portière, de sauter sur le siège avant et de démarrer sur les chapeaux de roue ; nous avons foutu le camp juste à temps.

Pour elle, ce genre d'incidents n'avait rien d'exceptionnel. Une autre fois, nous étions à un match de basket des Lakers de Los Angeles à l'époque où les viseurs laser commençaient à être à la mode et quelqu'un en avait pointé un juste à l'arrière de ma tête. Kristin s'est placée derrière moi, face aux gradins, et le faisceau lumineux était alors braqué droit sur sa poitrine. En signalant au chef de la sécurité du stade qu'il fallait me sortir de là, elle a grimpé les gradins en courant, écartant les gens sur son passage, regardant droit devant elle. Elle avait repéré le connard qui me visait.

Je me souviens aussi de l'épisode du courrier menaçant que je recevais de la part d'un « fan ». Il m'envoyait des lettres en provenance de la côte californienne, dans lesquelles non seulement il me déclarait son amour, mais il me prévenait que cet attachement qu'il éprouvait pour moi pouvait être dangereux. Personne, aucun détective, n'avait pu le retrouver. Pourtant, au vu des tampons de la poste, il se rapprochait de plus en plus de mon domicile, jusqu'au jour où j'ai fini par trouver une enveloppe déposée, sans avoir été postée, directement dans ma boîte aux lettres. J'ai alors demandé à Kristin d'intervenir et de partir en chasse pour retrouver l'expéditeur. Ce qu'elle a fait. Elle l'a retrouvé dans un camping près de chez moi. Elle lui a expliqué que je l'avais mandatée pour le trouver et qu'elle avait besoin de savoir s'il était bien l'auteur de toutes les lettres que j'avais reçues et que, pour ce faire, elle devait en comparer l'écriture, manuscrite, à la sienne. Ayant alors la preuve qu'il était coupable, elle l'a plaqué au sol et a appelé la police qui avait échoué à le retrouver. Comme toujours, elle a fait du bon boulot.

Au début, quand les gens ont vu que j'avais recruté une femme comme chef de ma garde rapprochée, nous avons entendu des tas de conneries. Penser qu'une femme puisse faire ce job, et bien, était pour beaucoup une offense. Comment imaginer qu'elle puisse réussir ? entendait-on. Elle a été en butte à des critiques, des attaques, même de la part de confrères. On a tailladé nos pneus. On a mis des saloperies dans le réservoir d'essence. Elle n'a jamais moufté. Elle s'est contentée chaque fois de réparer les dégâts, de prendre la situation en main avec élégance et fermeté, sans jamais en parler ni se plaindre à moi ou à qui que ce soit. Bien évidemment, j'étais au courant, mais je l'ai laissée creuser seule sa place dans le monde.

Tout ce que je dois dire, c'est qu'elle a continué à étudier tous les jours, assise sur le siège avant d'une voiture, quand elle ne passait pas son temps à conduire. Pour moi, peu importe ce qu'elle étudiait, tant qu'elle s'instruisait. Voyez-vous, son père, qui avait été physicien nucléaire pour la NASA, avait aussi été un père et un mari violent. Quand elle était petite – vers quatre ou cinq ans –, si elle faisait une bêtise, il l'enfermait dehors toute la nuit et elle devait dormir sur les marches devant la maison. Quand il est mort – de mort naturelle, une crise cardiaque –, la police les a interrogées, elle et sa mère ; n'ayant montré aucun signe de tristesse, elles devenaient suspectes.

Elle s'était donc endurcie – tout au moins en apparence, car elle n'était en fait que douceur et, bien évidemment, c'était une jeune femme brillante. Me déplacer avec elle pendant quatorze ans a été merveilleux. On aurait pu continuer ainsi pendant longtemps, jusqu'à la fin de nos vies. Ça a été le cas pour elle. Elle a eu un cancer endocrinien alors qu'elle n'avait que trente-neuf ans. Elle avait vraiment une vilaine peau, qui lui donnait mauvaise mine, et, comme son dermatologue ne réussissait pas à résoudre le problème, je l'avais envoyée passer des examens médicaux plus poussés. Les résultats ont montré qu'elle avait un cancer. C'est Kristin qui avait conduit mon père tous les jours pour sa chimio et le médecin qui s'occupait de lui était alors tombé amoureux d'elle. Et c'est ce même médecin qui s'est occupé de son cas ; il a appelé dès les premiers résultats pour dire qu'il pensait qu'ils étaient faux car elle était trop jeune. Il lui a donc fait repasser des examens. Cependant, quand il a rappelé, il pleurait.

Je jouais dans la série *The Practice* quand nous avons appris la nouvelle. Kristin et sa compagne sont venues sur le plateau pour en parler. J'ai essayé de tenir le coup mais j'ai pété les plombs. Et quand elles sont parties, je n'ai pas su quoi faire ; je me suis enfermée dans un débarras, le seul endroit tranquille sur le plateau. Je me suis effondrée au milieu d'un tas de serviettes en papier et de rouleaux de papier toilette. J'étais complètement perdue, j'avais le cœur brisé. Elle allait mourir. Le cancer était partout. Elle était condamnée à mort : on ne lui donnait que quelques mois à vivre.

C'est alors que, venue de nulle part, une femme est apparue à mes côtés. Une très belle femme noire qui m'a dit : « Sister, as-tu besoin d'une prière ? » J'étais stupéfaite.

« Oui », ai-je répondu.

Elle avait en main une énorme bible. Elle s'est tout simplement agenouillée par terre à côté de moi, a posé une main sur ma tête, et a commencé à prier à voix haute. Cette prière et ce geste m'ont apaisée, et elle est partie comme elle était venue. Sans faire de bruit.

Je suis retournée sur le plateau et me suis arrêtée à la table du staff pour avaler quelque chose et me ressaisir. Le type qui s'occupait du buffet était coiffé d'un chapeau sur lequel était écrit « JEAN 3:16[1]». Je l'ai

1. Jean 3:16 est l'un des versets les plus cités de la Bible, car il est considéré comme un résumé du thème central du christianisme.

regardé, abasourdie. Je ne suis pas particulièrement croyante, mais j'ai quand même saisi l'allusion.

Nous aimions tous Kristin, et nous avons tous fait ce que nous pouvions pour l'aider. Nous avons notamment participé à un rituel de pleine lune en Arizona avec un Amérindien extraordinaire. Nous lui avons prescrit une thérapie cellulaire, avec greffe de cellules souches. Nous avons fait tout ce qu'il était possible de faire, peu importe que ce soit peu conventionnel ou compliqué. Nous n'avions rien à perdre. Elle a vécu encore quatre ans. Je suis partie en voyage avec elle. Nous avons profité au maximum du temps qu'il lui restait.

Certains n'ont pas compris que je n'assiste pas à ses funérailles. Mais, d'après moi, nous n'avions pas besoin de ça. Non. Quand nous étions toutes les deux nous parlions plutôt de comment braquer un fourgon de la Brinks – de toutes les choses qu'elle avait apprises et qu'à son tour elle m'apprenait. Elle était comme une fille pour moi et j'avais besoin de faire mon deuil en étant seule, dans l'intimité.

Vers la fin, parfois, bien qu'elle ne puisse plus conduire, elle m'accompagnait. La toute dernière fois, alors que je me rendais à la cérémonie des Oscars, quand elle est sortie de la voiture, les autres gardes du corps présents sur les lieux lui ont rendu hommage en se mettant tous en rang derrière elle. Je me souviens parfaitement de toutes ces fois où nous tenions le coup pour elle, partageant tous notre chagrin, chacun

---

« Car Dieu a tant aimé le monde qu'il a donné son Fils unique, afin que quiconque croit en lui ne périsse point, mais qu'il ait la vie éternelle. »

ayant sa propre perception de qui elle était – celle qu'elle voulait bien montrer à chacun selon à qui elle avait affaire. C'est ce qui comptait. Elle a gagné le respect de tous.

Quand nous étions toutes les deux, nous avions l'habitude de dire que nous avions déjà vécu ensemble dans une autre vie et que nous avions toutes deux été brûlées sur le bûcher. Mais nous convenions que cette épreuve n'était rien comparée à celle que nous traversions. Quand elle est morte, je ne l'ai pas remplacée – je pensais que je le ferais et qu'une autre femme exceptionnelle, solide, endurcie se présenterait. J'ai même demandé à la police de me recommander quelqu'un, mais personne ne pouvait la remplacer. Il n'y a tout simplement pas d'autre Kristin. J'imagine que c'est la raison pour laquelle je suis devenue une sorte de recluse. J'avais perdu mon alliée, ma coéquipière.

Encore aujourd'hui, je me mets à pleurer quand j'envisage de recruter quelqu'un pour occuper son poste à plein temps. Je pleure et fais les cent pas, comme je le fais toujours quand je veux comprendre et maîtriser mes émotions. Quand je ruminais de la sorte devant elle, elle s'asseyait calmement, me regardait et me demandait : « Qu'est-ce que tu cherches ? » Un jour, je lui ai répondu : « Ma santé mentale. » Le lendemain, elle m'a apporté une petite boîte à l'intérieur de laquelle elle avait écrit : « Santé mentale de Sharon Stone », sous un papillon, un vrai papillon épinglé. Aujourd'hui, quand j'en ai besoin, j'ouvre la boîte qui est posée sur le manteau de la cheminée. Ça m'apaise. C'est exactement ça : je retrouve ma santé mentale.

Mon père était un dur, mais c'était aussi un homme qui savait pleurer. Pas souvent, certes, mais pour des choses graves. Il riait beaucoup aussi, et souvent aux larmes. Il était enclin à la sensibilité. Surtout les dernières années de sa vie.

Quand il m'a raconté qu'il avait enfin appris à pouvoir chaque jour s'émerveiller de quelque chose, et que c'était là que résidait pour lui la vérité – la clé du bien-être –, il a reconnu que, jusque-là, il était passé à côté de l'essentiel. À la fin, il a voulu partager ce qu'il avait appris avec ceux qui en avaient besoin, et il a passé le temps qui lui restait à le faire. Discrètement et en privé, il se rendait là où il savait qu'on pouvait avoir besoin de lui.

C'est l'époque où, avec Dot, ils sont restés pendant plusieurs mois d'affilée dans la petite maison que j'avais fait construire pour eux.

Il avait l'habitude de dire qu'il sortait se promener, et disparaissait toute la journée. Nous finissions par savoir ce qu'il faisait. Il attendait. Il attendait que quelqu'un ait besoin de lui. Et ces gens qui avaient besoin de lui le trouvaient. Il y avait des hommes, souvent des gens de pouvoir, des gens auxquels je n'aurais jamais pensé, qui me disaient : « J'ai rencontré votre père » ; et ils me racontaient alors comment ils l'avaient croisé, comme par hasard – chez le teinturier, dans le parc ou encore à la quincaillerie –, et comment il avait changé leur vie juste à temps. Il y a des rock stars et même un président des États-Unis qui ont considéré mon père un peu comme le leur. Il a fait ce qu'il a dit – il a vu ce qu'il y avait de merveilleux dans chaque journée, tous les jours, et l'a montré aux autres, ceux qui avaient perdu les moyens de faire la même chose.

Quand il a été mourant, ils l'ont appelé, lui ont parlé, lui ont chanté des chansons, et sont venus à son chevet, jusqu'à la fin. Ils se sont exprimés lors de son oraison funèbre. Les dirigeants des plus grandes entreprises du pays. Mon père, Joe[1], un homme ordinaire.

---

1. En anglais argotique, *an ordinary Joe* – le père de Sharon Stone s'appelait Joe – signifie « un homme ordinaire ». Il est impossible de rendre ici le jeu de mots.

#MeToo

Aujourd'hui, assise à mon bureau, près de vingt ans plus tard, j'ai encore mal à la tête, du côté droit. C'est là que réside la lésion cérébrale, la lésion cicatricielle. J'ai retrouvé l'ouïe, même si je dois parfois tourner légèrement la tête pour bloquer les sons qui peuvent interférer avec ce que j'essaie d'entendre. Je marche normalement. J'ai retrouvé toutes les sensations dans ma jambe gauche, même si leur reconquête a été un enfer. Mais à l'époque, chaque pointe de souffrance était le signe que la zone douloureuse se réveillait, chaque manifestation atroce de cette douleur était comme un étonnant bonjour à une zone auparavant inerte. Je peux de nouveau écrire ; ça m'a pris environ un an, pas plus, pour pouvoir m'y remettre. J'ai vite été capable de contrôler mon stylo pour qu'il reste sur la feuille, même si écrire mon nom est d'abord resté le plus difficile. Je me suis souvent demandé si c'était parce que j'étais devenue une autre personne. N'étais-je plus Sharon Stone ou, tout simplement, n'étais-je plus la Sharon Stone que j'avais été ?

Le bégaiement a cessé au bout de quatre ou cinq mois, quand on m'a finalement administré le traitement adéquat contre les convulsions cérébrales. Le sol a cessé d'onduler sous mes pieds et les aplats de couleur que je voyais apparaître sur les murs ont disparu. J'avais retrouvé mes facultés de perception.

En revanche, retrouver ma mémoire, celle à court terme mais aussi celle à long terme, m'a pris plus de temps. J'avais été habituée à avoir une mémoire visuelle. Mais après mon attaque, il ne m'en restait rien. Au fil du temps, je l'ai presque entièrement recouvrée. Les médecins et spiritualistes disent que le cerveau s'efforce de contourner les dégâts et, au vu de mon expérience, je peux dire que c'est vrai. Il trouve de nouvelles voies. Ce qui est intéressant, c'est qu'une fois les lésions cicatrisées mes facultés de perception étaient meilleures qu'avant mon attaque. J'ai appris comment accéder plus facilement à mon esprit.

Ce qui m'a permis d'éprouver plus de compassion mais aussi de comprendre que cette compassion n'est pas destinée à tout le monde. Elle n'est pas destinée à ceux qui se lèvent chaque matin et choisissent de s'engager sur la mauvaise voie – celle que je ne choisirai plus jamais.

Ce qui me permet d'être à la fois plus pragmatique et plus aimante. Ce qui me permet d'accéder à une plus grande sécurité mentale. C'est plus facile de distinguer qui est sincère et dit la vérité de qui fait semblant et ment pour d'abominables raisons. Face à ces nouvelles dispositions d'esprit, on peut bien évidemment se sentir seul ; mais il est important de profiter de ce temps passé seul pour plonger plus profondément en soi.

Il m'a fallu des années, et avoir frôlé la mort, pour savoir qui j'étais vraiment. Mais maintenant que je suis de nouveau moi-même, que j'ai retrouvé le moi qui est le mien, j'ai une maisonnée heureuse, pleine de rires et de joie. Quand je ne vivais que pour ma carrière, je ne travaillais que pour réussir. J'étais très disciplinée. Mais ma maison était vide. J'adorais mon métier et je réussissais bien. Mais mon métier, en retour, ne m'a guère aimée. Quand j'ai traversé une période de confusion, de grands bouleversements, et que j'ai eu besoin d'être guidée, mon métier ne m'a servi en rien, il ne m'a été d'aucune aide.

Récemment, au cours d'une longue conversation avec mon garde du corps européen, Bruno – avec qui j'ai fait le tour du monde, et qui m'accompagne dans tous mes voyages depuis plus de trente ans –, il m'a avoué, en riant, qu'à ses débuts avec moi son boulot était bien plus ardu que maintenant car j'étais alors bien plus difficile à vivre. Il ne faut pas oublier que ma carrière était à son apogée, ce qui n'était pas rien. Selon lui, le changement que le bouddhisme a opéré en moi est si spectaculaire que je suis devenue, je cite : « une belle personne », « vraiment facile à fréquenter », ce qui lui facilite désormais la tâche. À l'époque, je devais vraiment être infernale. En fait, je suis sûre que je l'étais. J'adorais mettre de l'huile sur le feu.

La paix intérieure – la tranquillité de l'esprit – est pareille à un coup de fouet. Plus violent que toute autre chose – et beaucoup moins problématique. Si je regarde maintenant en arrière, je peux rire de tout ça. Il faut bien avouer que j'aimais jouer les fauteurs de trouble. J'aimais énerver les gens, les emmerder.

Juste pour voir. C'était si facile de les faire marcher. Je pense que j'aimais avoir le contrôle sur les pensées des gens ; et il était si simple de les faire sortir de leurs gonds. Je n'étais pas du genre à regretter et à me dire, une fois rentrée chez moi : « Mince, j'aurais plutôt dû dire ça », non, j'étais plutôt du genre à me dire : « Mince, j'aurais peut-être dû les massacrer. »

C'est bien de changer.

J'en reviens au métier d'actrice : j'aime toujours ça. En fait, j'aime encore plus ça qu'avant. Je me sens plus à l'aise, ça m'est plus facile. Aujourd'hui, quand je joue, je ressens moins de pression qu'avant car mon métier ne représente plus absolument tout pour moi. Mon jeu peut aussi bénéficier d'expériences de vie plus profondes qu'avant. Quand ma journée de travail est terminée, qu'elle ait été bonne ou mauvaise – et, le plus souvent, elle est bonne –, je rentre chez moi pour retrouver une maison remplie d'amour ; et plus rien d'autre ne compte.

Je ne suis plus affamée comme avant, mon ambition n'est plus dévorante. Les gens savent quand vous êtes affamé, et ils aiment ça. Mon Dieu, ils adorent ça. Cette ville est attirée par la faim. Cette ville ressemble à un zoo où l'heure du repas servi aux animaux durerait toute la journée. Ma mère était un gros animal, et j'imagine que je peux facilement avoir l'air d'être tout le temps affamée. Je pense même que je peux donner à croire que *je pourrais vous manger tout cru*. Si vous voyez ce que je veux dire.

Je suis fière de mes succès professionnels – je les ai obtenus à la sueur de mon front. Ma réussite n'appartient qu'à moi. J'ai gardé la batte de base-ball à la main, prête à recevoir et à lancer, exactement comme mon père me l'avait dit. Tous les films ou téléfilms dans lesquels j'ai joué n'ont pas été des succès, loin de là. Dans certains, on dirait que je suis redevenue la fille chargée des tartes dans un *diner* : souvenez-vous, quand je vidais des bidons entiers de préparation immonde dans une pâte déjà prête. Quoi qu'il en soit, le travail, c'est le travail. Pour chaque projet, je me donne à fond, en espérant que le résultat soit le meilleur possible. En espérant m'être encore améliorée. Je m'offre chaque fois une petite récompense. Un pull pour tel rôle, une nouvelle cuisine pour tel autre ou, dans les périodes difficiles, la possibilité de payer les frais scolaires des enfants. Chacun des films dans lequel je joue est pareil à une friandise, même s'il ne fait pas de miracle au box-office ou s'il est un échec complet.

Même avec les pires réalisateurs, comme celui qui ne voulait pas me diriger parce que je refusais de m'asseoir sur ses genoux pour l'écouter. Ce parfait candidat pour être l'une des cibles du mouvement #MeToo m'a convoquée sur le plateau tous les jours, pendant des semaines, quand Laird n'était encore qu'un tout nouveau-né, m'obligeant à tout subir – coiffure, maquillage, habillage – pour finalement ne pas me faire jouer parce que je refusais de m'asseoir sur ses genoux pour l'écouter. Oui, c'était un film à plusieurs millions de dollars, dans lequel j'étais la vedette, mais les studios n'ont rien dit, ne sont pas intervenus. J'ai donc continué à venir sur le lieu de tournage et à passer la journée dans ma loge mobile pour les retouches coiffure, maquillage, habillage, avec mon bébé sur les genoux.

Évidemment, le film a fait un flop. Une telle insécurité et une telle dose de non-professionnalisme de la part d'un réalisateur – sans parler de l'abus de drogue qui, à n'en pas douter, est nécessaire pour faire d'aussi mauvais choix que les siens – n'aboutissent jamais à un bon résultat. Hélas en tant que femme, même superstar (ce que j'étais à cette époque-là), je n'ai pas eu mon mot à dire. J'ai dû la boucler. À l'époque, un réalisateur, même défoncé, violent, avait plus de pouvoir que moi.

Heureusement, ça ne se passe plus comme ça, désormais. Le système entier a changé. La vieille clique n'est plus là pour régler la note de tels excès, la charge financière est trop lourde. Dans l'industrie du cinéma, on trouve de plus en plus de femmes aux commandes et elles ne sont plus aux ordres des hommes ; elles ne sont plus obligées de jouer le jeu et n'ont plus à craindre d'être virées si elles s'y refusent.

Ce qui ne veut pas dire qu'il n'y avait pas des hommes formidables. Des hommes qui arrivaient et arrêtaient le tournage si les choses se passaient mal, des hommes qui me parlaient. Des hommes qui nous aidaient à faire de super films. Des hommes qui nous aidaient à faire des films géniaux comme *Casino*. Des hommes qui ont arrêté un tournage sur lequel j'étais quand le réalisateur était si défoncé à la coke qu'il est parti en vrille. Aujourd'hui, ce réalisateur s'est calmé et poursuit sa carrière en accomplissant un travail fantastique. Sans moi, évidemment, puisque j'avais contribué à l'échec du film.

Je ne regrette aucun de mes choix. Être actrice a longtemps été la seule chose qui comptait pour moi. Vraiment. Je ne mangeais, dormais, respirais, courais, jouais et travaillais pour rien d'autre qu'être actrice. Et j'aimais tout ce qui allait avec : des pages entières de scénarios, le regard sur moi des autres acteurs, les temps morts entre deux scènes, les odeurs sur les plateaux et les lieux de tournage. Les sensations quand on prenait la route en s'arrêtant là où il fallait pour tourner – comme si on fuyait en partant avec la troupe d'un cirque. J'étais de la pâte à modeler entre les mains d'un réalisateur génial, chacune de ses pensées m'excitait ; en revanche, j'enrageais d'être prise en otage par les réalisateurs médiocres.

J'adorais travailler pour les studios, en ayant le sentiment de perpétuer la tradition de ceux qui m'avaient précédée : Bogie et Bacall, Spencer Tracy et Katharine Hepburn, Sidney Poitier, Lena Horne, Gene Kelly et Fred Astaire. Je voulais être aussi géniale qu'eux. Je voulais être une super pro. Je voulais que chaque film se solde par un immense succès ; je me bougeais le cul pour le promouvoir moi-même partout dans le monde, pour être sûre qu'il serait défendu. J'étais fière de me charger de la promotion, et heureuse d'être une actrice de studios.

J'ai donc fait des choix ; j'ai pris position. J'ai par exemple défendu les acteurs et actrices gays. J'ai toujours protégé les intérêts des studios et je les prévenais donc quand, sur les tournages, leurs employés étaient incapables de travailler parce que trop défoncés pour parler ou trop bourrés pour conduire. J'étais toujours du côté des studios et j'adorais mon boulot. Ça ne m'a pas forcément réussi. Je n'avais pas choisi une position facile : surtout à cette époque, surtout en étant une femme. Il serait assez juste de dire que je me suis tiré une balle dans le pied.

Aujourd'hui, avec le recul, il est facile de comprendre que j'étais une actrice loyale, sur laquelle on pouvait compter. J'étais celle qui promouvait ses films, qu'ils soient bons ou non. Celle qui se pointait sur le plateau toujours à l'heure et qui faisait son travail. Mais à cette époque-là, le « bon vieux temps », avec cette « bonne vieille anarchie » qui régnait dans le milieu, les femmes superstars n'étaient pas les chouchoutes du système. On préférait qu'elles ne soient que des ornements. J'étais censée faire ce qu'on me disait de faire, un point c'est tout.

Arrivée à un certain stade de ma carrière, j'avais une clause, dans mon contrat, me permettant d'avoir un droit de regard sur la distribution – le choix des acteurs. Mais tout le monde s'en foutait. Ils choisissaient qui ils voulaient. À ma plus grande consternation parfois. Au détriment du film, d'autres fois. Un jour, un producteur m'a fait venir dans son bureau : quand je suis arrivée, il avait sous le bras un truc du genre brique de lait, dont le bec verseur était ouvert et, tandis qu'il faisait les cent pas en m'expliquant pourquoi je devais baiser avec mon partenaire pendant le tournage afin que nous sentions la chimie opérer entre nous à l'écran, des friandises de lait malté s'en échappaient et se répandaient en roulant partout sur le plancher. Il insistait, en me racontant pourquoi, à son époque, il avait un jour fait l'amour à Ava Gardner lors d'un tournage : le résultat à l'écran était sensationnel ! Aujourd'hui, rien que l'idée, glauque, qu'il ait pu se trouver dans la même pièce qu'Ava Garner me sidère. Tandis qu'il me racontait tout ça, je me suis rendu compte qu'elle aussi avait dû composer, la boucler et prétendre qu'il n'était pas si mal que ça.

Je regardais les friandises chocolatées rouler par terre en pensant : *Eh les mecs, vous avez insisté pour engager cet acteur, tout en voyant qu'il était incapable de passer correctement les bouts d'essai... Et maintenant, vous vous dites que si je baise avec lui il deviendra bon ?* Personne n'est suffisamment bon au lit pour transformer un mauvais acteur en un acteur talentueux. Je me disais qu'il leur aurait suffi d'engager un partenaire qui avait du talent, quelqu'un capable de jouer une scène correctement et de se souvenir de son texte. Je me disais qu'ils n'avaient qu'à baiser eux-mêmes avec lui et me laisser en dehors de tout ça. Mon boulot était de jouer, et non de baiser, et je le leur ai dit.

Ma réaction n'a pas été appréciée. On me prenait pour une emmerdeuse, une actrice pas facile.

Naturellement, je n'ai pas « vous savez quoi » avec mon partenaire ; il était déjà suffisamment dérouté pour que je n'en rajoute pas. Mais au cours des semaines suivantes, il s'est hasardé à me faire des avances ; je suis sûre qu'il se prenait pour un génie, ce qui l'avait encouragé à m'approcher.

J'ai eu aussi d'autres producteurs sur d'autres films qui venaient tout simplement dans ma loge mobile pour me demander sans détour : « Alors, tu vas te le faire ou pas ? Tu sais que ça se passerait mieux si c'était le cas. » J'avais trouvé un moyen de leur répondre pour que chacun puisse garder un semblant de dignité : je prenais mon temps et leur expliquais que j'étais comme la gentille fille avec laquelle ils avaient grandi, et je les obligeais à se rappeler le prénom de cette fille.

Le sexe, et pas seulement le sexe à l'écran, a longtemps été de mise dans le cinéma. Mais je pense que ce n'est en aucun cas spécifique à ce milieu. J'avais vu ma mère être furieuse après qu'un homme, dans l'usine où travaillait mon père, l'avait un jour coincée contre une armoire de rangement. Quand elle avait été de retour à la maison, je l'avais entendue fulminer : « J'ai dit à ce salaud de me lâcher avant que je le bute d'un coup de couteau dans le cou. » Nous avons tous éclaté de rire, tout en nous moquant d'elle. Mais je sais à quel point elle avait eu peur.

Quand avec mes frères nous jouions dans la cour, mon père avait l'habitude de m'appeler pour que je le rejoigne. On s'éloignait de quelques pas et, en posant une main sur mon épaule, il me disait : « Tu laisses les garçons gagner pour qu'ils t'aiment bien. Maintenant, retourne jouer pour gagner, et ils te respecteront. »

Si mon père m'a endurcie et m'a appris à être forte, ce qui m'a évité un grand nombre de dangereuses mésaventures, ça m'a aussi conduit à cacher ma féminité sous une carapace trop épaisse. Il a fallu le moment #MeToo pour que ma mère et moi parlions et pour que je puisse envisager ma puissance féminine, sa gloire et sa beauté.

Pour les femmes de ma génération, cette puissance féminine pourrait être parfaitement illustrée par ma réaction à l'un des incidents fâcheux survenus quand j'étais encore étudiante. À l'époque, je travaillais pour me payer la fac, en Pennsylvanie – considéré alors comme un État ouvrier –, quand, un jour, j'ai renversé, très calmement et avec un grand sourire, le milkshake que j'étais en train de lui servir sur les genoux d'un connard qui venait de passer sa main sous ma jupe.

Roy London m'a souvent conseillé d'approcher les hommes qui me dirigeaient, ceux qui m'employaient, avec mes « émotions », afin qu'ils ne se sentent pas menacés. Il m'expliquait que je représenterais moins une menace si j'arrivais avec des « émotions » et non des « opinions ». J'ai essayé. J'ai essayé pendant très longtemps sans me compromettre.

À l'époque, on disait : « Sharon Stone a les plus grosses couilles de tout Hollywood. » Ce n'est pas un hasard si j'ai été la première femme à être rémunérée en conséquence – toujours beaucoup moins que les hommes, mais plus que les femmes ne l'avaient été par le passé.

Les gens me critiquent et disent que j'intimide les hommes.

Ça me donne juste envie de pleurer.

Je me suis souvent retrouvée seule sur un plateau au milieu d'une centaine d'hommes. Des centaines d'hommes et moi. Quand j'ai commencé à tourner, même l'équipe de la cantine n'était, le plus souvent, composée que de mecs. J'avais un maquilleur et un coiffeur, pas de maquilleuse ni de coiffeuse. Vous imaginez ce que c'était d'être la seule femme sur un plateau – d'être la seule femme *nue*, avec peut-être une ou deux congénères seulement, l'habilleuse et la scripte, dans les parages ? Et on ose dire que c'est *moi* qui suis intimidante ?

De nos jours, tout ce nouveau cirque médiatique, avec la parole qui se libère sous forme de règlements de comptes bien ordonnés – et l'humble lâcher-prise des accusés –, n'est pas un procès en bonne et due forme pour condamner des actes qui sont, en réalité, des crimes, des crimes pour lesquels nous n'avons pas encore trouvé de jurisprudence applicable. Pourquoi devons-nous « nous serrer les coudes et rester fortes » ? Où est la loi ? Aurions-nous permis à notre ancien président, celui qui « attrape les femmes par la chatte », de nous priver de ça aussi ? Personnellement, je ne crois pas. Je crois qu'il existe une juridiction pénale qui doit être examinée, révisée et corrigée, dépoussiérée, remise à jour et reconsidérée afin de garantir le respect de la dimension sexuelle de chacun d'entre nous.

Je sais que toutes ces femmes et tous ces hommes qui ont été harcelés, violés, l'ont été en échange de pouvoir obtenir ou garder leur boulot ; et que pour avoir été sexuellement torturés, ils méritent d'être entendus dans un tribunal. Tout ça ne fait aucun doute. Il ne fait aucun doute non plus que tous les kits de viol – ces kits de preuve médico-légale d'agression sexuelle –, non analysés et entassés sur les étagères de tous les commissariats de police, doivent l'être, afin que ces crimes puissent être révélés. L'inaction est un crime en soi.

À ceux qui se sont le moins violemment introduits dans mon espace personnel – ceux qui ont juste menacé de me virer si je ne la mettais pas en veilleuse, par exemple –, j'ai récemment suggéré que s'ils venaient ne serait-ce que s'asseoir avec moi pour en parler, je laisserais tomber l'affaire, sans même dénoncer leur comportement désobligeant. Je croyais qu'un tel processus de vérité et de réconciliation – appelé aussi « divulgation des faits et réconciliation » – serait un bon départ. Mais, jusqu'à maintenant, aucun d'entre eux n'a assuré. Ça me semblait une proposition plus qu'honnête si l'on considère mes conditions de travail alors humiliantes et désobligeantes. Il faut bien commencer quelque part. Il y a toujours eu des brutes, voire des bêtes. La part humaine en eux n'a pas toujours existé. Et nous avons essayé de rester en dehors de leur chemin. Il y a toujours eu des pervers. Et nous avons essayé de nous alerter les unes et les autres.

Une proche m'a raconté l'histoire d'une autre de nos amies très chères qu'un homme a traînée de force dans un champ pour l'obliger à lui faire une fellation. Elle est rentrée chez elle brisée, dévastée. Certaines de ses amies lui ont dit d'accepter de retourner dans ce champ avec ce type, mais cette fois en emportant un tube de superglue. Et vous savez quoi ? Eh bien oui, il a eu les mêmes exigences ; alors, oui, elle lui a vidé le tube de superglue dans le caleçon avant de partir en courant.

Pour autant, entendez-moi bien, j'ai aussi travaillé avec des hommes exceptionnels, de super génies créatifs, des hommes bons, décents, des hommes drôles, des séducteurs, des hommes délicieux, des hommes et des femmes auxquels j'aurais confié ma vie, ce que j'ai fait.

C'est la raison pour laquelle j'accepte les excuses, c'est la raison pour laquelle j'écoute toujours les deux versions d'une même histoire ; je veux des procès honnêtes, je veux pouvoir défendre des hommes qui font preuve de décence, des hommes bien ; les victimes, celles et ceux dont la parole est mise en doute

– des deux côtés. Tout ce qui se passe aujourd'hui me donne à espérer. La justice, et pas seulement les médias, doit faire son travail. La nouvelle génération et le gouvernement doivent nous écouter, tous autant que nous sommes.

Je ne pense pas que les dédommagements, la superglue ou les hurlements dénonçant les « fake news » soient la solution. Et vous, qu'en pensez-vous ?

Beaucoup de gens m'ont demandé comment c'était d'être une superstar à mon époque. Je réponds toujours que c'était simple ; il fallait connaître la règle du jeu : « Obéis ou dégage, ma fille. »

Mon travail est le reflet d'une époque où j'ai eu l'occasion de collaborer avec d'excellents réalisateurs, des génies ; j'étais alors à leurs pieds, apprenant d'eux le plus possible pour m'en servir plus tard. Car je n'ai pas été l'élue, l'enfant chérie du cinéma, mais juste un sex-symbol qui pouvait, parfois, obtenir un rôle principal si, en plus, j'étais sexy.

Alors j'ai fait de mon mieux pour que ça compte et que mon travail ne soit pas vain.

*

Quand vous recommencez, quand vous re-vivez, c'est-à-dire quand vous vivez une deuxième fois, il se passe quelque chose. Comme si une sorte de mystère se dénouait.

Dans son livre, l'auteure américaine Pema Chödrön, devenue nonne bouddhiste, décrit un excellent exercice. Vous commencez par vous asseoir pour pouvoir vous concentrer sur l'énergie pesante qui vous submerge ; vous devez alors demander à cette énergie de vous submerger complètement, de vous consumer. Arrivé au point de non-retour, quand vous êtes entièrement consumé, vous devez alors vous demander combien d'autres personnes ressentent exactement la même chose au même moment et leur demander d'avoir accès à leur énergie à eux. J'ai découvert que c'était l'exercice thérapeutique le plus efficace, celui qui induit le plus de compassion.

J'ai demandé à être entièrement submergée par le besoin – qui me dépassait – de me guérir moi-même avec amour, et à m'unir à ceux qui ressentent la même chose. Plus que dans n'importe quel autre exercice de méditation j'ai eu enfin le sentiment d'être envahie et de pouvoir éprouver de la compassion, sans retenue aucune, et d'être pleinement soulagée.

D'avoir rendu des comptes – ce voyage littéraire, ces aveux écrits, ce livre – a réparé, répare mes relations avec ma famille, et surtout avec ma mère. Nous tous, dans notre famille, avons gardé des secrets honteux, effrayants ; une menace – la certitude de mourir si nous racontions ces secrets – avait toujours plané, telle une épée de Damoclès, au-dessus de nous. Nous nous racontions et racontions aux autres que nous nous taisions pour nous protéger. Au lieu de quoi nous vivions dans un monde imaginaire où manquait la fraternité, la camaraderie entre frères et sœurs, parents et enfants, la compassion et, pire, où nous étions étrangers les uns aux autres.

Il a fallu des années de thérapie, de lectures, il a fallu que le monde change, que le mouvement #MeToo existe, pour que nous commencions à peine à envisager que nous pourrions, que je pourrais, raconter l'affreuse vérité. Mais même alors, à qui la raconterais-je ? m'étais-je demandé. Comment pourrais-je libérer une famille de ses souffrances – pas seulement les miennes mais, littéralement, celles de tout un monde ?

Jusqu'au jour où j'ai assisté au séminaire intitulé « Un cours en miracles[1] ». Avec un livre d'exercices, et tout l'accompagnement nécessaire. La femme qui animait ce cycle de conférences, Marianne Williamson[2], était une enseignante extraordinaire. J'aime les bons profs. Elle était sensée, réfléchie, sensible ; et rien de ce qu'elle disait n'était destiné à faire sensation. Rien à voir, il faut bien le dire, avec ce qu'elle vient de traverser au cours de sa campagne présidentielle.

---

1. Cycle de conférences pour comprendre une série de trois livres ésotériques, résultat d'un travail de collaboration entre deux psychologues américains. Le cours consiste en trois sections : « Texte », « Livre de travail pour les étudiants » et « Manuel pour les enseignants ». Sa distribution s'est faite au début par des photocopies, avant sa première publication en 1976. L'auteure principale, Helen Schucman, une psychanalyste américaine, prétend avoir rédigé ce livre par *écriture guidée*, sur le principe de la « clairaudience », entre 1965 et 1972. Selon ses dires, la voix qui lui dicta ce texte serait celle de Jésus. À sa requête, son rôle dans la rédaction du livre ne fut pas révélé au public avant sa mort en 1981.

2. En 1975, elle lit pour la première fois *Un cours en miracles*. Williamson estime que ce livre a changé sa vie, la poussant à devenir une « bonne personne ». En 1989, elle fonde le Project Angel Food, une association qui apporte une aide alimentaire aux malades du sida confinés chez eux. L'association vient par la suite en aide à d'autres malades. Le 28 janvier 2019, elle annonce sa candidature à l'investiture démocrate pour l'élection présidentielle de 2020, puis se retire de la course, le 10 janvier 2020, avant le début officiel des primaires.

Nous nous retrouvions, si ma mémoire est bonne, une fois ou deux par semaine dans un amphithéâtre immense. Les auditeurs se comptaient par centaines. Alors que j'en étais à peu près à la moitié de ce cycle de conférences, il m'est apparu que mon grand-père, en étant pédophile, avait dû vivre un enfer. Car qui voudrait suivre cette voie ? Il m'est apparu que n'importe qui sauterait sur l'occasion, s'il en avait le choix, de souffrir d'un cancer en phase terminale plutôt qu'être pédophile. C'est un destin affreux.

J'ai aussi compris que ce point de vue était difficile à accepter. Ne vous méprenez pas : ce n'est pas de la compassion. C'est le pardon accordé aux morts. S'il était vivant, je voudrais que mon grand-père soit en prison.

Il m'est aussi apparu que la mort l'avait libéré de sa maladie, et qu'il était donc libre de retrouver la part bonne qui était présente en lui. Que vous croyiez ou non en Dieu, Dieu pardonne, Dieu aime, Dieu accepte, et Dieu guérit. Il m'est ainsi apparu que dès lors que la mort avait libéré mon grand-père de sa maladie terrestre, je pouvais moi aussi m'ouvrir à la possibilité de me sentir libérée.

Ce qui m'a permis de comprendre que nous pouvons pardonner tout le monde, pour tout, quand nous sommes capables de faire la distinction entre les gens et leurs problèmes, leur folie, leurs défauts, leurs failles ; quand nous prenons nos distances avec des gens dangereusement malades, des fous meurtriers, des psychopathes, et que nous établissons des lois pour leur apporter l'aide, la guérison et la mise à l'écart dont ils peuvent avoir besoin.

J'ai compris quelque chose de très difficile pour moi à comprendre. De très difficile pour moi à accepter. Je l'ai compris et, dans ce cas précis, j'ai pardonné. Mais je ne pouvais pas me sentir libérée.

Je ne pouvais pas me fier à l'idée que je pourrais être en sécurité dans un monde dangereux. Pour moi, ça restait absurde.

Ce que je découvre maintenant, c'est que j'ai besoin de passer du temps seule. Il m'a d'abord fallu rencontrer ma mère en tant que personne à part entière, sans plus tenir compte de ce que j'avais vécu enfant ni de ce que je pensais d'elle en tant que mère, et la connaître du point de vue de l'adulte que j'étais devenue.

Je voulais à tout prix me débarrasser du monde de mon enfance. Je voulais me débarrasser de la pauvreté et des femmes qui n'avaient alors pas voix au chapitre. Je voulais ne plus penser aux rêves dont je ne pouvais pas parler sans qu'on se moque de moi. Je voulais être capable de dire ce que je pensais et que quelqu'un comprenne ce que je voulais dire, ce que je voulais dire *vraiment*. Je ne voulais plus être toujours celle qu'on choisissait en dernier, l'excentrique, celle qui était différente.

Ce que je voulais vraiment, c'était un monde qui m'accepterait. Un monde dans lequel une femme peut être reconnue comme une égale, sans discrimination aucune – de manière juste et équitable.

J'étais si déterminée que, aveuglée par le désespoir, j'avais oublié que ma mère, elle aussi, aurait aimé avoir quelqu'un à qui parler. C'est seulement quand elle et mon père sont venus vivre avec moi qu'elle m'a enfin parlé d'elle et de ce que ça faisait d'avoir été rejetée. Avant de le comprendre, quand ma mère me rendait visite et critiquait ce qu'elle voyait, je pensais qu'elle ne m'aimait pas. Quand j'ai eu les moyens d'engager une femme de ménage qui venait de temps à autre et, par la suite, une employée de maison à temps complet, elle a parlé à ces femmes plus qu'elle ne m'avait jamais parlé. Je n'ai compris que bien plus tard que ma mère, qui avait travaillé comme bonne dès l'âge de neuf ans, trouvait avec elles une certaine camaraderie, une certaine complicité. Je ne m'étais pas rendu compte que j'étais souvent dure avec elle, voire aussi méchante qu'elle l'avait été avec moi.

J'ai d'abord dû faire face à mes propres réalités : des vérités dont il était préférable pour moi que le monde ne les voie pas. Nous nous racontons tous des histoires à propos des autres : quand nous ne connaissons pas quelqu'un, on invente. Je m'en rends compte maintenant ; je vois comment j'ai fait ça, moi aussi.

Ma mère est une survivante – une rescapée. Son enfance ne ressemblait en rien à ce que j'avais imaginé. Sa vie n'avait rien à voir avec les histoires que j'avais inventées pour survivre. D'abord, j'ai pensé qu'elle avait simplement souffert de la pauvreté ; puis qu'elle avait été victime d'abus sexuels et qu'on l'avait écartée de sa propre famille pour la protéger. Et que, d'une certaine façon, la folie de tout ça l'avait autorisée à nous laisser, ma sœur et moi, avec l'auteur de ces abus sexuels. Et qu'elle s'était jetée dans les bras de mon père à seize ans pour échapper à la vie qui était alors la sienne. Elle avait l'air de me détester et j'avais peur d'elle. Je voulais une mère différente de celle que j'avais, et pourtant tout le monde paraissait adorer son humour, la vivacité de son esprit, sa beauté et son charme.

Pourquoi n'avait-elle détesté que moi ?

Aujourd'hui, elle dit : « Je comprends pourquoi tu ne pouvais pas me regarder. » Vous vous rendez compte ? Penser que votre fille ne peut pas vous regarder, sans que vous sachiez pourquoi. Moi, ça me brise le cœur.

Maintenant que ma sœur et moi lui parlons en toute sincérité ; maintenant que nous avons brisé notre vœu de silence, et refusé la honte qui n'était pas la nôtre mais celle d'un autre ; maintenant que l'auteur des crimes perpétrés à notre encontre est mort, maintenant qu'il s'est libéré de l'emprise de sa maladie : maintenant, nous sommes là les unes pour les autres. La vraie brutalité de ce constat, c'est que nous avons perdu des dizaines d'années. L'opprobre dont nous sommes victimes, la stigmatisation que nous impose la société, notamment par son manque de réaction, qui en soi est une honte, celle que nous imposent les secrets de famille, les secrets inhérents à une certaine culture, à la religion, aux réalités misogynes, partout dans le monde, cette stigmatisation dont nous sommes l'objet est désormais visible. Pour autant, nous avons perdu de précieuses années d'amour, de précieuses années de vie en famille.

Se dire tout ça les unes aux autres a éclairci la situation, a fait le ménage autour de nous, et a permis que chacune puisse voir l'autre telle qu'elle était. J'ai donc vu ma mère comme une femme que je n'avais jamais vraiment connue, une femme brillante qui n'avait jamais eu la possibilité de rêver, de s'imaginer être différente de ce qu'elle était, d'imaginer une vie où elle aurait pu devenir ce qu'elle aurait choisi d'être. Elle n'avait jamais eu le choix. Pas d'enfance, pas de parents, pas de tendresse, pas de choix. Il lui avait fallu tirer le meilleur parti de ce qu'elle avait et s'en contenter.

À son époque, une femme ou une fille n'avait pas la possibilité de trouver du réconfort en allant parler dans un lieu où se sentir en sécurité ; elle n'y songeait d'ailleurs même pas. Pour ma mère, le meilleur moyen d'être en sécurité avait été d'être placée dans une famille autre que la sienne pour devenir domestique dès l'âge de neuf ans. C'cst ce qui l'a sauvée.

À mon époque, le mieux que j'avais pu faire avait été de protéger ma sœur et ensuite d'aller me battre pour les droits de celles et ceux qui n'avaient pas voix au chapitre, les victimes d'abus sexuels, celles et ceux qui ne sont pas entendus, celles et ceux qui sont punis simplement pour être qui elles et ils sont. Pour autant, je n'avais pas su où aller pour dire qui j'étais : une rescapée de l'inceste. Jusqu'au jour où j'ai fini par participer à un programme en douze étapes pour les rescapés de l'inceste ; un programme que je recommande chaudement, car c'est là que j'ai appris que ça n'arrivait pas qu'à des ratés ou qu'à celles et ceux qui « ont quelque chose qui ne tourne pas rond et qui attirent les tarés », comme j'en étais jusque-là persuadée, en me sentant seule et abîmée. Non, dans la salle où nous nous réunissions j'ai vu des juges, des avocats et des gens de pouvoir, des gens qui avaient choisi de ne pas laisser les criminels s'en sortir sans rien faire, mais qui, pour autant, n'avaient eu personne à qui raconter leurs souffrances, et pire, personne pour les écouter.

Nous racontions et nous écoutions. L'ami avec lequel j'y suis allée a fini par se suicider. Il n'a pas eu l'occasion de vivre l'époque qui est maintenant la nôtre – une époque courageuse où nous pouvons dire et dirons ce qui s'est passé à voix haute –, au contraire de ma mère, ma sœur et moi.

Aujourd'hui, pour la première fois de ma vie, je comprends enfin combien ma mère m'aime. Je l'ai compris quand elle m'a raconté que m'avoir appris à me débrouiller toute seule et à savoir ne compter que sur moi, était là le plus beau, le plus généreux cadeau qu'elle pouvait me faire. Car c'était la seule chose qu'elle avait eue. La seule chose qu'elle savait. La chose qui l'avait le plus aidée, la chose qui l'avait sauvée. C'était la chose qu'elle savait être, sans en douter, la plus utile pour moi, celle qui me ferait sans cesse gagner du temps. Elle avait raison. Le monde dans lequel nous vivons n'aide pas les femmes, ne les aime pas ; il ne les guérit pas, ne les protège pas. Nous devons apprendre à nous débrouiller toutes seules, je suis tout à la fois fière et désolée d'avoir à le dire. Ce n'est que maintenant que je le dis avec tout l'amour que j'ai en moi, et j'en ai énormément. Car maintenant, je suis capable non seulement de recevoir l'amour de ma mère mais de l'aimer en retour.

Je n'ai pas besoin de savoir ce qu'elle savait ou ce qu'elle avait refoulé pour survivre. Je n'ai pas besoin de lui pardonner, de la sauver, de l'aider à guérir, pas plus que je n'ai besoin d'elle pour m'aider. Que nous ayons pu enfin en arriver là me suffit. Elle me respecte. Je la respecte. Nous pouvons nous regarder droit dans les yeux. J'en suis reconnaissante.

Si rien d'autre que ça ne résulte de ce qui se passe d'affreux dans le monde qui est aujourd'hui le nôtre – un monde dans lequel on ne cesse d'entendre, où que nous soyons, les choses les plus vulgaires et contradictoires qui soient –, faisons en sorte que ce soit l'époque où tout doit être dit. Soyons toutes et tous prêts à dire : c'est un secret que nous ne garderons plus. L'abus sexuel dans les familles est au cœur des violences sexuelles.

La décision que j'ai prise à l'âge de huit ans pour nous protéger ma sœur et moi est devenue non seulement un mécanisme de survie mais un mode de vie que j'ai longtemps oublié de changer. Parfois, c'était d'ailleurs une bonne chose. Ainsi je n'ai pas couché pour réussir dans le milieu. Mais ça ne m'a pas empêchée d'être victime d'abus sexuels tout au long de ma vie, par des gens que je connaissais et par d'autres que je ne connaissais pas, et aussi par manque d'autocompréhension. Mais tout ça est maintenant terminé. À force d'éducation et de compassion.

Et il faut que ça cesse pour tout le monde. Grâce à des lois gouvernementales et non par le biais de l'humiliation publique ni au nom de l'opinion publique. Nous avons besoin de lois : d'avoir recours au droit pénal. Les kits de viol doivent être analysés, et les hommes doivent aussi être considérés comme des victimes à prendre au sérieux.

Nous prétendons que les chiffres que nous lisons sont les bons quand ils ne le sont pas. Nous avons fait honte aux victimes pour avoir été honnêtes. Je veux que vous soyez au courant des erreurs terribles que j'ai faites et des épreuves que j'ai traversées à cause de ces mauvaises antennes que j'avais développées.

Quand j'ai trouvé d'extraordinaires moyens thérapeutiques pour m'en sortir, il m'a fallu du temps pour comprendre que je suivais une thérapie précisément pour ça ! Les profs, les membres du système scolaire, les pédiatres, tous ont besoin d'une sérieuse formation. Il nous faut financer des études gouvernementales pour comprendre et aider les enfants. Créer des structures dotées d'un budget et d'un personnel suffisants où les enfants pourraient, en toute sécurité, raconter ce qu'on leur fait subir à la maison, devrait être obligatoire. L'enfant trop brillant et trop peu sûr de lui, l'enfant qui essaie tellement de faire plaisir, l'introverti, le clown de la classe, l'enfant tyrannique et pas seulement celui qui est tyrannisé, maltraité, meurtri ou battu – je vous en prie, les profs de gym, prêtez-leur attention !

Personne n'est venu aider ma grand-mère. Son mari l'a battue jusqu'au dernier jour de sa vie. Personne n'est venu aider les sœurs de ma mère.

À seize ans, ma mère, enceinte de mon frère aîné, a épousé mon père. À vingt-trois ans, c'est de moi qu'elle a accouché, sans avoir jamais été véritablement une enfant.

Elle a été jalouse de mon enfance. C'est facile de comprendre pourquoi. Elle était encore si jeune quand elle a été enceinte de moi, et sa terrible, étrange jeunesse – comparée à la belle vie qu'elle essayait à tout prix de bâtir pour ses enfants – avait pourtant disparu.

Ma mère est retournée à l'école et a obtenu un diplôme d'études secondaires dans la promo de 1975 de mon lycée – et, pour elle, ce n'était pas rien. C'est, comme elle le dit, ce qui lui a permis de gagner une certaine estime de soi. Maintenant que je la connais et que je vois qui elle est vraiment, je ne peux donc qu'imaginer à sa place qui elle aurait vraiment pu être, ce qu'elle aurait pu faire. Et peut-être est-elle le phare qui éclaire les femmes de sa génération, le porte-parole de ces femmes qui n'ont plus peur désormais d'avoir le courage de leurs opinions et de dire : « Plus personne, jamais, tant qu'il restera une once de souffle en moi, ne me maltraitera ni ne maltraitera qui que soit. » Car maintenant peut-être, pour ma mère, sa destinée vient juste de commencer. Comme me l'a dit un jour Sa Sainteté le dalaï-lama : « Un tigre ne s'excuse pas. »

Aujourd'hui, ma mère et moi n'en sommes qu'au début de notre relation. Si je n'avais pas fini par révéler cet horrible secret, je ne l'aurais jamais connue. Je ne l'aurais jamais comprise et je n'aurais certainement jamais eu l'occasion de lui permettre d'être une mère pour moi – car j'ai maintenant déjà la soixantaine passée et elle a plus de quatre-vingts ans.

Un été, il n'y a pas si longtemps, alors que je rendais visite à ma sœur, nous avons passé plusieurs après-midi toutes les trois ensemble. Nous avons joué aux cartes et nous avons ri comme des folles ; j'ai asticoté ma mère sur mon enfance, soulignant à quel point elle m'avait ignorée. Nous avons ri et nous avons aussi pleuré. En la raccompagnant jusqu'à sa voiture et après que je l'ai aidée à attacher sa ceinture, elle m'a dit : « La prochaine fois, pourquoi tu ne viendrais pas chez moi pour quelques jours ? » Je ne suis pas sûre que vous puissiez imaginer ce que ça représente pour moi.

Si seulement nous avions pu connaître nos parents quand nous étions encore des enfants. Si seulement nos parents avaient pu nous parler comme nous sommes désormais capables de parler à nos enfants. Il semblerait que, culturellement, quelque chose ait bougé ; nous pouvons désormais parler à nos enfants et leur parler de notre enfance. Le bon, et l'horreur. Nous pouvons leur expliquer que nous n'avons jamais été parents auparavant, que c'est la première fois, que donc nous ne sommes pas sûrs de ce qu'il faut faire en cas de crise ou quand ils font des erreurs. Nous pouvons dire que ce n'est pas facile. Ça les aide à comprendre que nous ne sommes que des humains et que nous faisons de notre mieux. Ils ne sont pas idiots – ils sont juste jeunes. Ils ne sont pas aussi naïfs que vous l'imaginez.

En fait, ce que mes fils peuvent m'apprendre me choque, parfois. Bon, soyons francs : j'ai trois fils adolescents. Le monde d'aujourd'hui est choquant pour moi. Mais je suis reconnaissante qu'ils n'aient pas peur de me parler et je veux qu'ils continuent ; j'essaie donc de ne pas paraître trop ébranlée. Même s'ils se moquent de moi.

Et, désormais, leur grand-mère les bat au gin rami.

La beauté de vivre deux fois

Quand j'étais en CM2, je me suis beaucoup battue avec mon professeur de géographie. La géographie m'était difficile à appréhender. Comme la plupart de mes camarades de classe, je n'étais jamais allée nulle part – même pas à Pittsburgh, qui n'était qu'à cent cinquante kilomètres de chez nous. Plus significatif encore, aucun d'entre nous n'envisageait d'aller voir ailleurs. Pourquoi l'aurait-il fallu ?

Mais dès cette époque-là, *déjà* à cette époque, je doutais. D'une certaine manière, tout au fond de moi, je ne faisais pas confiance au système. Je posais des questions, je remettais les choses en cause. Je n'étais pas d'accord. J'apportais en classe des livres différents de ceux qu'on nous faisait lire, preuve qu'il existait des pensées, des idées différentes. Pour la première fois, j'ai eu un D, mes résultats étant jugés « insuffisants ». J'étais une très bonne élève, qui n'obtenait que des A et qui, soudain, récoltait un D. J'avais tout essayé ; j'ai travaillé tard, rédigé un devoir de vingt-six pages en guise de mea culpa mais mon prof, sans même le lire, l'a directement jeté dans la poubelle. À Saegertown, en Pennsylvanie, il était décidément impossible de penser autrement et de sortir des sentiers battus. Les limites de la ville de Saegertown dessinaient les limites de la pensée.

Pendant des semaines, j'ai pleuré jusqu'à tomber de sommeil. J'imagine que mes parents m'entendaient, j'étais inconsolable. Un crime avait été commis : m'avoir collé un D en géographie. Et ce crime resterait impuni.

Et donc, je dis, une fois encore : pensons différemment, sortons des sentiers battus. Pensons globalement, à l'échelle du monde.

J'ai tellement appris en allant voir ailleurs : en Roumanie, en Grèce, au Mexique, à Porto Rico, en République dominicaine, dans les Caraïbes, au Canada, en Norvège, au Danemark, en Russie, en Ukraine, en Géorgie, en Angleterre, en France, en Italie, en Pologne, en Autriche, en Suisse, en Belgique, en Afrique du Sud, au Zimbabwe, en Ouganda, en Colombie, au Brésil, en Argentine, en Espagne, au Maroc, en Australie, à Tahiti, à Singapour, en Inde et en Chine. Pour ne citer que les lieux dont je me souviens. Tous ces voyages ont été stupéfiants ; j'ai vécu des expériences à couper le souffle, une leçon d'humilité dépassant tout entendement – tellement au-delà de tout ce que j'aurais pu imaginer. Moi, la gosse qui avait eu un D en géographie, et qui était persuadée qu'elle n'irait jamais nulle part.

J'en avais pourtant eu envie : je voulais voir le monde, savoir comment les gens pensaient et pourquoi, ce qui leur importait et pourquoi. Il semblerait qu'aujourd'hui l'on se préoccupe plus de ceux que nous aimons. Nous voulons que nos enfants réussissent, et mieux que nous. Ce que ça signifie diffère d'une personne à une autre, d'un pays à un autre. Les gens égoïstes veulent soit que leurs enfants leur ressemblent soit qu'ils réalisent les rêves qu'*eux* n'ont jamais réalisés. Les gens ayant souffert veulent que leurs enfants soient en sécurité dans ce vaste et vieux monde effrayant qui est beaucoup trop dangereux pour qu'on puisse y vivre. Les gens reclus ne connaissent pas leurs enfants. Les guerriers tentent d'élever des guerriers, que leurs gosses aient ou non envie de le devenir. Les voyages et une ouverture d'esprit procurent un avantage : rencontrer sa propre tribu.

J'ai vu certaines des choses les plus belles qui existent au monde. Les merveilles du monde, des merveilles pour mes yeux.

En Inde, regarder le soleil se lever est de l'ordre du miracle. Vous entrez dans un état onirique qui ne s'arrête qu'à la fin de votre voyage. L'enchantement est complet. D'abord les odeurs, les goûts, les sons de l'Inde. Tous vos sens se développent et vous baignez dans la couleur. Ce n'est qu'à ce moment-là que les rituels et les mouvements des gens deviennent un chant. Tout au moins pour moi. Les cloches, mais pas les cloches telles que nous les connaissons, pas les cloches des églises, ni celles des écoles ; non, les clochettes tintinnabulantes des bracelets de cheville et celles qu'on agite à la main, les sonnettes des bicyclettes, des charrettes et les clochettes des portes. Les cloches qui annoncent la fin des sûtras et le début de la méditation.

Les couleurs des déserts. Partout de par le monde, les déserts sont pour moi imprégnés de mystère. Une année, les garçons et moi avons campé au Maroc. D'abord nous avons rejoint en hélicoptère un hôtel très moderne mais avec des stucs, dans le style mauresque, en dehors de la ville. Je n'avais jamais vu un luxe pareil : un hôtel cinq étoiles en plein milieu de nulle part. La nourriture était fabuleuse et les gens d'une grande beauté. Puis nous sommes repartis le lendemain matin de nouveau en hélicoptère pour un vol de deux heures environ qui nous a conduits plus loin encore, à l'intérieur du désert. Le voyage a été stupéfiant, nous sommes restés bouche bée d'admiration pendant tout le vol ; nous avions des casques à écouteurs et pouvions parler entre nous mais aussi au pilote. Nous avons survolé des centaines de kilomètres de désert. Alors que nous commencions la descente au milieu de ce paysage ensorcelant, nous avons soudain aperçu quelque chose devant nous – ou bien était-ce un mirage ?

Le pilote a volé un peu plus bas sans toutefois perturber les dunes de sable. Elles étaient d'un brun-roux profond et ressemblaient aux vagues d'une mer tranquille et infinie. Nous avons d'abord aperçu ce qui ressemblait à un petit campement ; puis nous avons découvert quelques grandes tentes, et des hommes vêtus de longues robes et la tête couverte. Dès que nous avons atterri, nous nous sommes mis à courir. Nous courions dans le sable. Nous courions en direction des dunes. Nous nous sommes roulés dans le sable, en dévalant les dunes.

Soudain, l'un des hommes s'est approché en traînant derrière lui un tapis rouge et noir et a montré aux garçons comment surfer sur les dunes. Les garçons se sont enveloppé la tête et ont couvert leurs visages et leurs oreilles pour se protéger du sable. Mes petits Bédouins ! Je leur ai demandé de ne pas s'éloigner de plus de deux dunes – il aurait été facile de disparaître dans cette mer de sable dont la couleur, à cette heure du jour, se teintait de reflets d'or aussi loin que le regard portait. Nous avons dîné dans notre tente tandis que la nuit tombait, puis avons marché jusqu'en haut de la dune devant notre campement et nous sommes assis là pour boire un thé à la menthe accompagné de biscuits.

Les garçons avaient déjà visité plusieurs pays lointains. Notre dernier périple nous a conduit en Alaska, avec mon frère Pat, sa femme Tasha et leurs deux enfants, Kaylee et Hunter. Je voulais que nous voyions ce qui restait de la banquise. Nous avons vu des icebergs qui se fissuraient en plusieurs énormes blocs s'effondrant dans l'eau, puis partant à la dérive ; les phoques, impuissants, voyaient leur habitat s'écrouler et fondre sous leurs yeux.

Un jour, en pêchant, mon frère a attrapé un gros saumon ; mais un ours est arrivé en courant le long de la rivière comme pour dire : « Hé, qu'est-ce que tu fais ? » Je pense que Patrick a tout à la fois été fasciné et pris de court. Il a remis le saumon à l'eau. Quoi qu'il en soit, plus tard, le jour de la fête organisée pour son anniversaire, alors qu'il était sur un bateau au large, il en a de nouveau attrapé un gros.

Nous avons tous beaucoup appris sans qu'il y ait eu besoin de beaucoup de mots. Nous n'avons pas essayé de faire la leçon aux enfants. Nous savions que de nombreuses questions surgiraient lorsqu'ils seraient de retour en classe. Nous savions alors qu'ils étaient suffisamment grands pour comprendre ce qu'ils avaient vu et y réfléchir. Ils avaient manqué environ trois jours d'école pour pouvoir participer à ce voyage, mais j'ai eu le sentiment qu'ils seraient marqués pour toujours par ce qu'ils avaient vécu et qu'ils avaient plus appris au cours de ces trois jours que s'ils étaient restés à l'école. À une époque où la notion de réchauffement climatique est parfois remise en cause, je voulais qu'ils voient les choses par eux-mêmes et qu'ils puissent ainsi se forger une opinion. Je voulais qu'ils sachent. Qu'ils voient, qu'ils comprennent.

Il existe plusieurs modes de compréhension. Ce qui me ramène à la première fois où j'ai rencontré Patti Smith ; oui, là, je frime. C'était dans un restaurant à New York dans lequel j'étais venue déjeuner un peu tard. Elle était seule dans la salle, assise à une table près de l'entrée. À peu près six ou sept minutes plus tard est arrivée Donna Karan – là aussi, je frime –, qui est passée près de ma table pour aller s'asseoir, seule elle aussi, tout au fond de la salle. Chacune de nous mangeait, concentrée sur son assiette, prétendant ne pas prêter attention aux deux autres, prétendant ne pas être consciente des molécules des deux autres, des vibrations, qui flottaient librement autour de nous.

Alors que je buvais un thé en lisant, Donna s'est levée, a traversé le restaurant à grandes enjambées, les pans de son fabuleux manteau flottant derrière elle tel le ramasse-poussière d'un gentil cow-boy en plein midi. Quand elle s'est arrêtée à ma table pour me saluer, j'ai été abasourdie. Nous avons parlé ainsi quelques minutes avant que Patti ne nous interpelle calmement : « Hé, moi aussi, je veux en être » ; on aurait dit que sa voix rauque s'échappait de l'intérieur de ses vêtements en cuir et de son incroyable chevelure. Quand cette légende vivante s'est levée, Donna et moi l'avons regardée ; et moi aussi je me suis levée.

Elle était là, près de nous, et Donna et moi étions en admiration devant elle. Nous avons parlé toutes les trois ensemble pendant un moment, avons discuté de tout et de rien, avant de quitter les lieux. À l'intérieur de la salle, vide désormais, ne subsistait que le souvenir de cette vaste entreprise que sont ces heureux hasards. Que Dieu en bénisse la bonne fée organisatrice.

À compter de ce jour-là, je n'ai cessé de croiser Patti, comme j'aurais pu croiser un guide inattendu. C'est ainsi que je l'ai revue à Paris où elle participait à un concert pour la paix dont les bénéfices étaient destinés à la vaccination des enfants dans les zones de conflits. Ce concert était programmé pour soutenir l'action de l'organisation à but non lucratif Peace One Day ; depuis 1999, cette organisation a mis en place un jour annuel de cessez-le-feu et de non-violence mondiale à une date fixe. Cette année-là, et à cette occasion, Jude Law, au titre d'ambassadeur, irait marcher dans les rues de Kaboul, équipé d'une tenue militaire.

Je suis à Paris moi aussi pour participer à ce concert en tant qu'animatrice. Au moment où je croise Patti, elle est sur scène, et moi j'arrive pour répéter le discours qui me servira à présenter l'un des groupes européens programmés pour la soirée. Je lui glisse en passant : « Hé, Patti, quelqu'un veut que je chante les chansons que j'ai écrites. » Elle me répond en hurlant : « Tu peux y arriver, bébé – quand j'ai commencé, je savais à peine chanter trois notes. »

Ouais, t'as raison. Je répète et me prépare pour la cérémonie. Patti me dit alors que, le moment venu, elle va me faire monter sur scène avec elle ; j'éclate de rire. Je me dis : *Oui oui, cause toujours.* J'ai déjà vu des trucs de ce genre dégénérer… La soirée commence, je présente le groupe qui doit se produire plus tard, et tout roule quand, soudain, Patti et son groupe arrivent. Je me retire donc dans les coulisses mais elle m'entraîne pour que je reste sur scène, postée derrière ses musiciens. Je suis donc restée là, pendant tout le temps du concert. Et je regarde Patti Smith, cette sacrée Patti Smith, chanter, en pensant à la vie qui a été la sienne. Une vie merveilleuse, une vie tellement riche ; ses photos ; l'incroyable talent de Robert Mapplethorpe ; leur amitié ; *cette amitié-là* – d'essence divine. En la regardant chanter, j'ai pleuré, un peu ; je voyais sa beauté, son courage, son talent, cette poésie qui est la sienne. Quand les applaudissements me sortent de ma rêverie, je la vois qui salue. Elle m'attrape par la main et me plonge dans le bain d'énergie qu'elle dégage sur scène et me dit : « Tu sens ça, tu le sens ? Prends cette énergie. Tu l'as en toi, chérie, je le sais, fais-le, chante, tu peux le faire. » Et elle quitte la scène m'y laissant seule, à me demander ce que je suis ou pas capable de faire.

Récemment, j'ai travaillé avec Meryl Streep, et je n'ai rien vu venir. Nous nous guettions du coin de l'œil depuis au moins vingt ou trente ans. Je la trouvais très élégante, mais aux antipodes de quelqu'un qu'il me serait facile de comprendre, loin de ce qui m'était familier, quelqu'un de trop éloigné aussi pour me voir moi. Je pensais que cette femme, cette star, ne prendrait jamais le temps de me voir, que j'étais trop « petite ». Alors que moi, pensais-je, je la voyais ; je la voyais telle qu'elle était, Meryl Streep tout entière.

J'ai donc travaillé avec elle, juste une journée, sur le film de Steven Soderbergh *The Laundromat. L'affaire des Panama papers*, et une chose étonnante est arrivée. J'ai rencontré cette femme qui a quatre enfants ; j'en ai trois. Elle était sur le point d'être grand-mère ; j'étais si heureuse pour elle. Vous vous rendez compte, être grand-mère ! Nous sommes dans le business depuis si longtemps maintenant et, nous le savons, pour une femme, les années se comptent en années canines. Ses filles sont actrices, toutes ; et moi j'aimerais que l'un de mes fils apprenne à se servir d'une caméra. Elle est brillante, très intéressante, le genre de personne avec laquelle je voudrais devenir amie si je la rencontrais dans un club de lecture.

Comment aurions-nous pu savoir ?

C'est comme si les femmes avaient toutes été dispersées dans une vaste salle, loin les unes des autres ; chacune assignée à une place, d'où elle regarde chaque nouvelle arrivée avec méfiance. Les femmes de ma génération parlent encore trop peu, sont encore trop discrètes, trop prudentes. Nous savons que nous pouvons tout perdre en moins de temps qu'il ne faut pour le dire, nous sommes trop souvent menacées.

Je l'ai vraiment senti quand Patti m'a serrée dans ses bras. J'ai senti le pouvoir d'être moi-même face à un public et je sais qu'elle voulait dire que c'était suffisant pour nous toutes. Pour elle, pour moi – et je pense que Meryl et moi avons ressenti la même chose l'une envers l'autre. C'est autre chose qu'un « truc »

#MeToo ; c'est plus fort. Il faut juste que nous nous sentions en confiance les unes avec les autres.

Oui, je peux commencer à chanter avec les trois notes que je connais, je peux rester toute seule sur scène, et je peux raconter notre histoire ; je n'ai pas peur de dire que c'est notre histoire, à nous les femmes. Ce n'est pas l'histoire de maintenant, l'histoire d'ici, leur histoire, non, c'est *notre* histoire. Et nous sommes prêtes à chanter une nouvelle histoire. C'est d'ailleurs ce que je vous chante maintenant. Avec ce que je viens de vous raconter.

Ça m'est arrivé, c'est arrivé à ma sœur, à ma mère, à la mère de ma mère, et à la mère de la mère de ma mère avant ça. Je n'ai pas honte, je ne suis pas souillée, je suis un cœur et une âme purs, je ne suis pas aigrie, je ne suis pas triste, je n'ai pas besoin d'être purifiée, je ne suis pas en colère, je ne suis pas ici pour punir.

Les crimes appartiennent à ceux qui les commettent. C'est à ceux-là d'avouer, de comprendre, de réparer, de savoir, de faire le deuil, de se repentir, et de passer à autre chose.

J'ai ma maison. J'ai mon histoire, ma vérité, qui n'est pas forcément celle de la personne assise à côté de moi. Le temps qui passe change la vérité des choses chaque jour. Ne pas être gentil est devenu malsain.

J'ai appris à pardonner l'impardonnable. J'espère qu'en partageant mon périple, mon expérience, avec moi, vous aussi vous apprendrez.

J'ai appris à voir différemment, j'ai appris ça en ayant frôlé la mort, en étant vivante, et en étant « la dernière star vivante du cinéma », comme on l'a souvent dit. J'en parle car j'appartiens à l'ère qui précède celle du numérique, l'ère analogique. Ce qui veut dire qu'à mon époque ce que vous voyiez sur l'écran n'était pas une image numérique créée par ordinateur, c'était du trente-cinq ou du soixante-dix millimètres, parfois même d'autres formats. À cette époque, ce que les films avaient et que le numérique n'a pas, je vais vous dire ce que c'est. Je vais vous révéler mon secret, ce qui, je crois, a fait de moi une star.

J'ai toujours su qu'une salle de cinéma était un lieu spécial. Un lieu fait pour moi : un lieu d'émerveillement, un lieu magique, où s'échapper, où tomber amoureux, se sentir mieux, apprendre, grandir, connaître des héros et des méchants, et attraper la main de quelqu'un que vous aviez trop peur d'approcher ailleurs. C'était un lieu où vous pouviez poser votre tête sur l'épaule de votre voisin et vous sentir en sécurité.

Pourquoi tout ça n'arrivait qu'au cinéma, alors ? En quoi ça m'a aidée à devenir une star ? Eh bien, parce que je connaissais cette particularité, et en jouais : les picots. Voyez-vous, une pellicule analogique est composée de bandes de film avec des perforations sur le côté, à travers lesquelles la lumière peut passer. De la lumière passe à travers, et chaque petit éclat de lumière ne projette pas une image sur l'écran : parfois ce sont juste quelques microsecondes qui ne sont que lumière. Il ne s'agissait pas seulement d'une succession infinie d'images ; vous pouviez voir la salle de cinéma et tous les gens qui y étaient assis – les défauts, la saleté, des barquettes de nourriture vides, la réalité des lieux. Vous pouviez être seule dans le noir et être baignée de lumière. Ces minuscules éclats de lumière blanche qui vous entourent, rien que vous, et vous hypnotisent, dans ce lieu où vous pouvez vous reposer, et vous sentir libre de faire confiance à votre voix intérieure et à votre amour. Cette voix qui vous permet de vous approcher de quelqu'un, de toucher son cœur, de partager cette expérience – sans avoir la bougeotte et faire les cent pas dans une pièce, arrêter le film quand vous n'en pouvez plus, et aller chercher à manger, aller pisser et revenir. Non, mes chéris, vous vous reteniez, vous vous contrôliez et étiez impatients de voir ce qui allait se passer dans les scènes à suivre. Les films lents étaient charmants parce qu'il y avait les autres, le frisson, l'excitation de la lenteur, de la vibration de la lumière et de l'amour.

J'en jouais. Le frisson, l'excitation, l'énergie de cette vibration. J'adorais ça. Quand j'étais gosse, je ne vivais que pour ça. J'ai vu ça en noir et blanc. C'était mon avatar. C'est toujours mon avatar, mais maintenant je sais pourquoi.

On peut tendre la main vers cette lumière ; on peut la scruter. On peut porter en soi cette lumière, être cette lumière, et savoir que nous ne sommes pas des êtres numériques, nous ne pouvons pas être remplacés par le numérique car nous sommes ce qui compte le plus. Appelez ça du nom qui fera chanter votre cœur ; mais mettez-y de l'amour, car cette lumière vous élèvera, vous purifiera et vous sauvera. C'est la beauté de vivre deux fois.

Remerciements

J'aimerais remercier les nombreux amis et ma famille qui ont lu et écouté de si nombreuses versions de ce livre. J'apprécie la franchise et l'amour dont vous avez fait preuve. Avant tout, je remercie ma mère, Dorothy, qui s'est tellement donnée pour ce livre, et ma sœur, Kelly qui, avec beaucoup de courage, m'a permis de partager une partie de son histoire. Je remercie aussi mes frères et les amis mentionnés dans ce récit – parce que je les aime. Mes enfants, les trois, emplissaient mon cœur jour et nuit, et m'ont incitée à être la plus honnête possible afin de leur faire honneur. Merci à Roan, Laird et Quinn. Mon beau-frère, Bruce, a été pour nous tous un phare et une ancre.

Rien de tout ça ne serait arrivé sans la gentillesse de John Kael Weston, l'un des hommes les plus courageux qui soient, un honnête homme. Kael est un auteur exceptionnel ; il a écrit un livre sur son expérience de la guerre en Afghanistan, *The Mirror Test.* Nous nous sommes rencontrés, et sommes devenus amis, au Nantucket Books Festival organisé par Mary Haft. En m'installant chez Mary, j'ai immédiatement ressenti une vive amitié pour Mary et lui. C'est à ce moment-là que j'ai commencé à écrire ce livre dans le salon de Mary, portée par leurs encouragements ; ils n'ont cessé de m'aiguillonner pour que je continue. C'est grâce à leur soutien que ce livre existe.

Kael m'a présentée à Tim O'Connell, un éditeur pour le moins brillant. Il a embarqué dans l'aventure la charmante et talentueuse Anna Kaufmann. Et tous les deux m'ont, il faut bien le dire, appris à écrire un livre. J'ai souvent avancé dans l'écriture à mesure qu'ils éditaient le manuscrit à mes côtés. C'est à eux que je dois l'existence de ce livre. Écrire en écoutant ces deux éditeurs excessivement doués, assise dans un bureau chez Knopf, là où d'autres auteurs bien plus talentueux avaient travaillé avant moi, m'a donné le courage et la force de continuer quand je ne savais pas exactement comment procéder.

Quand feu Sonny Mehta, l'ancien président de Knopf, a été d'accord pour m'accepter dans son écurie d'auteurs, connaissant son talent, son histoire, son érudition, j'en ai été très honorée ; il comprenait parfaitement qu'il puisse exister différentes catégories d'auteurs. Sonny m'a encouragée : « Vous êtes ma prochaine conteuse irlandaise. » Il m'a incitée à être meilleure que je ne pensais pouvoir l'être.

Je ne pourrai jamais exprimer suffisamment de remerciements pour expliquer ce que signifie mettre en œuvre un livre en compagnie d'auteurs reconnus, des femmes et des hommes courageux qui avaient déjà mis leur âme à nu et qui, convaincus que je pourrais faire la même chose, n'ont cessé de m'apporter leur soutien. J'ai énormément de respect et d'admiration pour eux.

J'ai toujours pensé que Joan Didion était la plus grande auteure vivante ; en écrivant ce livre j'ai lu et relu son travail. Que Dieu vous bénisse, Mrs Didion.

Sans parler du travail de Dan Novack, juriste, et de celui de Paul Bogaards, dit « Bogie », responsable des relations publiques : tous deux ont travaillé consciencieusement et dans la joie. Je vous suis très reconnaissante ; c'est un plaisir et une joie de travailler avec vous. Merci à Amy Edelman et Amy Brosey pour leur travail appliqué de relectrices ; merci aussi à Reagan Arthur, Maya Mavjee, Kathy Hourigan, Maria Massey, Suzanne Smith Serena Lehman, John Gall, Andy Hughes, Kristen Bearse, Sean Yule, et tous les gens chez Knopf qui m'ont aidée. Merci à mon agent littéraire, Luke Janklow, de l'agence Janklow and Nesbit, pour ses conseils.

Je voudrais aussi remercier les femmes qui font partie de mon bureau, Tina Manning et Sandra Tello, qui ont imprimé et raturé tant de pages. Plus particulièrement Tina, qui m'a tellement entendue lui parler de ce que j'écrivais qu'elle n'aura même plus besoin de me lire !

Si ce livre n'est rien d'autre qu'une partie d'une vie complexe et bien remplie, c'était celle qu'il me fallait trouver pour que tout le reste ait un sens.

J'ai écrit ces remerciements au cours d'une longue période de réclusion pour nous tous ; j'exprime ma gratitude avec une grande clarté d'esprit et en toute conscience. Ce long processus d'écriture m'a apporté une grande sérénité, et m'a donné l'occasion de trouver en moi quelque chose de nouveau au cours de cette période inédite et compliquée partout dans le monde. Et donc, par avance, je vous remercie, vous les lectrices et les lecteurs, de partager cette expérience avec moi, et j'espère qu'elle servira à vous aider à y voir clair, vous aussi.

Certaines personnes sont mentionnées sous leur véritable nom, pour d'autres il a été changé, non parce que j'aime des gens plus que d'autres, mais simplement par respect pour leur vie privée ; certains me l'ont d'ailleurs demandé, d'autres non. Si certaines personnes n'ont pas été mentionnées, ce n'est pas parce que je ne pense pas à elles mais parce qu'elles ne sont pas concernées par cette partie de mon histoire. La prochaine fois, peut-être.

J'imagine que ce qui suit va paraître idiot à certains d'entre vous. Au moment où j'écris ces remerciements, mes chiens sont assis près de moi et je n'oublie pas qu'ils sont restés à mes côtés tard dans la nuit ou très tôt le matin pendant que je pleurais en écrivant, me procurant un précieux réconfort.

Pour finir, je veux remercier mon ex-mari Phil et sa nouvelle épouse, Chris, pour avoir trouvé un moyen de composer avec moi une famille entière, saine, et dans laquelle nous formons un tout. Il n'y a pas de plus beau cadeau.

Table des matières

Composition et mise en pages
FACOMPO, Lisieux

Imprimé en France par CPI
en mars 2022
N° d'impression : 3047438

Pocket – 92 avenue de France, 75013 PARIS

S32400/01